シマに生きる

—沖縄の民俗社会と世界観—

泉　武

同成社

目　次

シマに生きる

—沖縄の民俗社会と世界観—

序章　研究の方向と沖縄民俗モノグラフィー

1．研究の目的と方法

本研究は、考古学の分野にあって主として古墳を研究領域としてきた筆者が、当時の人々の墓に対する考え方、死後の世界観はどのようなものであったのか認識する方法論のひとつとして、沖縄地域に暮らす人々の死後世界観を民俗学的視点から紐解こうとした。

ところが、集落調査を行うに従って、死後世界観は日々の中から生起する思考の産物であって、広くは生死観（あるいは死生観）の中に包摂され、日常生活を送る集落の中で醸成されたものであると考えるにいたった。このような考え方が成立するのであれば、集落は個人や家族の暮らす場であるという以上に、生死観をも共有する空間であるともいえる。島に暮らす人々を通じて、集落の内と外を分ける、あるいは境界を観念することの原理的意味を問うこと、あるいは海に囲まれた絶対的環境下にあっても、集落域とそれ以外の地に区分することの意味とはなにか。その中で醸し出された生死観とはどのようなものなのかということを基調に島々を見ることにした。

一方、仏教思想の影響を受けていない世界の死後世界観はどのようなものであるのかを問うために、フィールドワークの地域として沖縄を選定した。といっても沖縄だけが仏教思想と全く無縁な社会であることはない。葬送儀礼の端々には、仏教に基づくものが数多くあるのも現実である。しかし、人々の暮らしの基底に、仏教が根付いているかといえばそうともいえないだろう。少なくとも近畿地方の片隅で生まれて暮らし、社会の隅々に根付いている仏教思想の影響下にある考え方からすれば、沖縄の生死観は、島の日常の中から醸成された思想を基調にするものと考えられる。沖縄の島々で語られたこと、集落の内・外にある象徴物や年中行事などを、死生観をキーワードとして、資料の集積と初歩的な分析をおこなうことにした。

調査地は、沖縄本島に隣接する津堅島と久高島、宮古島に隣接する池間島、多良間島と石垣島に隣接する竹富島の5島である。いずれも小規模で、単独調査にあっては、集落全体を把握することが容易であった。竹富島、多良間島を除いては1島1集落の構成であり、そのうえ各島は調査報告や民俗誌が蓄積されていることも、調査地を選定する基準になった。小論に使用した報告類は1960〜70年ごろに現地調査されたもので、今日ではほとんど聞けなくなった民俗事象に接することができる。これらの島々以外にも、波照間島や粟国島などを予備調査地としたが、前者にあっては詳細な報告があるにもかかわらず、集落が複数あり個人的な調査能力に限界があった。また最近の大規模な耕地整理により道路や畑の景観が一変してしまい、これまで明確に認識された集落の境界や神道、葬式道が消滅するなどの事態になっていた。

調査の対象とした5島にあっても、いくつかの年中行事は、それを司るノロ、ツカサといわれる女性祭司の消滅により行事そのものも中止された。これまでの報告が唯一の資料になっているのが現実である。

5島の個々の分析は、集落構造や信仰施設、葬送儀礼、道、浜、墓地などの位置とその関係性、集落の内・外を画する象徴物、あるいはこれらにまつわる伝承話、年中行事などを摘出した。また、集落の外から来るもの、集落の内で発生した葬式や新生児の誕生に際しての対処なども、そこから集落の領域や生死観が明瞭に表出するという側面がある。これらを比較することで、沖縄本島から宮古・八重山地域にまたがり島に生きることの共通する原理性があるのではないか。また島々の独自性はどこにあるのかということも併せて試論としたい。

本書では、沖縄各地の住民の暮らす居住域を集落の用語で統一した。集落は家屋が一定の範囲に集住する、景観上の概念である。民俗学にあっては、福田アジオの「むら」とは何かを引くまでもなく、日本の歴史的社会関係を背景とする用語として村・村落・集落などが学術用語として規定されている（同 321〜344）。ところが沖縄においては、日本とは違った国家が明治初期まで存在し、

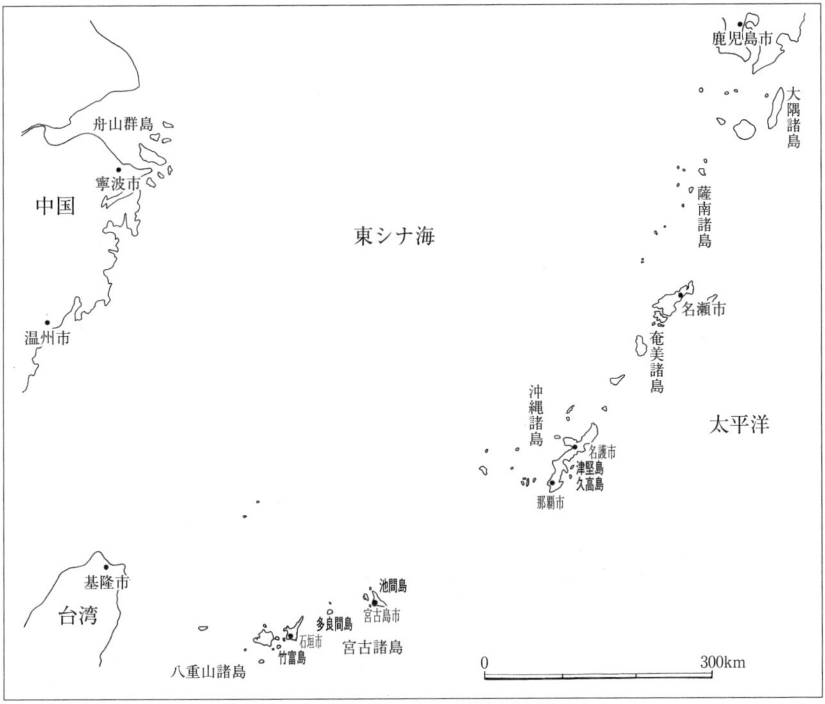

図1　沖縄と東シナ海をめぐる島々

その中で地方支配と制度が機能したという歴史的経緯がある。現在でも「ワッターシマ」と表現されるように、村落に相当する歴史的な背景を持つ言葉として「シマ」がある。この言葉は琉球王府により制度化された、いわゆる「間切・シマ制度」に源泉する（高良 159～162）。本書では歴史的な背景の違う「村落」や「村」という用語の使用を避けて、地理的概念ほどの意味しかもたない「集落」を使用し、第6章では「集落」と「シマ」の用語で記述した。

2．研究史の動向

沖縄における民俗学的研究は、戦前の伊波普猷や柳田国男、折口信夫などに代表されるが、大雑把にくくればそのころの沖縄研究は、日本の古代的な民俗や文学の残像を確認するフィールドであった。沖縄戦の終了で暮らしが復興するにつれ、途絶えていた年中行事や祭祀が再開され、1960年から琉球大学や沖縄大学の学生や卒業生によって、民俗調査と民俗誌の発刊が開始された。同時に本土からの研究者の来沖が続き活発な調査がおこなわれた。戦後の調査の関心の中心は、祭祀や村落調査による沖縄の世界観の抽出とモデル化であった。ここには、調査に当たった研究者がこれまでの伝統的な民俗学以外に、文化人類学や社会学を指向する新しい沖縄民俗の研究の側面があった。

このことは、渡辺欣雄が1971年に「沖縄の宗教的世界観」の中で表明している。本書は必ずしも世界観のモデル化を目指したものではないが、集落を中心とする世界観の研究史を概観して、これまでの研究の中で沖縄の集落空間をどのように捉え、あるいはその中での世界観とはどのようなものであったのかみておきたい。

渡辺は世界観を定義して、「自己をその一要素として含めた全体世界に描写的秩序をもたらすために、人間の創りあげた概念及び諸関係の枠組みである。したがって物事の空間的配置の認識・時間的変化の認識、物事の因果の認識を伴う民間の哲学であり論理学である」という（同 287〜313）。これまでの研究史から沖縄の民俗社会のもつ世界観を、論点整理としてモデル化し、沖縄の世界観を縦断面と横断面として、前者は二重円構造、その外には他界をおき、中心に集落をおく。内には山と浜、洞穴、墓があり、外には天と海、地をおいて中心からそれぞれを結ぶ。内に位置する聖地や象徴物は、それ自体では何の意味をもたないが、外は観念の象徴物で、他界によって内の聖地が意味づけられ、その儀礼によって表現されるという。この内と外との諸関係は、地域ごとに相関関係が可変的であるとする。世界観の横断面とした図は、村落を中心として内に楕円形をおいてその頂点に山（御嶽）、底に墓をおく。村落の側には腰当て森がある。外には過去の世界（祖先の世界）と禍福の世界（神の世界）がおかれる。この二つの世界は相互転換的であるとするが、村落とは直線では結ばれない。この２図を相関させるのは太陽であろうとするものの、縦・横図によって、立体的な模式図が描かれるかは示されない。ここでは、他界の観念・意味世界が儀礼によって示され、それが内の聖地と表象物に意味を賦与するという解釈は興味深い。

本永清は宮古島狩俣の世界観を比較的早い時期に描き出した（同a 3～12)。狩俣の地理的構成は、集落を中心にして背後は丘陵がひかえ、外縁は断崖が海に落ちる地形を呈している。ここは聖地であり普段の立ち入りを強く規制し、信仰の紐帯として強く認識された場所である。集落はミヤークと呼ばれ、この意味は中央であるといい、現世の意味も含まれるという。集落の外には畑地と墓地がある。特に墓地はパイヌスマ―南の島―と呼ばれ、穢れた場所として忌み嫌い寄りつくこともない場所であると認識される。このような地理的空間を表象したものが、三分観としての空間認識に現れているとする。すなわち、縦の空間をテンヤ・ウイヤ（天屋・上屋)、ナカズマ（中島)、ニズヤ・カニヤの三区分である。天上界（神々の世界)、地上界（人間界)、地下界（死者の世界）に対応し、ナカズマは村人の観念では宇宙の中心であるという。ここに地理的な空間としてのミヤーク、背後の聖地と墓地であるパイヌスマは転置が可能であって、テンヤ・ウイヤと聖地、ナカズマとミヤーク、ニズヤ・カニヤはそれぞれが象徴的に同一視されるのである。

狩俣は歴史的には宮古島でも古い集落といわれる。象徴的なのが、沖縄戦後まで残存した集落を囲繞した石壁である。ここには3ヵ所の門が開口するだけで、それ以外には外部との連絡口はなかった。人工的な壁により集落の内・外が強く観念されたのである。この閉じられた生活空間で生起した空間認識―世界観は注目される。なお、本永は池間島でも、狩俣で示されたような三分観としての世界観を報告する（同b 90～117)。

村武精一は、沖縄本島を調査地として「村落の社会的・象徴的秩序」の論文を発表し、その中で象徴空間を図示した。村武は自己をその中心において、6重の同心円を描きその内側から、Ⅰ―自己、Ⅱ―家・ヤシキ、Ⅲ―出自集団または祭祀集団、Ⅳ―物的・政治的・祭祀的団体としての村落があるとした。これより外は、Ⅴ―祭祀的空間としてのムラ、Ⅵ―他界として、それぞれの境界を破線の円形で示す。Ⅳの村落はいわゆる社会学的意味で使い、Ⅴの村落は他界と境を接している祭祀空間としてのムラであり、象徴的村落であるとする。異人としての来訪神は、Ⅵの世界から境を越えてⅤの世界に訪れるものである。ここでの集落は、封鎖的で閉じられた社会であるとともに、一定の方式に従って開かれ、内と外を行き来して相対する世界を結ぶのであるとする。この説明では、同質の実線ではないものの、他界とは同心円で自己や集落が内包される世界を想定し、現実社会と他界が隣接するほどの近い関係であることを想定した（同 256〜279）。

比嘉康雄は久高島をフィールドとして、1975年から10数年にわたって調査を続け詳細な民俗誌を上梓した。その冒頭部に久高島の神観念としてモデル化した図を提示する上部にはナガマユーとされる現世と、下部に示された他界ニラーハラーが楕円形で示される。その両者の中間的世界である、現世から下部の他界にかけて矢印が伸び、さらに下部から上部に矢印の上る循環図を描く。この楕円形の外は海であるという。自然死の場合の魂（シジ）の循環であり、シジは島の人々の守護神としてウタキに降りるという。この循環に乗るのは、タマガエーといわれる神女の場合であり、不自然死した場合は祟る霊となり、また男性の死などは循環する魂にはならないという。

島の世界観は、ウティン（天）とジーキ（地）が観念され、ウティンは果てしなく上に広がって具体的には認識されない。ジーキは生活の場であり海も含まれる。リューグゥは海のことであり、ジーキと同次元につらなるが、現世と他界（ニラーハラー）の間にある空間であり、豊穣をもたらすと同時に、男たちの命を奪う恐ろしい空間でもある。これらが自然的空間であるのに対して、心的空間としてナガマユー（現世）とシジガユー（他界、ウプティシジの世）という生と死を基軸とする空間観念があり、そこにハミガユー（ニラーハラー）である死後の世界観が重層する（同 上b 202）。

比嘉政夫は1964年に琉球大学宮古島学術調査の一員として、宮古島の南西に位置する多良間島に渡った。その後、年月を置いて多良間島の祭祀的空間の概念図を示した。このモデル化にあたっては、当時の調査が基になっているのであろう。破線で囲まれた円形の中がシマウチとしての集落が存在し、居住地をポーグ（抱護林）が囲繞する構造である。外部は外縁として実線の円形を置き、この空間をシマフカ（外）として、ここには墓地が立地する。集落のあるシマウチとシマフカを道が放射状に結ぶが、浜に出たところにトブリがあるという。さらにその外に破線の円形をおいて、その中はイナウで破線はピシ（裾礁）である。比嘉の集落空間認識として注目されるのは、居住空間をシマウチ、その外をシマフカと呼ばれることを記述し、海の中（イノー内）までをシマフカの領域としている点である（同c 247〜256）。シマウチについては、宮古島狩俣の小字名に、居住地を村内―ムラウツ―と表記することに通じるものがある（狩俣自治会 318）。野本寛一は粟国島の海岸地形の呼称を示して、「イノーの外周のサンゴ礁・環礁をフカビシと呼ぶ。フカビシの外がフカウミとなる。フカは「深」ではなく「外」を意味する。（略）「ハル」は原で平坦地のことであり、普通は陸地を指すが、海のフカバルまでの幅をハルと呼び習わしてきたことは、この地の人々が海の中でも裾礁を、陸地的な場と認識してきたことを物語っている」と報告した（同b 62）。比嘉の多良間島で示した空間認識と、野本の粟国島の事例は一致するとみて良いだろう。

以上がこれまで提示された、沖縄の民俗社会における代表的な世界観である。ここには、ひとくちに世界観といっても研究者によって多様であることが示された。渡辺は集落を中心において同心円状に広がると考えるのに対して、村武の場合は自己を中心に据え、イエ・ヤシキと出自・祭祀集団や村落とムラを区分して、自己との関係性を世界観として表現しようとした。一方、比嘉康雄、比嘉政夫、本永らは、聴取した地域で語られた世界観、換言すれば集落を中心世界として、水平的に広がる聖域や耕作地、墓地と地上から見える垂直的な世界、あるいは死後世界も含まれる。このような二重構造にあるのは池間島や久高島であり、水平的な世界観をみせるのは多良間島である。

以上の諸研究のほかに、酒井卯作は沖縄の死後世界観を追求した研究者のひとりである。議論は多岐にわたるが「再生信仰の諸現象」では、再生信仰の定義を示して、「再生信仰とは裏をかえせば不死の思想である。絶対に逃れることの許されない死という現実を前にして、なお永遠に生き続けようとする願望を、何らかの形で満たそうとする努力が再生信仰となってあらわれる」とする（同b 372～376）。ここに酒井の民俗調査にもとづく、南島地域の死後世界観の基本的な考え方が表出する。以上の諸研究は、そこに暮らす人々をどのように把握し、集落空間やそこで生起した生死観を捉えるための指標ともなろう。

1970年代は本土の民俗学にあっても、生死観念や集落の領域論で重要な研究成果があり、また総括が行われた時期でもある。40年以上も経過しているが、基本的な枠組みに変更はないと考えられているので研究史の到達点として以下にまとめておきたい。

坪井洋文は日本民俗学において、日本人の生死観念をどのように捉えてきたのかを総括した。坪井の生死観の定義は、人類にとって、自己および自己の帰属する集団の諸経験のなかで、人が生まれて死に至るまでに、そして死後に対する若干の予測と期待の過程は、一般的に通過儀礼という用語で把握され、それらの諸過程で経験されることの意味に対する考え方、つまり意味への問いかけの普遍性であるとした。これは人類普遍の生死観であり、日本民俗学の蓄積の中では、第1の側面として生死の特定段階にあらわれる隔離のための施設をあげ、それは死後世界までおよぶという。つまり、現世においては産屋からはじまり、婚舎、喪屋と続く。死後においては、喪屋から神祠に連なり神として祀られる。さらにこの世界から産屋に至る矢印が示されて、再生と循環の回路が示される。これは社会的側面から、このような施設での加入と脱退を繰り返す通過儀礼によって象徴された生死観であるという。第2と第3の側面は儀礼的・霊魂的側面から説明される。誕生から死に至るまでの諸儀礼と、死後においての霊は弔い上げによって祖霊化し、さらにその魂は子の誕生に継がれる。これは第1の側面に対応する循環の回路であろう。このような日本人の生死観とは、「顕界と幽界との一元的な循環の上に、ほぼ四つの段階を経て構築される社会的、儀礼的、霊魂的側面から枠づけることができる」と総括する。

坪井はこのような生死観の成立した基盤を稲作の一年間のサイクルに求めて、「日本人の生死観は、現実に自然に対応して栽培する稲作の生産過程から培われ、形成された観念である」としたのである（同 7～34）。

福田アジオは集落の構造的把握をめざし、ムラの領域の3種類として三重の同心円としてモデル化した。中心にⅠ.ムラをおき、Ⅱノラ、Ⅲヤマとする構造である。Ⅰは居民の一集団＝集落＝定住地としての領域＝ムラ、Ⅱは耕作する田畑＝耕地＝生産地としての領域＝ノラと、Ⅲは利用する山林原野＝林野＝採取地としての領域＝ヤマ（ハラ）である。集落部分のみがムラであり、自分たちの世界であるとする観念が基本である。ムラの内・外を分ける装置や慣行の存在を示して、ムラの内は平和で安全な場所であり、邪悪な霊や不浄な物の存在しない世界、逆に外は邪悪な霊の徘徊する危険で不安な空間であり、ムラの中で発生した不定なものは、すみやかにムラの外へ追放しなければならないのである。そこには、ムラが定住地としての領域だけを意味するのではなく、平和で安全な空間とするための具象化された装置が象徴的に表出する。これはムラ人の世界観の反映したものであり、伝統的な日本村落社会の世界観の表現であると総括する（同321〜344）。福田の領域論に関連して、『桜井市史下巻』は、「ムラの領域はいろいろな場合に意識される。奈良県では大字―ダイジと発音し、大字の領ということがある」と記す。そしてムラ道や川の修理は毎年決まった日におこなわれて、ムラの領域はその都度確認された（同564）。萩原秀三郎は里から山に入るのにはヤマノクチがあり、田畑（ノ）に向かう道の入口にはノノクチがあり、境の儀礼の多くは、実際の村境よりもこの居住空間に直結するヤマノクチ・ノノクチに集中するという（同17）。

以上が、坪井・福田による本土の集落を対象とした領域論と生死観の総括である。日本本土の集落論と生死観は、沖縄のそれらと相互比較が可能であるのか。本論は沖縄県下の5島の集落について民俗社会の相互比較から出発したい。

3．本書における視点

これまで報告された民俗誌は、集落の内・外の象徴物の位置論的な視点に欠け、地図上にマークされたものは少数である。調査に当たっては象徴物の位置の再確認から始めた。年中行事についても同様である。このような方法で伝承された境界の観念とその意味を問うことは可能であると考えられる。報告に当たっては、地図上の地点とこれに対する伝承話をできるだけ提示して意味論的な視点に立脚して考察する。そして以下のようなまとめを行うことで共同体としての意志、あるいは共通する原理性が存在するのか検討を試みたい。

①集落の空間的・領域的視点と境界認識―象徴的儀礼と象徴物の提示
②集落の日常性とその破れ―年中行事や出産、葬送儀礼の分析
③集落のグランドデザイン
④集落を貫く原理性―世界観

本書では日常性の破れ、あるいは集落のグランドデザインという概念規定のない語彙を使用した。日常性の破れとは、集落が負に傾いたとき（出産・葬式・盆行事など）の用語として使用し、ここから住人はどのような方法で日常性を取り戻すのかその挙動に注目する。また日常性の破れから、集落の日常性とは、どのような状態を指すのかということが表出することになる。グランドデザインとは、島建てと表現された開発当初から受け継がれた集落の基本構造を指す。現世の理想的世界を求めて島にたどり着いた人々が最初に行ったのが、居住域の設定と耕作地、墓地などの配置であったと考えられる。島々を踏査して気づいたのは、集落の内・外が明確であり、ここには島建ての当初から構想された集落のデザインがあり、それは空間認識に繋がるとの考えに基づいている。

第1章　中城湾をめぐる島（1）—津堅島の民俗から—

中城湾は沖縄本島東南部から中部にかけての東海岸にあって太平洋に開く。北は与勝半島から津堅島、久高島と本島の知名崎を結ぶ内側が湾としての地形を呈し、中城湾と上記の2島を取り巻くようにサンゴ礁が発達する。中城湾の沿岸部でもサンゴ礁が取り巻くが、湾内のほとんどは浅い平坦面で砂、砂泥が堆積している。湾の外縁は水深6,000mの琉球海溝につながる大陸斜面になる。湾の入口は北から津堅口、二ツ口、久高口があり、このうち二ツ口が最も広い（海上保安庁報告a）。陸域あるいは島の周囲を取り巻くように発達したサンゴ

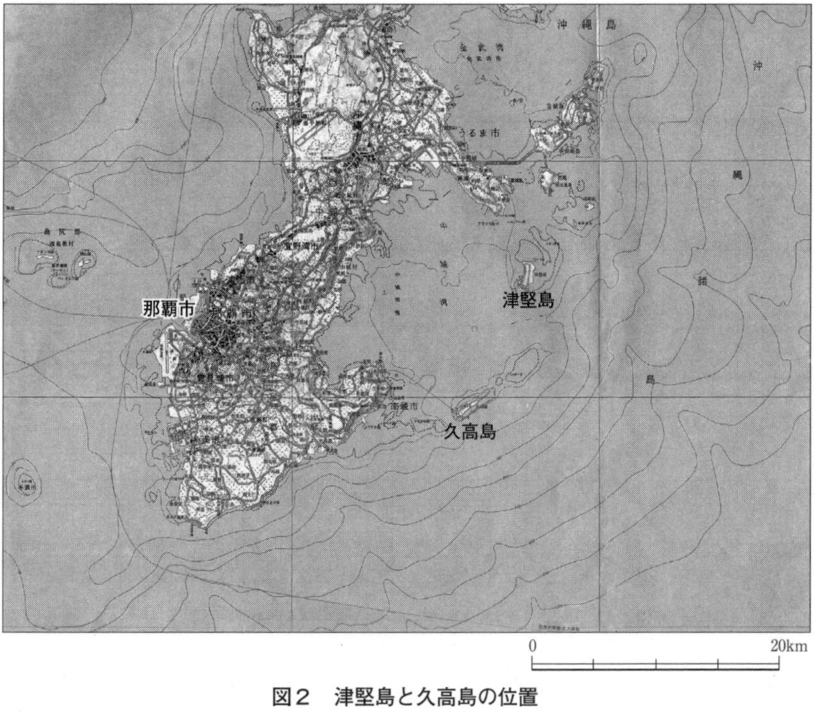

図2　津堅島と久高島の位置

礁は、人間生活の中で海の畑と呼ばれるほど日常的に利用された空間である。

島袋伸三・渡久地健は、「沖縄のサンゴ礁は、地形学的な分類によれば、ほとんどが裾礁である。裾礁とは、島の周辺を縁取るサンゴ礁である。裾礁は、基本的には外洋側に位置する「干瀬—ヒシ」（リーフともいう。地形学の用語では礁嶺あるいは前方礁原）と、その干瀬の内側に広がる浅い水域である「イノー」（地形学の用語では礁池）によって構成される。裾礁は海面すれすれの所に広がる地形である。それは浅い海であり、潮が退けば干瀬を中心に干上がる。イノーの一部も干出するか、あるいは少なくとも非常に浅い部分が広がる。その時、サンゴ礁は陸的な性格を帯びる。それゆえに、裾礁は海と陸の二つの世界を兼ね備えた両義的な世界であると理解することができよう」という（同a 243〜263）。

上記で説明された、外洋から内湾あるいは島に入るには、その外縁を取り巻く裾礁が障壁となるが、途切れた地点が島への出入り口となる。新垣源勇は「『おもろさうし』に「くたかのみお」「こまかのみお」と出ている。みお（澪）は「河・海の中で、船の通行に適する底深い水路」と『広辞苑』にある。「くだかのみお」も「こまかのみお」も中城湾の入口から港川まで連なる知念ウフビシの沖からイノーへ入る水路で、方言で「クダカヌー」「コマカヌー」といっている。旧玉城村（南城市）百名海岸の「マラヂカサ」の前面には「アチヌー」「ジマイヌー」が開けている。沖縄の古代文明は各地の干瀬に開かれたヌーグチから入ってきたと考えられる。激浪の外海とサンゴ礁に守られたイノーをつなぐ重要な出入り口のヌーはまた津口とも呼ばれ、古くは沖縄各地の按司割拠時代の唐船の入る津口でもあった。海の彼方から多くの外来文化を持ち込んだのもヌーであるが、また悪疫、邪霊もこのヌーから入り込むという信仰もある」とする（同 181〜182）。以上で分かるように、サンゴ礁とその内のイノーとの生活のかかわり、また島への出入り口としてのヌーまたはクチは、島の海洋環境を考える上では重要なファクターといえよう。

１．島の自然環境

(1) 陸域の自然環境

津堅島は沖縄本島の東側—太平洋側に位置して、久高島とともに中城湾の外縁をふちどる。サンゴ礁起源の石灰岩の隆起によって形成され、南西部の丘陵地以外は、平均10ｍほどの平坦な低島地形[1]を呈する。表土は風化土が薄く堆積し畑地として利用される。島の地形は四隅から角が出たような長方形を呈し、長軸はほぼ南北の方位で、長さは約2,200ｍ、東西幅は中央部で約800ｍ、周囲約8㎞、面積約1.9㎢である。微地形的には西南部が最も高く、灯台が設置されている地点は標高39.1ｍである。集落はこの高台から北、東方向に延びる微高地上に立地する。その他は畑が卓越し

写真１　津堅島全景（上が北方向。東に白く映るのはサンゴ礁の干瀬に砕ける波頭である）

写真２　船上から見た島（山がなく低平な陸地とトマイ浜）

て水田はない。耕地の区画整理が進み、それに伴って道路も整備された結果、これまでの道路をことごとく寸断した。大正10年に津堅島を訪れた折口信夫は、「津堅島は、久高から見れば、濱も高く、田もある上に、畑も肥えてゐる。村がまへもしつかりして居る」と記すが（同a 152）、水田の伝承地は現在では不詳である。島の外縁はフクギ、テリハボク、アダン、モンパノキなどの植林された防風林が巡る。

(2) 海域の自然環境

陸域と海域の境界は、離水礁（ビーチロックなど）や砂浜、あるいはサンゴ石灰岩の崖、もしくは岩場の連なる場所などからなる。東海域の沖合500mには、島を取り巻く裾礁が発達する。サンゴ礁の外縁は、礁嶺―干瀬（ピシ）と呼ばれ、礁嶺の外側（東）の海底は、琉球海溝に繋がる険しい斜面となる。礁嶺は外洋の波浪を打ち消して、内海の礁池（イノー）は波静かな浅瀬を形成し、サンゴや魚類、海藻類が豊富で、島の日常生活と結びつく海域である。

津堅島の海域の民俗方言を調査した島袋伸三は、海浜―ハマ、礁池―イノー（礁池の前後をそれぞれピシミーという）、前方礁原―ヒシ（ヒシがさらにシークンディ、シブ、ヒシノシヂーに分類されている）、礁斜面―ヒシンクシ、外洋―クルスーに分類する（同b 445～449）。イノー内の詳細な民俗分類と名称は、そこに生息する魚・貝や海草の捕獲場所を特定し、伝承するための分類に他ならないであろう。

2．クチと浜

(1) ヌー・クチ

東の海域に裾礁が発達する。この中でピシンクシと呼ばれるクチ(2)は5か所で、いずれも東から出入りする津口である。それぞれ津堅港「ジィビシクシムト」、津堅漁港に入るクチ「ワタイビシクシムト」、その北の「クンシグヮシムト」と「ピシンクシムト」、北端の「ウフビシクシムト」である。なお、北に

図3　津堅島周辺の干瀬とクチ

離れ岩としてあるアフ岩、さらにヒシの先端にあるギノギ岩などは漁や海に対する祭祀は聞かれない。

(2)　浜

浜は北からタナカ浜、東海岸に回ってヤジリ浜、ワナ浜、キガ浜、クワーチン浜、アギ浜（東り浜、マータンコー行事ではアギンリーと呼ばれる）、南海岸ではニンギ浜、前の浜（セナハ浜、シナ浜、マータンコーの行事ではシナフ ァンリーと呼ばれ、現在の津堅港）、西海岸ではトマイ浜（泊浜）の 9 か所の浜名が確認できる。津堅港の砂浜は港の整備によりほぼ消滅した。

3．津堅島の創成神話

津堅島の創成神話は、遠藤庄治らが仲真次ハルと東カツ 2 人の神女から聴取した。前者は津堅島の島建てに関わる喜舎場子《きしゃばし》の家系に繋がる。このため、創成神話は喜舎場子夫婦の渡島から話が始まる。東カツは津堅島の伝統的な家系であり、当人も司であったが話の内容は喜舎場子の渡島以前の話から始まるのが特徴である。

津堅の始まり（仲真次ハル）

昔から沖縄では、長男は親の跡継ぎでどこにも行かれないということで、この島が無人島であった昔に、喜舎場公が次男の若夫婦に、「こっちから見える、南と北に横たわっている島をお前にやるから、行ってあの島をつくってきなさい。政治をつくってきなさい」とv言って命令したらしい。それで、船か板切れかはわからないけれども、夫婦とも乗ってきたそうだ。だけど、この島は平たい島だから、途中に津堅ドゥーまではきたが、波に隠されて島が見えなくなったりしたそうです。それでまた戻っていって、三回目というときに波

写真3　喜舎場子の墓と伝えられるナカノウタキ

も凪でようやく島をめざして行ったらしいですよ。そして、この島の西の浜に着いたそうです。それで、「着きたる津堅、止またるトマイ」言ってね、着けたから津堅島、止まったからトマイ浜いうて、こっちの按司加那志が付けたということです。

この着いた浜に石がありますがね。あの石を目がけてきたらしいですね。石をつかまえてやっと胸をなで下ろして、そのときカカンが濡れているもんだから、あの高い石にカカンをかけて乾かして上がった。それで今でも子や孫は、カカム石といって神石として拝んでいる。このトマイ浜のすぐ上に仲真次の仲を取って、ナカノ御嶽としてあるんです。最初はね、そこに喜舎場からいらした次男夫婦は洞窟暮らしていたらしい。こっちに住んで、海のものや山の木の実を召し上がって暮らしていたらしいですよ。そのあとから、国頭、中頭、島尻の三山戦が出て、親方から「お前の住んでいるところに御嶽を作って、大きい木を密集させて暗くして、子や孫はそこに隠してしのぎなさい」と連絡が来て。それで、あれから大きい木を植えたり、ナカノ御嶽を作ったそうです。そうしたら、さびしくてたまらないもんだから、「喜舎場にいる喜舎場公加那志、親加那志の姿は見えないでもいい。自分のいる洞窟から喜舎場の家の影が見えるだけでいいから」といって村に上がってみようといいうて。それで、上がってきて仲真次バンタという高いところに屋敷をかまえて、すこし門を出たら親加那志の家が見えるようにしたんです。喜舎場が見えなくならないように、屋敷の西のほうには人間の家を作らさないようにして、わざわざ崖につめて歩くだけの道を作って家を作ったそうですよ。

昔から台風ってあるでしょ。今みたいに立派な家は作りきれないもんだから、アダン葉の骨々を取ってきて、掘っ立て小屋作ったりして。それで、台風が来たら壊されるから、仲真次バンタの下に降りていったら洞窟があるんです。暴風とか大雨なんかをしのぐために、わざわざこの洞窟を選んだじゃないかと思われるね。仲真次バンタの洞窟といっていくつもあるんです。この洞窟のすぐ近くに畑があるんですよ。ここで百姓が初めて作物を作ったそうです。それで、洞窟育ちしている文化の低い人もたくさんいたらしいね。その人たちに言葉は通じないから、若夫婦が手まね足まねして言葉も教えて、部下にして。この津堅島は人間がいないと政治がつくれないからね。こういうふうにして、自分の味方にしていったらしいよ。それで、仲真次の長男は津堅島の根人として、づっと今でも務めているんです。次男からは前仲真次、西仲真次、東仲真次、後仲真次といって分家しています。また、昔は三女の女の子から夫を持たしよったらしい。どうしてかというと、長女、次女は根神と祝女にして絶対夫持たしてはいけなかったらしい。（以下略、遠藤b 268〜272）

津堅の始まり（東カツ）

この島は、大昔は無人島であったらしいですね。大昔、もう国の始まりですね。それである二人の人がですね、アマミクーという人とイワオーという人が首里城にいて、「見える島。あれは島だが、おまえたち二人がこれから行って、向こうの島をつくってきなさい」と行かされたそうですよ。二人行かされまして、島を見たらそのころは山に覆われていたそうです。そこで、「とてもいい国ですよ。どこも土地の良い国ですよ。だけど、食べ物は何一つない島です。人間もいません」というと、「そうか」といって、男とウナイの二人の人間の種を下ろされたといいます。それから、だんだんだんだん麦の種を持たし、粟の種を持たし、芋の種を持たしして、作物を作って食べるようになった。そうして、首里、那覇、玉城からもきて寄り集まりの島になっているんですよ。

そして、中ぬ世になったころ、中城の喜舎場というところから、何で来たのかわかりませんが、ウイナ、イキーが流されてきまして、この島に着かれて。ウナイ、イキーは船ではなくて、木につかまって来たといいますから、体はびしょぬれでですね。それで、ぬれた袴をかけて乾かした石がありましたよ。その石を袴を乾かしたから、ハカマ石と付けているという話はありましたけど。その人がついたハカマ石というところは、昔の村墓になっているわけですね。今でもありますよ。そして、その人のことを喜舎場からいらしていたから、喜舎福加那志といっているよ。島には政治を執る者がいなかったから、中ぬ世になって喜舎福加那志がおいでになって、「ああ、これは本島でもこうなっているから、ここもまた向こうのようにしないといけないなあ」といって政治を執られてね、役場もつくったって。こんなことを始めたわけですよ。

そして、このウナイですね。ウナイが今度は国々には根神といってますよね。その神様になっているわけ。それで、その人は神様だといって、あれから今まで向こうに宮を作って、お墓に宮を作って、宮を立派にあがめています。また、祝女、根神、根人が毎月一日、十五日そこを拝みに行きます。（同b 273～275）

仲真次ハルの語る創成神話は、沖縄本島からの夫婦の移住があったことを伝承し、ハル自身がその家系につらなる。このような伝承を根拠として、津堅島から祖先の地である本島北中城村喜舎場に儀礼的な訪問が行われた（山下 295～373）。

東カツは人種と穀物の種子が、天から下ろされるところから語りはじめ、中の世で喜舎場子の来島を語るのである。ここには津堅島の創生を喜舎場子以前におくという伝承のあったことを物語るものとして貴重であろう。

４．集落の立地と変遷

（1）集落の立地

集落は南西の高台から東斜面にかけて集住する。最高所の39.1mの地点には灯台が設置され、この地点から北に200m、南に300m、さらに港近くでは東西に広がる。最高所から北は集落の稜線に相当し、前記の伝承話では、この高い土地のことを仲真次バンタと称した。津堅殿内《つけんとうんち》(3)の庭の標高は29.8mであるのに対して、集落西を限るキムトゥビラ道は10mのコンタラインがとおる。この間

写真４　集落の形成された丘陵部（東から）

は平面的には200ｍの幅でしかなく、ほとんどの屋敷地はこの傾斜面を利用して形成されたことになる。標高20ｍのラインにはアラガー、シンジャガーと称される井戸やため池があり、このラインが地形的な転換点になり、地下水が地表に露出するところである。

集落は津堅原（上ンダカリ）と神谷原（前ンダカリ）の２村に分けられることもあるが、集落そのものはひと続きで、景観的な境界は見られない。津堅港のある地域は、明治36年当時の地籍図には砂堤が広がり宅地はない。津堅小・中学校の西も戦後に屋敷地の形成された地域である。

(2) 集落の現状

津堅島は第２次世界大戦で日本軍の陣地が置かれたことで、アメリカ軍が島を攻撃し戦後も一時期駐留した。このため、集落の主要道路のひとつであるイーゾビラは拡張され[4]、屋敷も分断された部分がある。昭和51年の地図では、集落全体の区画や畑、道路網をよく保存している。かえって、最近の耕作地の区画整理により、短冊型の畑地は消滅するなどの改変が激しい。

集落は旧集落（津堅原あるいは上ンダカリ、神谷原あるいは下ンダカリ）と前の浜沿いに広がる地域（浜ンダカリ）、イーゾビラ道の西に広がる戦後に開かれた地域に区分される。集落内は公的な建物（学校、診療所等）、信仰に関する諸施設（拝所など）、井戸などが点在する。井戸や信仰施設については後述したい。

明治36年の地籍図にみる集落

明治36年の地籍図（沖縄県報告a）が公表され、昭和51年の地図と対比が可

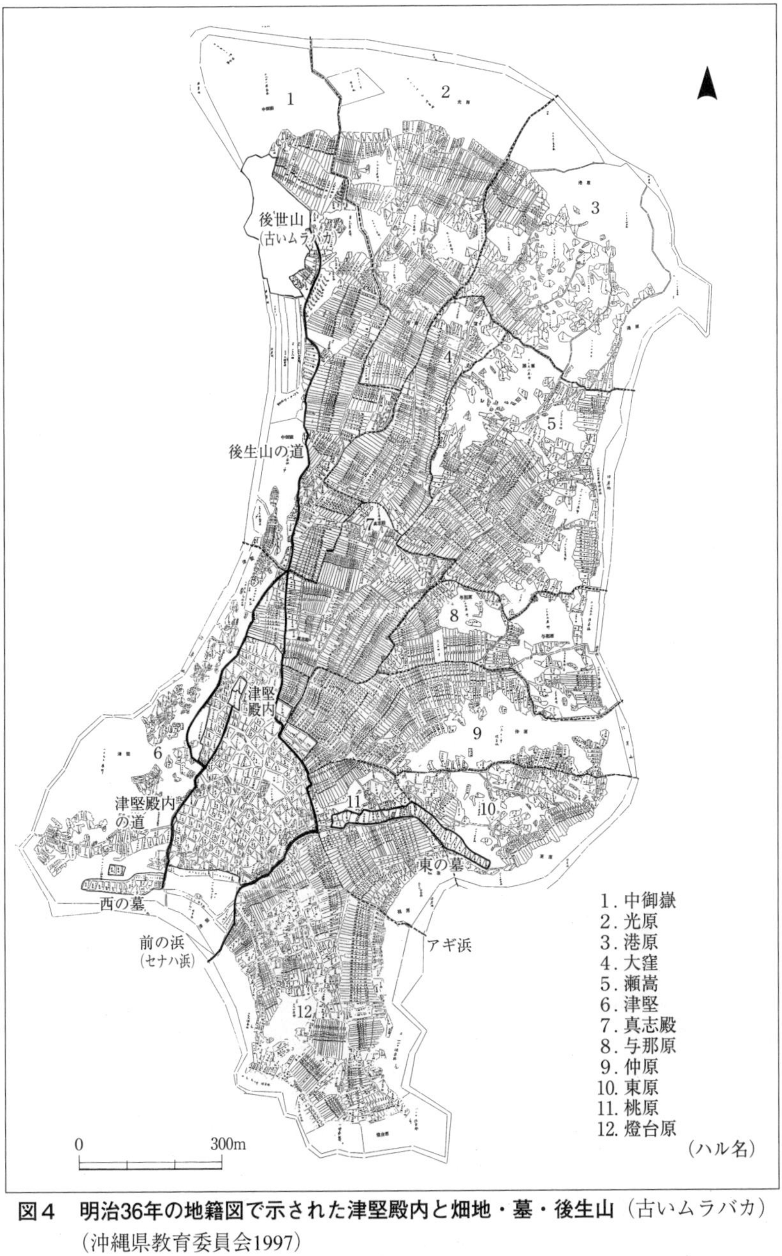

図４　明治36年の地籍図で示された津堅殿内と畑地・墓・後生山（古いムラバカ）
（沖縄県教育委員会1997）

能である。以下において集落、耕作地、道路、公有地（ノロ地など）、墓地などの変遷をみる。

津堅島の土地は、漢字表記により12字名が付され字界は道路である。北から（番号は便宜的に付した）①中御嶽、②光原、③港原、④大窪、⑤瀬嵩、⑥津堅、⑦真志殿、⑧与那原、⑨仲原、⑩東原、⑪桃原、⑫燈台原である。明治36年当時の集落は、字津堅の地域に限られ、現在は字燈台原まで拡大している。耕作地は一辺の長さが約50～80m、幅約３～6mの短冊型を基本形とするが、周囲の保安林帯を除いても、光原、港原、瀬嵩、与那原、仲原、東原などは空白で、未耕作地が相当広がっていたことも窺われる。

(3) 屋敷区画の特徴と津堅殿内

集落の様子がわかるのは、①明治36年に作成された地籍図（沖縄県報告a)、②昭和51年地図（同)、③比嘉繁三郎（津堅島の記録―戦前部落略図）の３点である。参考としたのは主として①の地籍図と②の戦後の地図、および適宜③を参照した。

まず、①③と②でもっとも異なる部分は、③の表記では津堅殿内・津堅殿内マー（マーは庭の意味である）の周辺の宅地と道路が大きく改変している(3)。①③では津堅港から津堅殿内マーの正面に至る道が存在するのに、②では見られない。津堅殿内の西を通過する道が北方向に通るのである。この道は第２次世界大戦後にアメリカ軍により付替えと拡張が行なわれたことによる。津堅殿内周辺の屋敷は、新しく道路になった部分があり、殿内マーにいたる

写真５　津堅殿内に繋がる旧道

正面道路は廃止されて西に付け替えられた。庭の南の屋敷間とその南に旧道がわずかに残存する。しかし、この道は津堅港の前の浜からまっすぐ上って殿内にいたる重要な道—イーゾビラ—であり、アメリカ軍による改変までは、坂の部分は石敷きであったといわれる。

(4) 集落の屋敷区画とその変遷—Ｉ地区とⅡ地区—

坂本磐雄は沖縄の村落における屋敷区画の類型化をおこない、規則的宅地割集落と不規則的宅地割集落があり、前者で６類型のパターンを示した（同 96～115)。津堅島では津堅原のⅡ—1・2や神谷原は、横一列型の宅地割が優勢であるのに対し、津堅原Ｉは非定型な宅地割り（Ｉ地区）と定型的な宅地割り（Ⅱ地区）に分類することが可能である。Ｉ地区は津堅殿内を中心にした地域で、ひとつの屋敷地内が細分されない１～２分割が多くみられる。

津堅殿内は庭を含めると南北約60m、東西約25mで面積は約1,500㎡である。津堅殿内という津堅島ではもっとも重要な祭祀場であり、ここを中心に 8—東津堅殿内、13—神谷殿内、14—野殿内、田殿内、19—仲真次など、信仰上重要な家が祭祀場を挟んでＩ地域に集中する。地形的に見てもＩ地域は、標高28～29mの高所の平坦地を占める。

Ⅱ地区は津堅殿内の後方（Ⅱ—1)、東（Ⅱ—2）や南（Ⅱ—3）である。ここには、長方形の区画内を最大で６屋敷地に区分している宅地もみられる。Ⅱ—1では最大で４区画があり、東西の長さ約85m、南北約15mである。一屋敷地は平均21m×15mで315㎡である。この地域はＩ地域の後方であり、北へは緩やかな傾斜となるがほぼ平坦地である。

これに対して、Ⅱ—2は東への降り斜面に位置している屋敷地である。最大で６区画の屋敷地があり、東西約100m、南北約20mの長さがある。平均で一屋敷地は16m×20m、約320㎡である。Ⅱ—3は南から東にかけて扇状に広がる傾斜地である。このため上方では正方形の区画内に４分割する屋敷地や、２分割の屋敷区画なども目につく。そして下方では、長方形の区画内に最大で６屋敷地の分割が見られる。Ⅱ—3では東西約100m、南北約15mである。一区画平

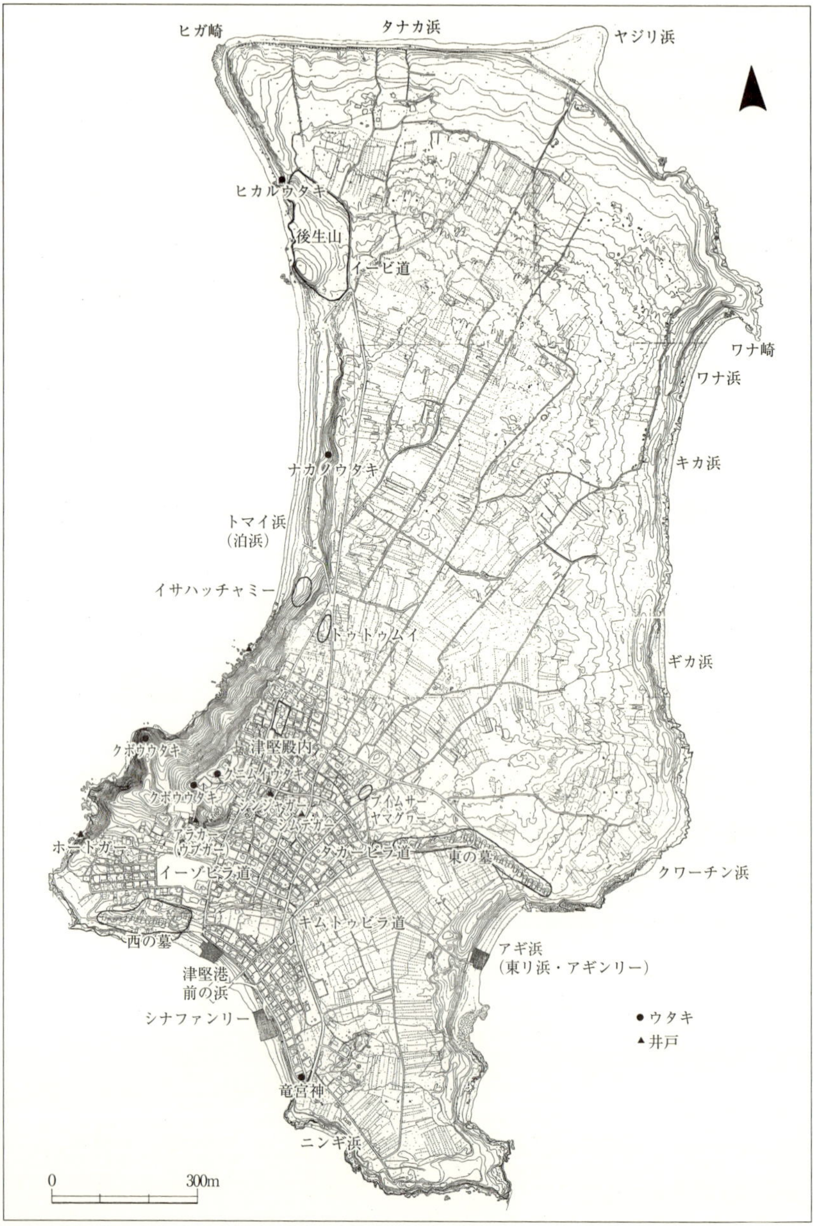

図5　津堅島のウタキ・墓・井戸の分布（昭和51年地図、沖縄県教委1997付図に加筆）

図６　集落の宅地割と道・津堅殿内（明治30年地図、沖縄県教委1997付図に加筆）

均は16m×15mで約240㎡となり、２割以上面積が減少する傾向が見られる。

昭和51年地図では、極端な横長の区画は分割されている。浜ンダカリ地区は、大正年間に港の施設（現在の港湾整備は1977年開始）ができてから集住が始まった。このため、最大で８区画の長方形の横長区画が存在する。東西約128m、南北約19mあり、一区画の平均は304㎡である。

以上からⅠ地域が概ね屋敷地が広く、Ⅱ地区では２割程度狭い屋敷地である。屋敷の占地する場所からは、Ⅰ地区は上方の平坦地、Ⅱ地区が傾斜面から南の砂堤上の平坦地に立地するといえる。このような傾向を読み取ることが可能であれば、集落が最初に営まれた地域（Ⅰ地域）と、拡大していく地域（Ⅱ地域）を表現している蓋然性が高いといえる。Ⅰ地域には元屋と呼ばれる殿内《とぅんうち》号の家、あるいは門中家の長男バラと呼ばれる家が集住して存在することも、この想定を支持するといえよう。

(5) 集落の広場

集落内の広場といえる空間は、宗教施設としての津堅殿内マーと年中行事の行われるマータンコーの最初の祭場があり、このほかハンタ小《ぐゎ》と呼ばれたモーアシビー（野遊び）がある。

津堅殿内マーは、神アサギの前面にある庭で20×30mほどの広場である。ここは村の重要な祭祀が行われる祭場そのものである。津堅殿内はウタキには分類されないが、一般的にはこのような宗教施設に対する、普段の立ち入りは厳禁された（民俗b 45）。

マータンコーで最初に集合する広場は、アシビナーの広場（同 45）とも、中央広場（比嘉 239）とも呼称されるが広場とは言いがたく、集落内の道が交差した地点である。かつてのマータンコーは、津堅村と神谷村に分かれて、まずそれぞれの長者に選定された屋敷で行列の準備が整えられ、その後にアシビナーに集合したという。東に向かっての祈願の後にそれぞれの浜にある第2の祭場に向かう起点ともなったのである。ハンタ小のモーアシビナーは、国森ウタキのある島の最も高所に位置する広場である。宗教的な行事とは関係なく、独身の男女が夜になると集まって遊んだ場所であったという。

以上のように、集落の広場としての機能はマータンコーの行われたアシビナーが中心広場とも称されたのであり、集落の中心としての認識があったものと考えられる。

(6) 集落内の道

明治36年の地籍図に示された集落内道、および集落を取り巻く道の描写には、道路幅員を意識したような広狭の違いがみられる。聞き取りによって道の

写真６　イーゾビラ道と坂（右に分岐する道沿いには
シンジャガーがあり、石獅子EとDがある）

名称が判明したのは、a-イーゾビラ道、b-タカービラ道、c-キムトゥビラ道などである。いずれも前の浜にいたる道であり、aは津堅殿内の正面にいたる道でもある。A地点で分岐して（a'ライン）Ⅰ地域集落の西を限るように北にのびて後生山にいたる。B地点はbとcに分岐し、cは集落の東から北を限る道である。また、C地点から東は墓地にいたる道になる。D点には石獅子が設置され、この地点も集落を限る地点として観念された。

集落内の屋敷地を区画した道は、多くは２ｍに満たない幅員を計る。十字路として交差する地点以外に、T字路や屋敷で行き止まる道も多い。このほか、浜ンダカリ地区が開発されて、海岸線と並行して走る道をイチゴーバン道、島の北端にあるヒカルウタキにつながる道はイービ道である。

（7）集落外に延びる道

明治36年の地籍図、および航空写真に現れた特異な短冊型耕地は、現在では耕地整理により姿を消したが、琉球王府以来の土地共有形態を表現した地割り遺構であろうといわれる（安良城３～17）。標準的には長さ約50～80m、幅約３～６ｍの長地型が基本で、集落の西南部をのぞく地域に密に分布した。集落から延びる道は畑地への道である。集落の西を限って北に延びる道は、前の浜を基点としてほぼ直線で後生山まで伸びる。このラインはちょうど段丘の縁辺にあたるが、後生山は亀甲墓《かめこうばか》が作られる以前の共同墓地であったことから、かつての葬式道という認識があったものと思われる。

以上、集落と道との関係をみると、まず前の浜から津堅殿内の正面に至るイーゾビラ道がある。明治年間の地籍図ではこの道は殿内で行き止まりになる。イーゾビラ道が丘陵の最後部に達したあたりで西に分岐して、そのまま北方向にまっすぐに延びる。その最終地点は、後生山とよばれた村の共同墓地である。かつて後生山に行く葬列は、集落内の各所にある拝所を通過することなく向かったと考えられる。これは明らかに集落の周縁部を葬列が通過するということであり、道と集落の関係性が捉えられるならば、島に暮らす人々の最も重要な宗教施設に対する道のあり方と、葬式という最も忌避される事態に対する道の使われ方の違いが明瞭になる。

集落の空間認識は、津堅殿内が丘陵地の最高所に設定されここが北限と認識された。これより北の地域は耕作地と共同墓地である。現在は集落の東西2か所に分散した形で墓地が変更され、後生山は使用されることはなくなった。集落そのものも全体としては、津堅殿内から南東の斜面地にかけて屋敷地は拡大したが、殿内から北に占地することはく、現在にいたるまで集落とその北に広がる耕作地を分けるという観念が強く意識されたのである。

5．ウタキ・拝所

(1) ウタキ

仲松弥秀は津堅島の拝所を『琉球国由来記』からウタキとして（括弧は神名）国森嶽（イシヅカサノ御イベ）、コバウノ嶽（木ヅカサノ御イベ）、中ノネタテ嶽（イシヅカサノ御イベ）、ヘカルアマミヤ嶽（木ヅカサノ御イベ）などを記している（県報告a 19～42）。それぞれ現行のクニムイウタキ、クボウウタキ、ナカノウタキ、ヒカルウタキに相当する。それに津堅、神谷両ノロ火神がある。これらの特徴は、神名には具体性がなく岩、木がイベとして祭祀された。このほか竜宮神が字浜ンダカリの東端に祀られ、火返しの神として石獅子がある。

分布の特徴は、クニムイウタキ、クボウウタキは集落の西にあるものの集落の外である。クボウウタキは、本来はクボウグスクの石垣の中にあったといわれる。クニムイウタキは明治36年の地籍図ではその所在は明示されていない。ちなみにクボウウタキの頂の石囲いには石造りのアーチ門が存在したという。これはグスクに附属した施設であったことが窺える。ナカノウタキは集落から少し離れた断層崖の下段に位置する。津堅島の島建てをした喜舎場子《きしゃばし》の墓であると伝承される。ヒカルウタキは島の北端に位置する。後生山に隣接し、大嶽（北側の岬付近）とイビ嶽があり赤人根人の管理である。

以上がウタキの概略であり神名はほとんど判明しない。ウタキの参拝も年に2回の白露御願（麦、粟の初物を捧げて収穫を感謝した）と11月のシヌグ祭の参拝だけである。

（2）津堅殿内

津堅殿内はウタキには分類されない。しかし、集落のもっとも重要な祭祀である初起こし、ウマチー、ハーリーでの御願、ウラナーサレー、ウシデーク、唐踊り、十五夜、クェーナ―などが行われる。殿内と呼ばれるのはこのほかに、神谷殿内、野殿内、田殿内、東津堅殿内がある。これらは津堅島における旧家といわれる家系である。しかし、津堅殿内だけが構造的に見ても、殿内に食い込むように神アサギの建物が附属して拝所と一体化している。

明治36年の地籍図では、明らかに他の屋敷区画より広大で、神アサギとその前の庭を記載する。ここにいたる道路が前の浜から直接通じているところからも、津堅殿内の集落内での位置づけは、他のウタキよりも重要な位置を占めたことは明らかである。具体性を欠くウタキの神よりも、島の最も古

写真７　津堅殿内と前の庭

い神の系譜を持つと伝承された家を信仰の中心に据えたともいえよう。

6．集落の内・外を画する象徴物

島という自然地形であっても、そこに暮らす人々の心象風景は島全体を均一な、地理的な概念を持って利用したわけではない。集落を形成する過程において、厳然と集落の内と外という認識に立つ日常生活があったと思われる。集落内は日常生活を過ごす場、外は墓地や畑地、海浜などであったが、そこは正体の知れない悪霊や疫病の跳梁する世界と認識したようだ。集落の内外を画する象徴物は、具象化した物を集落の出入り口や特定の地点に設置し、あるいは年中行事を行うことによって、内・外の観念を共有したのである。

(1) 石獅子

石獅子は『球陽』尚貞王21年（1689）に「始めて獅子形を建てて八重瀬嶽に向け、以って火災を防ぐ。東風平《こちんだ》郡富盛《ともり》村は、縷々火災に遭ひ房屋を消失して民其の憂に堪へず。是れに由りて村人、蔡応瑞に請乞して其の風水を見せしむ。応瑞、遍く地理を相し、之れに嘱して曰く、我、彼の八重瀬嶽を見るに、甚だ火山《ひやま》に係る。早く獅子の形を作り、八重瀬に向くれば、以て其の災を防ぐべしと。村人皆其の令に従ひ、獅子石像を勢理城に蹲坐せしめ、以て八重瀬に向く。爾よりして後、果して火災の憂を免るるを得たり」とある（琉陽尚貞王21年条）。この記事が、石獅子を集落に設置した由来を語るといわれる。

折口は津堅島の石獅子について、「石敢当の代りに、家の石垣の上、突き当たりなどに、しさがある。皆石で、人の目・口・鼻などをおぼろにつけて居る。獅子とは見え相もない。地下大将軍風に、石垣にもたせておつ立てたのもある」と報告し、複数の獅子を見ていたようであるが位置は不明である（同a 160）。

現存する石獅子は、集落の北東の一画（D点）と南（E点）の2か所にある。今ではほとんど知る人が無く、人家の石垣の中にわずかにそれと分かる姿形を留めるにすぎない。D地点の石獅子は、道路面よりさらに下を確認することができ、地中から露出したサンゴの自然石であると判断される。底辺の幅は約110㎝、背までの高さ約88㎝、頭部までの高さ約120㎝である。顔面は稚拙に掘り出して目、鼻、口などを表現する。胴体部は自然のままである。

E地点の石獅子は、13班の入り口に当たる。イーゾビラ道から分岐して北にとると、左にシンジャガーがある。ここがT字路になり13班の入口となる。東に下る道には、モクマオウとガジュマルの大木が左右に植わっており、シマクサラシの時に縄の掛かる地点でもある。この道を下るとすぐ左右に分岐するが、この要の地点に柱状に加工された石が石垣の中に埋没するように置かれていた。高さ約1.2m、幅約30㎝あり、側面から見ると頭部が前のめり状態に加工されている。ただ、明確な顔面を思わせるものは見られない。道がY字に分岐する要の地点にあること、ここがシマクサラシの地点のひとつであること

写真８　石獅子D（集落の北を限る位置にある。加工された跡はなく、屋敷の石壁に溶け込んでいる）

写真９　石獅子E（シンジャガーから東に分岐した道の突き当りにある）

写真10　９の細部（棒状の石が加工され、頭部が表現される）

などから、境界を示す表象物である。

これらの石獅子（D—E）は南北道で繋がり、地形的には初期の集落が形成された上部地形の下端ラインにあたる。南北道が初期集落の東を限っていた時期があったのではないかと考えられる。

(2) 赤茶山

神山小《ぐゎ》とも火返しの神とも言われる。赤嶺根人家の前にあるが、山の形状をしているわけではない。現在では荒地として放置されて小祠が祀られている。祭祀で神女の使用するススキが採取されたのも赤茶山であると記録したが（仲松ノートa)、この山に対しては聖地的な観念のあったことを窺わせる。

ガン屋

ガンは葬式の時に柩を乗せて墓地まで運ぶ運搬具の名称である。龕とも表記され、葬式に導入されたのは近代になってからといわれる。ガン屋は通有的には、集落の外と考えられている地点に、目立たない大きさの小屋が建てられている。現在ではガンそのものが使用されなくなり、小屋も朽ち果てた状態で放置されている。ガンやそれを収納するガン屋は、非常に恐れられる存在で、普段はそのあたりには近づかないという（名嘉真・恵原d 114～115)。建物の位置はイーゾビラ道を北に行った集落の切れた地点である。手前はシマクサラシの縄が張られることからも、ガン屋の建つ地点は集落の外である。

写真11　廃屋になったガン屋（白い建物の左。集落の北を限るところに隣接する。このあたりで子供たちは遊ばなかった）

(3) トウトウムイとブイムサーヤマグヮー

葬式の終了した当夜、ヤーザレー（家浚え）で使用した道具を捨てる特定の場所である。ヤーザレーの詳細は49頁で扱うが、葬式はヤナムンやシニマブイといわれる悪霊の付きやすい機会であるといわれ、ヤナムンを集落の外に追い出すのがヤーザレーである。トウトウムイはガン屋のさらに北にあったという。ブイムサーヤマグヮーは東の墓地近くの丘であったが、いずれも区画整理のために消滅した。集落近くではあるが、外側であることに変わりはない。

7．年中行事にみる境界観念

(1) シマクサラー

津堅島ではシマクサラーと呼称され、旧暦10月の吉日に島一斉に行なわれる。行政区が20班に細分されるが、シマクサラーは班ごとに行われ、島への入口に豚肉をつけた左縄を道に対して横断する形で掛けるのである。かつては、豚を屠って調理を行なうところから始まったが、今では購入されたものを使用していた。豚が殺された地点は決まっていたといい、聴取できた限りでは1班の場合、仲真次家と幸良家、前比嘉家を挟んだ路地、18班は現在の公民館の交差点であった。両地点とも縄の掛けられた地点でもある。ただ、すべての班で豚の殺されたかは確認できていない。かつては血を染めた縄と豚肉とトゥビラという木の枝も血に染めて使ったという。

写真12　7班のシマクサラーで供宴する人たち。頭上に縄が掛けられている（坂道の途上の祭場で上は集落、これより下は東の墓地に続く）

シマクサラーの観察

2007年11月23日は夕

写真13　左右の木に縄を掛ける（正面は石獅子E）

方15時ごろから準備が始まった。班ごとの準備であり一斉に行なうことはない。縄の掛けられた地点を観察できたのは16か所である。1か所を除いてはナイロンロープが使われた。縄の中央に豚の三枚肉が結わえられたが、現在では血を塗ることやトゥビラを使用することはなく、いくつかは前年のロープが電柱などに残っていた。3班と7班では路上での祈願が行われた。

縄掛けの概要

3班では唯一マカヤ（真茅か）を材料として左縄を綯ったものを使っていた。縄を掛けた地点は、津堅港方向が4か所、集落の北が3か所、中城湾方向が3か所、イーゾビラ道上で集落を出た地点が1か所などである。中城湾方向ではホートガー、イスチガーという井戸に降りていく道の起点付近にも掛けられた。

7班で聴取した内容は以下のとおりである。ここはキムトゥビラ道にあたり、家並みが切れる地点である。また東への墓地に通じる道でもあり、集落から降りる坂道の途中に当たる。参加者は4人の男性で女性の参加はないという。なぜこの地点に縄を掛けるのか聴取すると、この地点は家並みの途切れるところであり、このように縄を掛けると内と外を意識するという。縄の下には外に向かって線香がたかれ、塩、酒、米、豚肉などの供物が供えられ、病気や魔物が集落に入ってこないように祈願された。

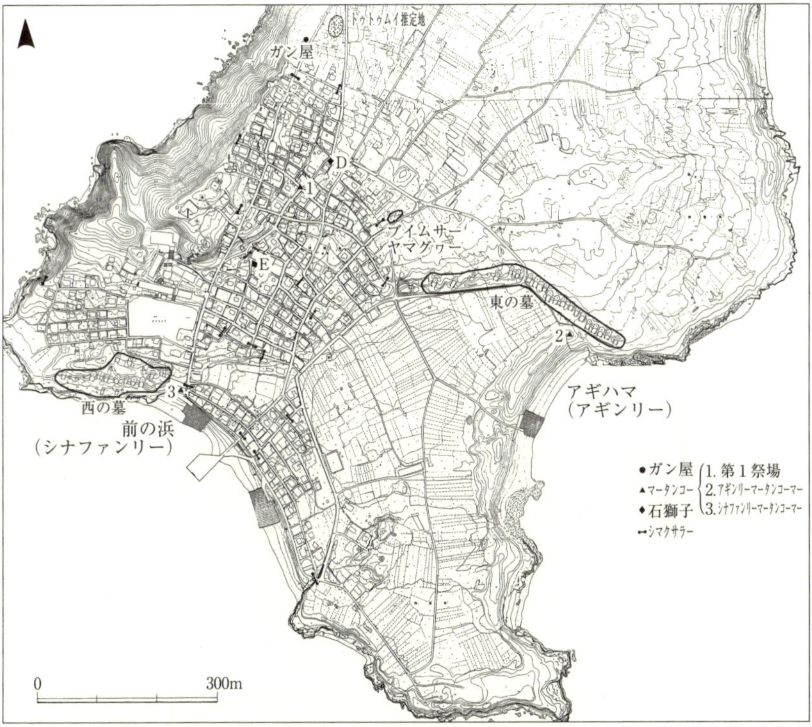

図7　集落内外の象徴物とシマクサラー地点、マータンコー祭場

津堅島のシマクサラシ由来譚は以下の通りである（仲真次ハル）。

昔、貧乏者と金持ちの息子とが大学の試験を受けに行ったらしいさ。また、金持ちの家族はお金があるから、年寄りの牛を、「これは、もう年寄りになって働けないから、あの山の中に捨てておこう」って、この牛を山の中につないでおいたって。牛は草もくわんでいるもんだからね。山の中で大変ひもじがっているのを、試験を受けにいく時、貧乏人の息子が見つけたらしいね。それで、「かわいそうに」いって、草を刈ってやって、それを食べさせて、それから試験を受けにいったら、貧乏者のお金のない人は合格して、お金のある人は不合格したらしいよ。

貧乏な人は合格して帰ってきたから、「もっとあげよう」いって、よけい牛に餌をあげたりしたと。そしたから、もう元気になった牛がものを言うているってよ。

「おいおい、青年。私は子どもの時からあの金持ちの所に使われて、私のおかげであんな金持ちになって。私を使って金持ちになっているのに、年取ったからこっちにつないでやせ死にしなさいいっているのを、おまえのために病気も治っている」って。また、「それで、お前に孝行したいけど、私も年をとっておまえのことすることもできない。それで、今ごろは沖縄に風邪ひきとか悪い病気を持ってくる神様が入る時期だからね。それを払うために、私をお前の手で殺して、この肉をみんなに配って、悪者のけ、風邪ひきのけということで、村の端々に骨を左縄に下げなさい。また、肉はみんなお前たちが仏壇にお供えして、ゲーチ（風邪）のけということで、おまえで世間に広めてください」といった。

「まさか、かわいそうに。あんたを私が殺すなんて、殺したら余計罰が当たる」「いいや、それよりおまえがこれから大学出て、私を養うといっても、今から私が若い牛になって、お前に役立つこともできない。殺して世間のために疫病のけにするのが人間のためだから。これが孝行だから何も怖がらないでこうしてください」と言った。

だから、言われたとおり疫病のけの祭りをして、この貧乏者の大学生は、大変偉い人になったって。それから津堅ではね、旧の10月にシマクサラーというのをする。

班ごとに島の端々に出てじゃけんどもね。昔は牛を一頭殺して少しずつ分配しよったらしいですよ。

それでね、家では肉を切らないでお膳においてね、「床柱の神加那志前、今日のめでたい日はシマクサラシー。風邪ひき悪者のけですから、四方八方からの悪者をのけて、徳の神を入れて、この津堅島をすばらしいところにしてください」いって、お願いして。

また、班では班長さんが左縄をなって、牛の骨を左縄の間にはさんで下げる。この左縄というのは、悪者のけということでシマクサラーに限らん。

左縄というのは、悪者のけだそうです。また、「ゲーチ神様、ここは狭くてあなたの開ける島ではないから、ずっと向こうの広いアメリカまで行ってくれ。広い所へ早く行きなさい。そして、ここは徳の神をいれてくれ」とこんなことというんですよ。（遠藤b 220〜223）

伝承話で語られたのは、牛を殺してその骨を使用しているところに違いがあり、豚肉を使う以前のことが語られた。シマクサラーは、島の外から侵入する風邪などの疫病を入り口で防御することの由来譚であり、縄の掛けられた地点は、正しく集落の内・外を画するポイントである。

縄は全体で16地点という数の多さである。そのなかで島の西のイーゾビラ道に沿っては、港の入口に当たる地点と北のガン屋の手前には掛けられたが、これ以外に西の崖下の井戸や浜に降りていく小道にも3か所に掛けられた。これらの井戸は今日では使用されていないが、集落への入口という観念は生きている。北端の道は崖に降りるあたりで豚を殺した地点でもある。港に面したところも4か所である。いかにも厳重な守りであることが判る。津堅島離島振興総合センター前も豚を殺した地点である。7班ではその1か所が東の墓地に通じた道での縄掛けの地点であり、集落との内・外を観念することを聴取できた。

(2) マータンコー

次にマータンコーと呼ばれる年中行事を取り上げてみたい。まずその由来譚である。

マータンコー由来（仲真次ハル）

昔は10月の13日にこの島に頭は七つあって体は一つある蛇というかね。魔物が上がってきてね。かならずチュラカーギ女だけをさらっていくもんだから、人間であったら女じょうぐうと思われるけどもよ。「あんな汚い魔物が、どうして女だけをさらっていくかなあ。これは、もうどうしたらいいか」というて、トマリ浜でお爺さんたちだけで旧の10月13日に集まって協議してから、「今度のマータンコー退治はだれとだれ」いうて、二人ずつ選んでね。

それでどうするかといえば、10月13日から毎日、重箱にご馳走を一杯詰めて、海まで持っていってね。このお爺さんたちが行くときには、女孫はつれないで、男孫を連れて行く。女孫連れて行ったら、魔物に食べられるからって。ご馳走を東の海に投げたら、魔物がそれを食った。そして、この御馳走食べるまでは、もうお腹一杯じゃからこないけれども、お腹が空いたらまたこの魔物がくる。人間もお腹が空いたらもの食いたいでしょう。これと同じでまたもくるということで、「これは村中総会してどうにかしないと」ということになってね。

それでもう考え直して、「芋はよくできる島だから、財産の沢山ある人に芋を沢山作らせよう。それで芋酒を作って、この魔物は七つ頭があるから、七つの樽に酒を入れて、これに頭を突っ込んで酔わして、退治しようではないか」ということで、芋を沢山作ってですね、それで酒も作って。

また、浜には大きい高い木があって、それが互いに交わって、枝がこう重なり合っていたんですよ。その木の上にこのチュラカーギー女を立たしておいてね、それでこの七つの樽の酒に姿が映るようにしたんです。

それで、もうこの魔物は喜んで、「チュラカーギー女がこっちにもあっちにもいる」いうて、この酒を飲んで倒れてしまったから、頭からズタズタに切らないとまたも生きて、またも女食いに来るからいうてね。大きい包丁で切ったら、尾のところで包丁が欠けて、「めずらしいな」いうて。そしたら、そこから剣が出たそうですよ。(遠藤b 293〜296)

マータンコー祭祀は、現在では当日の行事に集約される形で簡略化が進み、全体像が不分明になっている。これまでの研究で明らかになった全体像を示す。本来は10月13日から11月15日までの1か月にわたる期間であり、時系列に沿って記述する。

復元される祭祀の内容

長者の選定（10月13日）　トマイ浜（泊浜）で津堅・神谷両村から各１名の長者を選定した。長者はマータンコーで使う芋酒（７樽）を作る畑をたくさん所有するものが選ばれた。この日はまたアミドシ（大漁祈願）でもある（仲松ノートa)。

物忌み（10月14日から11月13日）　男性の老人は毎日交代で孫を連れて浜へ供物を供えに行く。津堅村はアギンリー（アギ浜、東り浜)、神谷村はシナファンリー（せなは浜、前の浜）である。両の浜はアキミヨと呼ばれるサンゴ礁が切れて海に通じる口が開いている。浜では浮かばれないシニマブイや悪霊に向かって、「食べなさい。こっちに来るなよ。お前みたいなヤナムンは来るなよ」といって供物を海に投げた。これで腹が一杯になったヤナムンが満足して帰っていくという（丸山 112)。

塩水汲み（11月12日）　夜中に人に会わないように海（どこでもよい）の水を汲んでくる。この塩水を神に供する。もし人に出会うとその塩水を捨てて、新しい塩水を汲みなおす。12日のうちに前の浜と東の浜に各七ツガメを持参、その中に入れる神酒を浜に用意しておく（仲松ノートa)。

種子出し（同日）　根人の家ではハザ（円形のやや広いもの。モチや□を置いて干したりする。御嶽に生えているマーニの葉で作った）の上に各種の種子ものを置き、またマナイタを置いて、マナイタ上に魚網とホーチョーを台所の火神にノロ両人来り捧げた（仲松ノートa)。

シヌグ（11月13日）　シヌグ堂（ヒガルウタキの位置するところ）で神女が祈願する。男は外から島に入らないよう警戒が厳重な日である（丸山 112～114)。

昼はアカッチュ（赤嶺）とアダンナ（安谷屋）両根人の家の火の神を拝み、夕方からアカッチュはセナハ浜（前の浜)、アダンナはアギ浜で神人は竿を持ち、それを砂浜に突き立てる。その後方で野殿内、田殿内が祈願する（仲松ノートa)。

ユーグムイ（11月13日）　アギ浜とセナハ浜で当日使う７個の酒壷を据える穴を

掘る。長者（サカタイニーセー）に指名された2軒の家では粥を炊いてそれぞれの浜に運ぶ。(比嘉236〜238、仲松ノートaは12日である)。

マータンコー（11月14日）　当日津堅村と神谷村に分かれて、それぞれの長者の家では、マータンコー旗（赤、白、青の3色の布で長さ6尺ぐらいで1本の竿につける）を作り、津堅は津堅殿内、神谷は神谷殿内に立てる。それぞれの村の人たちは長者の家に集まり、行列を作ってアシビナーにあつまる。(略) 長者はハチマキを被り、羽織袴姿で、一般住民はハチブラー（仮面）をつけたり、顔に鍋のスミを塗って踊った。踊り終わったら、津堅村は西の浜（アギンリーの誤りか)、神谷村はシナファンリーに行ってそこで踊る。両方の浜には7つの穴が掘られてあり、そこに酒を入れた7つの甕を置き、その酒を飲みながら踊り遊ぶ（民俗b 73〜74)。

浜での祈願は、「海から来る神様、悪い神を全部退けてください。これを上げますからこれからこないでください。あっちのほうに行ってこれから二度とこないでください。お願いいたします」といってお願いをした。どんな雨、嵐の日でも昔はこの祭りは実施した。そして昔は浜辺へ行き大蛇を切る所作をした。海岸のすぐ側に大蛇の切った首を埋めるところが今もあるという（丸山115)。

神祭り（11月15日、クェーナー）　津堅殿内のアシャギで神女がクェーナーを踊る（同115〜116)。丸山は殺された神を異郷に送る儀礼であろうという。したがってマータンコーは長者の選定、物忌み、神迎え、神殺し、神の復活を祈るという次第で行われる儀礼であるという。

以上によって多少の錯誤があるものの、マータンコーはほぼ1か月にわたる長期の祭祀であることがわかる。ここで注意したいのは、期間中のほとんどは物忌みに当てられ、その間毎日浜に出て食物をマータンコーに食べさせるという儀礼に費やされた。このなかで注意されるのは、マータンコーのことをシニマブイ、あるいはヤナムンと呼んだことである。マブイは生きた人間に宿っている霊魂のことであり、シニマブイは死んだ人間から抜けた魂のことである。特に祖霊を祀る子孫が絶えてしまった場合、ヤナムンとなって現世をさまよ

写真14　島の北端にあるヒカルウタキ（このあたりがシヌグ堂の位置といわれている）

い、人間に祟る存在であると恐れられ、このような存在をマータンコーの正体と考えた。前日にはシヌグ堂で神女による祈願が行われ、男たちによって島が厳重に封鎖された。これは忌み期間中の仕上げの姿ともいえる。前日あるいは2日前には種物をすべて戸外に出すことが行われたが、このような行為に対してなにも説明されない。しかし葬式のときに種物や家畜が戸外に出されることと現象的には共通する。これもヤナムンとの関係があるのではないかと考えられる。種物を戸外に出すことについては別項にゆずる（泉a 1068〜1078）。

マータンコー当日のもうひとつの主役である娘たちの行動は、井戸での禊ぎのような行為があるだけで、そのほかのことは、マータンコーと一切かかわりがない。どこかで伝承が断絶したのだろうか。

マータンコーの観察

2007年12月23日の午後2時ごろから緑間さん宅の前で開始された（図7-1）。ここは集落の中心と考えられ、かつてアシビナー（遊び場）のあった場所である。男性のみで赤嶺、神谷、源古などの根人家に繋がる人たち、宇根、知念、根神、大石、区長らの参加である。路上に酒甕2、甕を担ぐ棒（自然木で皮をはいである。長さ約1.5mほどで短い。内1本には赤色で斜めの線が入る）、旗2本（白、紺色、赤の3色の吹流し）、銅鑼などが準備された。先ず路上を臨時の祭場として線香を焚き、東を向いての祈願である。こののち酒甕を担ぎ、旗を持って銅鑼を打ち鳴らす中、反時計回りに7回その場を回った。独特の囃子を歌うが内容不明。その後二手に分かれる。一方は津堅漁港のあるアギ浜(図

7-2)、一方は前の浜（図7-3）である。

アギ浜での観察　最初の祈願地からアギ浜までは車での移動であったため、本来の経路であったか確認できていない。祭場は東の墓地から浜に出る一画にある。砂の吹き溜まりが砂堤状に盛り上がっていた。、平坦面の広場が作られ、半径10.5mほどの浅く広いくぼ地である。法面には直径30㎝ほどの穴が７か所開けられている。かつてはここに７個の酒甕が置かれたのである。この広場はアギンリーマータンコーマー（アギ浜のマータンコーの庭）と呼ばれ、中央に酒甕が置かれ、柄杓で汲まれた酒が７つの穴に少しずつ注がれた。同じ場所に線香が焚かれ、甕を置いたところで祈願が行われた。最後に旗を持って反時計回りに７回まわって終了した。マータンコーが上陸したという浜まで降りることはなかった。

写真15　集落内のマータンコー祭場１
（旗を先頭に左回りにまわる）

写真16　アギンリー・マータンコーマー祭場２
（アギ浜の砂堤上の祭場）

前の浜の祭場はコンクリートで覆われており、アギ浜のような儀礼は行なわれていない。この地点は、シナファンリーマータンコーマーと呼ばれている。当日のマータンコーは 4 時ごろすべて終わり、公民館に参加者が集合して直会が行なわれた。なお、前述した物忌みや後日の祭祀はすべて行なわれていない。

マータンコーのまとめ

マータンコーが実修されるのは、アギンリーとシナファンリーの 2 か所の浜近くの祭場である。大蛇が出現するのは 1 か所と想像していたのは勝手な間違いであった。それでは 2 か所から出現する意味とは何か。

津堅島への出入り口は、サンゴ礁が切れて船の出入りが可能な津口—アキミヨ—は 5 か所である。このうち東と南に開けた 2 か所が特に重要な津口と考えられ、この地点で海から来るマータンコー（悪霊・シニマブイ）を出迎えたのである。物忌み期間中に行なわれるシヌグ堂での祭祀は島を完全に閉鎖したが、シヌグ堂はどのような機能を持つ神がいるのか全く伝承されていない。島の北端にあって、ここも重要な出入り口になっていたのではないか。このために男たちは厳重な見張りを行なったのであり、島の出入り口を守る神がいたと推量される。

このようにみると、マータンコーを通して、島の境界性というものが見えてくる。物忌み期間中、毎日浜に出て供物を海に投げることと、マータンコー当日にも海から来る神に二度と来るなの祈願をする。1 か月という長い期間にわたって連続した儀礼の最終の仕上げがマータンコー当日なのである。この日に島の閉鎖状態を解くことは、島の再生と正常な状態を取り戻したことをを含意していると考えられよう。

8．浜の年中行事

津堅島の日常的的に使用される浜（港）は前の浜である。アギ浜は漁港として利用され、島建ては喜舎場子が勝連半島から着いたのはトマイ浜と伝承されている。以下では年中行事で使われる浜を摘出して、利用の違いがどのように現れるか検討する（比嘉 210～217、民俗b 58～75）。

海ウガン（3月3日）

サングワチャとも呼ばれる。午後3時ごろからお重を持った老人たちが前の浜に降りて竜宮神に供えて祈願する。

ハクルヌウガン（3月7日）

作物御願。女性はトマイ浜、男性はタカラノバンタで祈願した。

ハーリー（5月4日）

航海の安全と大漁を祈願して上組（津堅原）と下組（神谷原）に分かれての船漕ぎ競争を行う祭りである。前の浜から6艘のハーリー船を担いで津堅殿内のアサギに行き祈願する。その後喜舎場子の墓からトマイ浜に行き、前の浜まで船をこいだ。

カシチ折り目（6月24日）

タタアミトヌゲーともいう。また、25日という説明もある。12歳から17歳の娘たちが未明に起き、昨夜のご飯をおにぎりに作り、ハンガー海岸に集まる。娘たちはそこの岩の上から海に飛び込みをしたり、海水をかけあい楽しく過ごした。

マータンコー（長者選び、10月13日）

年寄りたちが酒肴を持参してニンギ浜（前の浜の岬を挟んだ東側の浜）に集まり大漁を祈願した。その後トマイ浜に行き同様の祈願をした。

ウガン（11月13日）

前の浜ではアカッチュ（赤人）、アギ浜ではアダンナ（安谷屋）が祈願をした。娘たちは終日ハンガー浜で海水浴に興じた。

マータンコー（11月14日）

津堅村はアギ浜、神谷村は前の浜でマータンコーの儀礼を行った。

虫流し（期日不定）

害虫発生時に前の浜から舟を作って乗せ「土地の広いところに行け」といって両根人が流した（仲松ノートa）。

以上のようにみると、浜での祭祀は前の浜とアギ浜、トマイ浜である。津堅村はアギ浜かトマイ浜を使用して、神谷村は前の浜という関係になるようである。これは単に距離的に近い浜を選択しているということであろうが、アギ浜に限れば前の浜とは距離的にはほとんど違わない。歴史的に津堅と神谷村の変遷を考えれば、アギ浜での祭祀が古いのだろう。島建て伝承で最初に着いたとされるトマイ浜での祭祀の位置づけはあまり重要なものではないようにも思われる。

アギ浜と前の浜は既述したように、島への出入り口である津口の開けた浜であることが、この浜で祭祀を行なわせる動機付けになっているのだろう。島に寄り来るすべての神々、ユー、マータンコーで代表される神やマジムン、悪霊の類もすべてこの津口からやってくると考えられたからである。

9．津堅島の生死観念

津堅島に暮らす人々の生死観念は、どのような場面で表出するのか。出産儀礼と葬送儀礼を通してみる。

(1) 出産儀礼

お産は家の裏座でシミグワーと呼ばれた。シミグワーは特別に設えられた部屋ではなく、台所に近い部屋で入口や産婦の枕元まで左縄が張られた（呉屋100)。

ウブガーでの水汲み

（3 日目）

ウブガー（アラガー―産井戸）において東に向かって水を汲む。水を運ぶときはこぼさないよう静かに運ぶ。そして、新生児の額、首、胸などに水をつける（民俗b 34)。

ナージキ（3 日後の吉日、あるいは出産後 6 日間の内の吉日ともいわれる）

シミグワーにいる時にナージキ（命名、ウバギーともいう）が行われる。長男であれば祖父の名、長女であれば祖母の名前が付けられる。それ以外は最初に家を訪ねてきた人の名前をつけた。

写真17　産湯の水を汲んだウブガー（アラカー）

当日、庭にはヤモー、クファモーなどの草をおき、竹を2本（1本は根のついたもの、他の1本は真中を折ったもの）を並べて、火を焚いて煙を立てる。かたわらには箕を立てて、根のついた竹で箕を3回叩きながら子どもの名前を呼び、神様に知らせる。産婆が「○○名前をつけましたよ」といい、赤子の上を3回飛ぶ。水桶に入れたヤモーとクワァモーの葉を添える。ヤモーは服などに着く葉で、人との縁がありますようにという意味、クワァモーは強い葉で、この葉のように強くなりますようにとの願いである。産婆が頭に白い布を巻いてイービラという大きいシャモジでミーゾーキ（箕）を3回ほど突く。産婦が赤子を抱き、シンメイナービという大きい鍋から墨をとって赤子の額に着ける（シューラ・ウェブ112）。

ジールシンチ（7日目、地炉下りともいう）

産屋を出る日である。東から太陽が上がるころに、庭に出て地炉の灰を捨てた（民俗b 34）。

以上が出産7日目までの主な儀礼である。3日目のウブガーで水を汲んで、新生児に付着させることが行われる。ウブガーは元旦の早朝に若水として汲まれる井戸でもある。元日に日の出の方に向かってこの水で顔を洗うが、顔を洗うときは「若くならちうたびみそうり」といって祈願するという。また、死者の水浴びに使われる水もウブガーから汲まれる。死と出産は穢れとして見られている証拠であるとするが（民俗b 37）、正月の若水汲みも同じ井戸の水であり、この事例に対しては説明がつかないであろう。また穢れという概念で説明できるとするが、この用語も必ずしも適切な言葉ではない。

（2）新生児の死亡時の扱い

①死産児はダージと呼び屋敷の裏に埋めた（シューラ・ウェブ 116）。② 3 か月で死亡した新生児は、チニン（知念）墓に葬るが、正式な葬式ではなくバサー（芭蕉布）で包んで葬るという（仲松ノートa）。仲松によるとナカノウタキに下る道とハンガー浜の中間地点の森―イサハッチャミー―に捨てるともいう。この場合大きな貝に入れた。この期間に死亡した新生児の場合「捨てる」という表現が使用されることに注目したい。③ 3 歳児未満の子どもの場合は、正式な葬式はやらない。本墓の側に仮墓（ミーミー）が作られ、本墓の入口が開けられるときに仮墓から移された。7 歳から龕に入れて葬式をした（シューラ・ウェブ 116～117）。

以上が新生児の死亡したときの処置である。7 歳以下（3 か月あるいは 3 年未満）の子どもは葬式という儀礼を経ない埋葬である。「捨てる」と表現される以上、ここには人間としての扱いはなかったのではないかと推測される。

（3）葬送儀礼における忌避的行動

上記の論理であると、ここで扱う葬送儀礼の事例とは 7 歳以上の死者のことである。「死者が出ると太鼓を叩いて集落中に知らせたが、さらにどこかで『ホーハイ』と叫ぶ声が聞こえると、どこの家でもそれぞれ門に出て、『ホーハイ、ホーハイ』と叫んだともいう。この声は死人の魂が、屋敷の門から入るのを防いで追い払う目的だったようで、3 日間も続いた」。津堅島はそれほど広くない集落空間であり、人の死の通知はこのようなこと（民俗b 56）でも可能であったのだろう。

葬式は準備が整うとその日に行った。このため、諸儀礼も葬式当日に集中する。死が確かめられると、水浴びをさせるための水をウブガー（新川）から汲まれる。水汲みに使用した桶は必ず底を抜き、3 日後に修繕して使用したという。その後は初 7 日、49日と一年忌、そして新七夕祭で終了する。その後の年忌祭はなく、最近では七夕祭は7年から10年と決まっていないが延びる傾向にあるという。

伊波普猷《いはふゆう》は明治期の葬式について、「20余年前、沖縄島の中部の東海岸を少し沖に離れた津堅島で暫く教員をしていた知人が、彼が赴任する10数年前までは、同島で風葬が行われていたということを私に話したことがあった。そこでは人が死ぬと蓆に包んで後生山と称する藪の中に放つたが、その家族や親戚朋友たちが、屍が腐乱して臭気が出るまでは、毎日のように後生山をたずねて、死人の顔を覗いて帰るのであった」と報告した（同 134〜146）。当時の葬地は埋めるような墓ではなく、棺を放置するだけで屍が腐乱して臭気が出るまでは毎日のように後生山を訪れて、死人の顔を覗いて帰ったという。後生山を訪れるのはせいぜい 1 週間以内のことであり、これ以降は顧みることはなかった。明治36年の地籍図には、集落の東西に亀甲墓の存在が確認でき、伊波の知人が目撃したのは、後生山が墓地として使用された最後のころかもしれない。

後生山の葬法は前述したが、大正10年に津堅島を訪れた折口は、「葬式からの帰りに、皆手足を海で洗ひ、汐を肩ごしにふりかけて来る。家に入る時、家の前にある木（実のなる木）を抱く。その後でなくては、子は抱かぬ。子を抱かうとするのにまづ木を抱いて居る人を見かけることがよくある。臨終の際は、居あはせる者も、大抵は外へ出る。道具類・種物類も出す。さうせなくては、種物がえうはえぬといふ。綱なども出すことである。親類などは、臨終に居あはせると、3 日は、家へ帰れない。3 日目に家にありだけの物を洗ふ。すべての物を洗うた後、家へ戻る。葬式のすんだ晩、葬式の通った道即、ものうやを、ほほほと声立てて行く。村のはずれの小山迄行くのである。「ぶいむちや」・「あぢ」

写真18　トマイ浜から見た後生山（伊波普猷の報告した墓地）

といふ二つの品を持つて行つて、四つ辻で鳴す。小山に著くと捨てて戻る。「ぶいむちゃ」は、「いく」の木などで作つたもので、翌日は、畠に柴をさす。薄である。其が、霊がわが家の畑をめぐるからである。又「ぐしょ」からも、わかる様にしてやるのだといふ。戸主が死んだのでなくとも、さうする点が、金武などとは違ふ。これをげんといふ。「ぐしち（萱）」を結ぶのである」という（同a 156～157）。折口はブイムチャーの貴重なスケッチを残している。

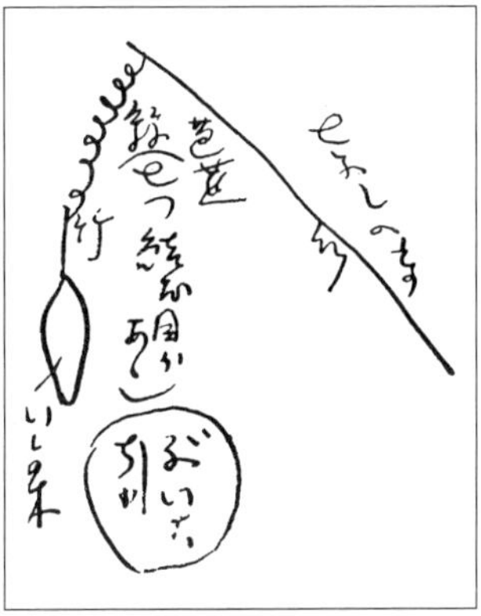

図８　折口信夫の記録したブイムチャー（折口1973）

琉球大学民俗研究クラブは、沖縄戦後の早い時期に葬式について詳しく報告した。「葬式が発生すると「ホーハイ」と叫んだ。島内で誰かが死んだ場合、何処かで「ホーハイ」と叫ぶ声がすると、どこの家でも皆それぞれの家のジョウ（門）に出て「ホーハイ、ホーハイ」と叫んだ。それは、その死人の魂が自分の門から入ってくるのを防いで追い払う目的だったようで、それは3日間も続いたらしいが、それも戦前までで、今日では行なわれていない」（民俗b 56）。別の箇所では、「葬式の通り道の家々では、その門に棒や箒を置いたり、灰を撒いたり、綱を張ったりするところもある」とする（同b 40）。

また「葬式がすんだその夜、家淩えをする。葬式の帰りにマブイ（魔物）が一緒に家についてきているから、これを追い払うためである。家淩えに使う道具はブイムチャーという拍子木で、竹を7寸の長さに切り、先のほうに7寸の紐をつけ、長方形の平たい板を紐に結わえる。拍子木は7寸の竹を2本用意する。部落の若い者が7人で病人の寝ていた部屋の隅々に、葬式の帰りに汲んできたスーミジ（海水）をまき、小石（これも海岸から取ってくる）を投げ、部屋の中を7回りし8回目にブイムチャーを持った人を先頭に外に出て、ブイムチャーをありったけの力で振り回して魔物を追って行く。ブイムチャーはウーウーとゾッとするような唸りを立てる。夜中にそれを聞くのは実にいやな気持ちがするという。ブイムチャーを振り回し、拍子木を叩き、ホーホーと大声を張り上げながら部落の外れまで行く。そこにはトウトウ森小と呼ばれる家浚えの時に使った道具を捨てる一定の場所があり（島の西の墓に行く場合、東はしろ山小）。ここまで来ると持っていた小石を捨てて、ウリサイ厄払いレーヤイビー（さあ、厄払いだ）といってブイムチャーや拍子木を投げ捨てる」と報告した（同b 40）。

以上、伊波、折口、琉球大学民俗研究クラブ3者の報告は、大正年間から昭和30年代までの死を契機とした喪家と、他の家や集落がどのように対処したのか詳細な記述である。葬式での行動様式や道具立てにほとんど変化のないことがわかる。ここでは、改めて聴取したことと併せて、喪家や集落で取られた忌避的行動をまとめる。

①**喪家の動き**　喪家では、臨終に際して近親者以外は外に出たという。葬家の道具類や種物、家畜も外に出した。これは死の発生によって、死者の魂が浮遊する危険な状態が惹起したことによる。その期間は3日間とされ、解除に当たっては種物や家畜は他家のものと交換された。

②**集落の動き**　集落では死を契機として屋敷の門口に棒や箒を置き、地面には灰を撒いて閉塞するという行動がとられた。同時に「ホーハイ」という独特の掛け声で知らせあった。この掛け声は死者の魂が入らないようにする脅し声でもあったという。

③**墓地への道**　墓地への特定された道はない。ただ、葬列は一旦東または南の道に出ることによって、御嶽や拝所、井戸などの前を通過することは避けたという。墓への行きと帰りは違う道を通った。

④**棺　桶**　棺桶に使う板は仕事を始める前に、敷居に故意に倒してパターンと大きな音を立ててから作る。棺桶を作った大工道具は、3日間は死者の出た家に置いておく。その後でなければ家に持ち帰れない（同b 38）。死者に浴びせる水汲みに使用した桶は、底を抜いて修繕は3日後であることに共通する意識である。葬式で使用した道具にはマブイ（悪霊、悪魔、魔物などと表現される）が付着したと考えたのである。これを取り除く行動として棺桶を

作る板を倒したり、柄杓の底を抜くこと、あるいは道具そのものを持ち帰らなかった。その忌避的期間は3日間である。

⑤**葬　列**　ガンは途中で降ろしてはならない。先頭に竜頭、天蓋、提燈、槍が続き、その後は御膳をもつ喪主が続く。御膳には白位牌と香炉を載せている。この後に家族・親戚・ガンがつき、その後には一般の参列者が続く（同b 38～39）。

⑥**墓内での行動**　棺を墓内に安置すると一人は墓の外に出し、残りの一人は生きた人間の魂が墓の中に残らないようにと、グシチ（すすき）の葉を振り回しながら外に追い出す（同b 39）。

⑦**スーハンチュン**　墓からの帰りは浜に降りて海水で手足を洗い、身体に海水をかける。葬式の帰りには、他人の家に立ち寄ることは禁じられた。とくに病人のいる家には行ってはならない。また、子どもを抱いてはいけない。子どもを抱くとか、他人の家に立ち寄るには、集落内にある実をつける木を抱く。木はどのような種類でもよい。昔はグシチの木で門を作ってそれをくぐった（同b 39）。

⑧**葬列の通る家**　葬列の通る道に面した家は、門に棒や箒を置いたり、灰を撒いたり網を張ったりするところもある。これによってマブイの入ってくるのを防いだ（同b 40）。

⑨**ヤーザレー**（家淩え）　葬式当日の夜にヤーザレーをする。葬式の帰りにマブイが一緒に家までついてきているからで、これを追い払うためであるという。昭和30年代まで行われた（同b 40）。

この時についてくるマブイは、新たに発生した死人のものであるのか、集落や墓地を浮遊しているものなのかは明確ではない。通有的な説明は、新たに発生した死人は、一定の期間（多くは49日間とされている）生前住んでいた家や畑、村を見て回るといわれている。

⑩**ブイムチャーを捨てる場所**　一定の決まった場所がある。北の墓地はトウトウ森小（トウトウムイ）、東の墓地はブイムサーヤマグヮである。ここまでくると「ウリサイ、厄払い、レーヤィビーン（さあ厄払いだ）」といって、持

っていたブイムチャーと小石を捨てた（同b 40）。

赤嶺正によると東の墓地のブイムチャーを捨てる場所は、以前は小山になっていてブイムサーヤマグヮといったが、現在は土地改良でなくなったという。トウトウ森小はガン屋からすこし北の地点でここにも小山があったが現在では消失した。西の墓地に対するしろ山小の地点は判明しなかった。

⑪**家焼き**　家に帰ると茅葺の家なら、軒の端から一掴みの茅を抜き取り、東の方に向かって茅に火をつけて燃やした（同b 40）。

以上のうち①、④、⑦〜⑩までの儀礼は一貫して、マブイと表現される悪霊を集落の外に追いやり、悪霊払いに使用した道具は集落外の特定の場所に捨てられた。つまり、葬式の発生した時点で死人に霊や悪霊が農具や葬式に使った道具は言うに及ばず、人間、家畜、種物などに付着すると観念されたのである。おそらく②、⑪についても、その背後には悪霊に対する畏れの観念が存在すると思われる。

ヤーザレーについて、シューラ・ウェブは、葬式の後の 2 〜 3 日の夕方と報告する（同 117）。また、ブイムチャー（ブイムサーと表記する）を回す役をムーウャー、死者の家族の役をオイハラチという。これでムーウヤーは追い払うという意味がとれる。また、ブイムチャーを捨てるところをムーウ山とする。ただこのムーウ山が東西どちらの墓地に相当するのか不明である。ヤーザレーは葬式当日の夜で、ブイムチャーを捨てるのは墓の近くのブイムサー山小という。ガン屋建つ位置とブイムチャーを捨てる地点は、後生山に至る道の途上でもある。

以上のように、ブイムチャーの捨てられた地点は、ムラバカであったころのトウトウ森小で、東西に墓地が分離した時にそれぞれブイムサーヤマグヮとしろ山小になったことが考えられる。これらはすべて死者の発生したことを契機として、喪家そのものとその他の家々、集落全体というレベルまで悪霊からの忌避的行動であると捉えられる。

10. 小　結

(1) 集落の内・外観念と日常性の破れ

集落の内・外は、河川の流れや石垣、土塀などの人工的な遮蔽物がないかぎり、それはそこに住む人々の観念の中のことでしか過ぎない。ことに津堅島のような、自然環境の均質な島での暮らしからは、島を取り囲む海の存在のほかに、物理的に内と外を画するものを観念することは困難である。しかし、一時代前までは流行病あるいは出産や死の発生は、人知のおよばない外的要因による日常性の破れと認識され、これが基本的には日常行動や、生死観念の形成に繋がったといえる。死者の発生は防ぎ得ないことであり、この事態に対処するためにシニマブイからの忌避的行動を集落と個人のレベルで行った。換言すれば葬式や産育に伴う各種の儀礼は、非日常性からいかに早く日常性をとり戻すかという行動様式に他ならない。年中行事もこの意味からは、害虫や厄病の発生を未然に防止するかという行動様式として繰り返されたのである。以下では津堅島の日常性を破るものと、内・外を観念する象徴物を確認したい。

(2) 集落（屋敷）の内から外を観念する

出産儀礼

出産は家屋の裏座が産屋として使用されたが、入口には産婦の近くで注連縄が張られた。この扱いは葬式でも見られたことであり、ここには家を閉じるという行為に結びつく。3日目にはウブガーの水で新生児に水浴びをさせるが、この水は同時に元旦の早朝に若水として汲まれ、また死者の水浴びにも汲まれた。この一連の行為には何ら関係性がないようであるが、若水で顔を洗う時には「若くならちうたびみそうり」と祈願したという（民俗b 58）。つまり出産儀礼と死者儀礼、元旦の若水汲みには再生という観念が通底していると考えられる。

葬送儀礼

葬送儀礼では、死の発生において当該する喪家は閉じられ、臨終に際しては近親者以外は外に出たという。集落においても、それぞれの家ではホーハイという叫び声で閉じられた。この声は火災が起こった場合にも発せられる特殊な言葉である。この状態がいつまで続いたかは明らかではないが、喪家の関係者の場合は3日間におよび、その解除はヤーザレー（家の浚え）という言葉で表現された。

ヤーザレーは、集落の内・外を意識する最も重要な儀礼の一つである。この目的は葬式の帰りに悪霊（マブイ）がついてくるため、これを村の外に追い払う儀礼である。ヤーザレーに使った道具は捨てられるが、捨てるのは特定の場所である。つまりこの捨てる地点が、集落の外側という観念を成立させたのである。

(3) 集落の外からくるもの

シマクサラー

津堅島のシマクサラーは厳重を極めている。行事の内容は簡略化があるものの、縄が掛けられたのは16か所の地点であった。この中で注意されるのは中城湾方向に向かう地点である。現在ではほとんど使用されなくなった、急崖に作られた降り口の3か所の地点にも掛けられた。このうち1か所は、豚を殺す象徴的な意味を持つ場所でもある。公民館のある前面の路上でも、豚が殺されてシマクサラーの用に供された場所である。7班は集落の東の墓地に行く地点にあたり、ちょうど集落が途切れて降り道になるところに縄が掛けられ、路上では外に向かって線香がたかれた。全体を通してみると縄の掛けられた地点は、集落の内・外を強く意識させる場所であり、これによって外から来る疫病や悪霊の進入を防ごうとしたのである。

マータンコー

マータンコーもシマクサラーと同様に簡略化の著しい年中行事である。かつては全体で1か月ほどの祭祀期間があった。その中で注意されるのは、①本番前日までアギ浜と前の浜に老人が出向いて、海に向かって供物を投げ入れたという。これは浮かばれないシニマブイや悪霊に対しての供物であると説明し、腹いっぱいになると帰って行くという。②マータンコー当日の祭祀場はアギ浜と前の浜である。伝承の通り 7 か所に酒甕を据えて祈願された。マータンコーではアギ浜と前の浜が重要視されるが、ここにはアキミヨと呼ばれるサンゴ礁が切れて海に通じる津口が開いた地点にあたる。2 か所は島への出入り口であり、海からシニマブイや悪霊がやってきて供物を強要すると観念されたのである。一方ではマータンコーは祭祀の前日は、神女がシヌグ堂で祈願を行い、男たちは外から島に入らないよう厳重に警戒する日であった。このことによって、集落を清浄な空間に更新したのである。

以上のようにみると、集落の日常性を破る出産や葬送儀礼は、一面では屋敷や集落の内・外を強く観念させる場所、あるいは地点を表出させた。また年中行事においても、外からやってくる病気や悪霊に対して集落全体を閉じるという行為があり、集落の入口である東と南の浜で退治する模擬的な祭祀が行われたのである。

(4) 津堅島の空間認識と集落のグランドデザイン

津堅島は南北方向に長軸をおく島で、西南部が丘陵地形になり、このほかは全体に低平である。島への出入り口は、サンゴ礁の開けるクチが 5 か所あり、このうち 2 か所の港が現在も重要な出入り口になっている。集落の形成は、当初から丘陵地に立地したようで、かなり早い時期に津堅殿内が信仰の紐帯として丘陵の中心を占地したと考えられる。殿内前面の庭から一直線の道が前の浜までつけられた。この道は集落の配置を決定する基準となり、殿内の周囲には、殿名のつく家が配置され、これらが集落の中核となり東から南にかけての斜面地に拡大したと考えられる。

津堅殿内はいわゆるウタキとは呼ばれない。しかし、歴史的に島建てをした根家のひとつとして最も重要視され、集落の全体像をデザインするに当たって中心地に据えたのである。創成神話で扱った喜舎場子は島の中興の祖であるとも受け取れる。これに対して、津堅殿内の創成神話は聴取されないが、東カツの語ったアマミクーとイワオーはこれに関係するのかもしれない。

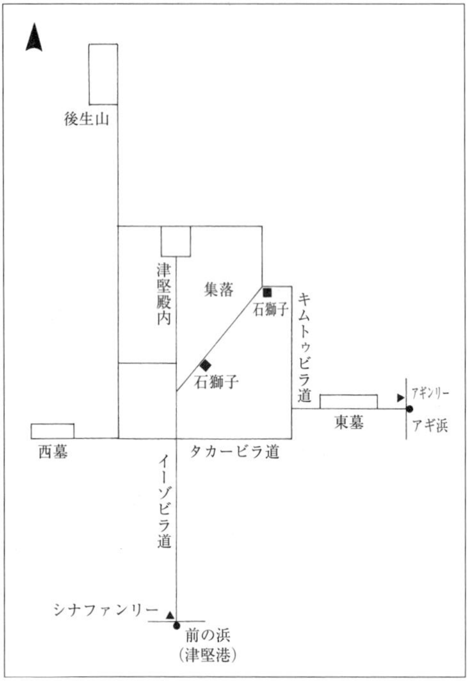

図9　集落の構成要素

集落外に配置されたのは墓地と生産地としての畑地である。ムラバカと称された共同墓地は、島の最北端の後生山であった。葬式の終わった夜は、集落の限界まで悪霊を追ったという地点がある。この時、家の外は悪霊の浮遊する世界が出現したと観念されたのである。当時の葬制は、伊波や折口が報告したように風葬であり、葬式の後は近づくことを忌避された世界であった。

このほか、集落の内・外を明示する象徴物として石獅子が置かれた。現在確認できたのは2か所である。

注

⑴　島の地形分類で「低島」と表現するのは目崎茂和（1980）による分類である。海洋関係と地質の記述は、町田洋ほか（2001）、サンゴ礁は木崎甲子郎編（1980）、目崎茂和（b2001）を参照した。

⑵　島の出入り口であるクチについては、海人の赤嶺正氏から聴取した。

⑶　殿内（トゥンチ）は一般的には王府時代の士族や上級神女の邸宅の呼称である。また、地方のノロ屋敷もこのように呼ばれたとされる。津堅島の津堅殿内も後者の事例であろう。

⑷　沖縄戦後にアメリカ軍が駐留し、車両の通行のため道路の拡張や付替えが行われたことを新屋功氏から聴取した。

第２章　中城湾をめぐる島（2）—久高島の民俗から—

１．島の自然環境

(1) 陸域の自然環境

久高島は沖縄本島の太平洋側に位置する小島で、津堅島と共に中城湾の外縁をふちどる。サンゴ礁起源の石灰岩で形成され、平均10mほどの高さ（最高点は17.4m）の平坦な低島地形である。島の地形は長軸方向で南北から約40度西に傾く。このために、北東端にあたるカベール岬が地元では北方位と認識される。島の長軸方向の長さは約3,200m、集落部分の東西幅は約620m、面積は約1.38㎢である。以下の記述において、～ヤマの名称を使用するが、島の最高点は17.4mであり山に相当する地形はなく、また丘陵にあたるようなものもない。集落付近の地形的な特徴は、長軸方向の南北道にあたるナカミチ（中道）から西海岸にかけての一帯が高地で、東海岸に向けて傾斜する。北端のカベールの地域は、ペン先のように突き出た地形で低平な一帯を形成する。

海岸線の特徴は、西は砂浜が少なく断崖の連続する海食崖が卓越する。集落近くでは、この急崖の汀線近くに湧出する井戸が古くから開発された。これに対して、東は砂浜の発達が顕著で、海岸線の長い浜は６か所である。この砂浜を供給源とする砂堤が発達して、防風堤（アダンパヤマ）を形成する。南は東西の海食崖に挟まれるように砂浜があったが、現在では徳仁港の整備により姿を消し、久高漁港に当たる西にも発達した砂浜があったが南半分が残るだけである。

集落は島の南に偏り、クサティ森や外間山から北には屋敷はなく、畑地と原野が存在するばかりである。島の生業は畑作が主体を占めるものの、津堅島のように全島がニンジン畑という景観ではない。むしろ人口の減少によって、かつての畑が原野化しつつあるのが現状であろう。

(2) 海域の自然環境

久高島は前述したように、津堅島とともに太平洋の深部にいたる外縁に位置する。海底地形は、沖縄本島の百名、奥武島あたりから裾礁が久高島にかけて発達し、一部は岩頭を海面に出している。徳仁港に入る直前でサンゴ礁が切れて、中城湾に容易に入ることができる久高口（クダカヌー）がある。南西のコマカ島という岩頭を出した地点は、コマカヌー、本島百名の浜のヤハラヅカサの先には、アチヌー（またはジマイヌー）が開口する（海上保安庁a)。

百名海岸にあるヤハラヅカサは、アマミキョ・シネリキョという伝承上の沖縄人の始祖が上陸した海岸であると伝承され、琉球王府時代の歴史書でもアマミキョは王統の始祖であるとされる。百名から久高島にかけて連なる岩頭―アージ島、アドキ島、タマタ島、コマカ島―は、百名から久高島に初めて人類が伝わった経路であるとの伝承もある。久高島の人たちは祖先の故地ということで、このルートをたどるように百名への訪問が年中行事として行われた（比嘉

写真19　国道331号線仲村渠付近から遠望した久高島（志喜屋漁港に隣接するアドキ島やタマタ島などが久高島まで点在する。大潮の時期にはタカビシが出現して、クチの存在も確認できる）

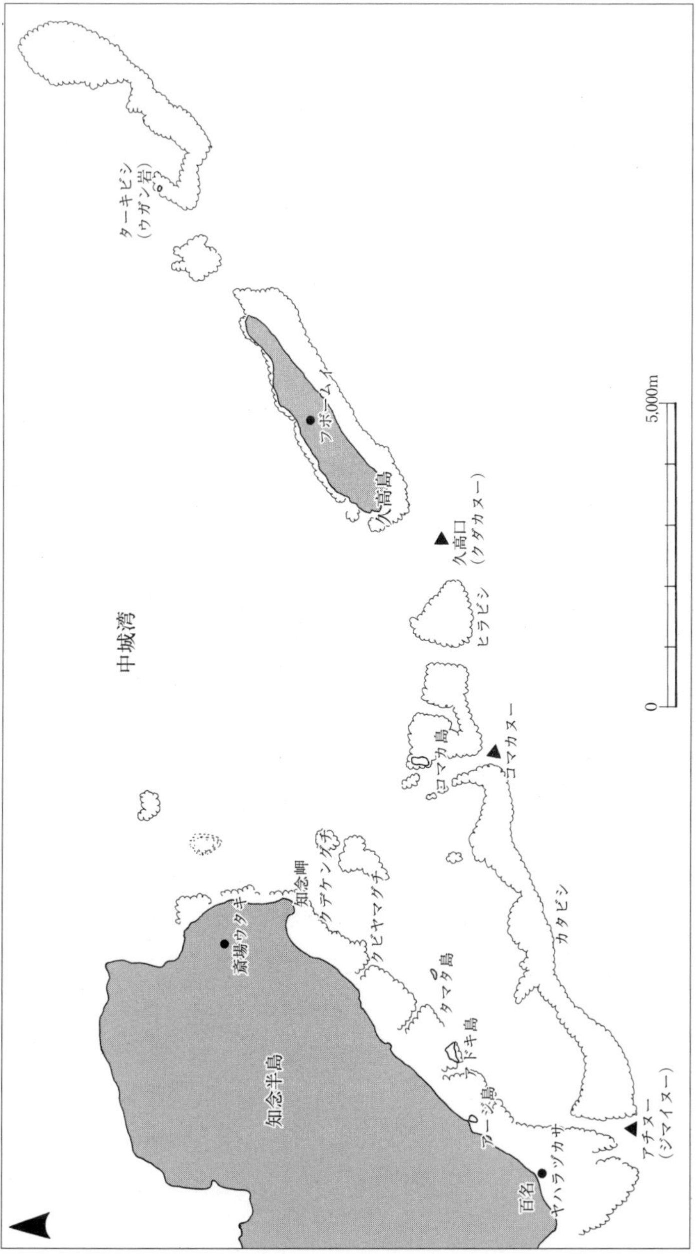

図10　久高島周辺の干瀬とクチ

下b 429～435)。

久高島から津堅島までは約8kmの距離であるが、ここでも中央の二ツ口まで裾礁が発達する。沖縄海域では、冬の東北季節風の波浪が卓越するため、北に面する外洋側にサンゴ礁の外縁（干瀬）が形成され、波頭がここで砕けて内側（礁池―イノー）では、波はほとんど立たないというサンゴ礁特有の風景を見ることができる。渡久地健は、島を取り巻くサンゴ礁を図を描き、「この島では東側のサンゴ礁にはみごとな干瀬（ピシ）が発達しているが、西側には干瀬はなく、水深2～4mで砂に覆われた面が広がっているだけである」とする（同b 183～185)。図を参照すると、東海域は海岸線から500mほどの沖合いまで礁原が広がり、その内側のイノーは島の近くまで南北に発達する。裾礁の外側は、深海にいたる斜面地形をピシヌフシ（干瀬の後）と表現して、専門の漁師以外は日常的には利用されない海域である（同a 482～486)。

比嘉康雄はイノー周辺の名称を記述し、「砂浜をハマ、カニク、波打ち際をビシク、そしてイノー（礁池）があり、ガマク、ピシ（干瀬)、フカがある。ガマクはピシ（岩礁）に波が当たり白波が立つところである。ガマクは腰ほどの意である。ガマク側のピシと第二のピシの間をピシミといい、イノーより深い。ここは魚がよく取れる。第二のピシから急に水深が深くなり、海の色も濃青色になる。ここからフカである。ここでいうフカは、久高島の世界観を表現した言葉で、イノーは日常の糧を得る所の島の延長であり、日常空間である。これに対してフカは非日常の未知の空間で、竜宮という異界、他界空間として観念される」とイノーとその外の空間の観念的な相違を指摘する（同 上b 18)。

野本寛一は、砂堤帯からの呼称を示して、「アダンパヤマ―シバナ―ハマ―ピシク―イノ――ガマク―ピシ―ピシミ―ピシヌフチ―フカウミである。イノーの中での主要な漁獲物はイライ（イザリ＝夜漁）で捕られるタコのほか、シャコガイ、ウニ、サザエなどの貝類がある。このほか草むしりと呼ばれて採られるアーサー（アオノリ）がある。久高島では特殊な漁労としてエラブウナギがあり、徳仁港周辺の海岸の海食崖にある巨岩群を中心とするエラブガマで行われた」という（同b 55)。

写真20　ターキ干瀬が遠望される東北端のカベール岬（写真19の干瀬からターキ干瀬、津堅周辺の干瀬がひと続きとなり、中城湾の外縁を形成する）

島の西は久高漁港のあるメーギハマ以外は、海岸には断崖が連続して冬場の波浪は激しい。これに対して西の海岸線は砂浜が多く、干潮時などは徒歩の漁や海草取りが日常的に行われたのである。

(3) ターキ干瀬

カベール岬の東北約1.5kmにターキ干瀬と呼ばれる岩礁があり、この地域一帯は近海の好漁場である。それと同時に、ターキ干瀬はカベールムイの神である竜宮神を勧請して漁をする行事がある。

そのひとつのピシクミは漁撈始めの儀礼である。比嘉の報告は、「ユラウマヌ浜からソールイガナシー２人がサバニに乗り込み、徳仁港から東を回ってカベールの浜につける。ここで船に竜宮神を請来する。船内には神が座するサシカが設えられている。ターキ干瀬の岩礁に船をつけて祈ると、神は小島に上陸するという。その後、干瀬の中で船を止めソールイガナシーはそれぞれの竿で海底を３回突く。これがピシクミ（干瀬踏み）であるといわれている。これが終わると、岩礁では神を船に乗せてカベールまで行き、そこで神を降ろし獲った魚で刺身を作って船上でカベールムイに向かって祈るのである」という（同下b 71～72）。このように、ターキ干瀬は漁場の一画にあって、竜宮神の立会いのもとで儀礼的な漁をすることによりその年の大漁を祈願した。

2．クチと浜

(1) ク　チ

玉城村（現南城市）百名海岸付近から久高島にかけての8.5kmにはアージ島、アドキ島、タマタ島、コマカ島がほぼ東西に並ぶように岩頭を海上に露出させる。アージ島とコマカ島、および久高島のところは、裾礁が切れてクチを開けている。それぞれに対応してアチヌー（ジマイヌー）、コマカヌー、クダカヌーである。

『おもろさうし』には、

こまかの澪に　おれ　見物　又久高の澪に　又鱎鯢網　結び降ろちへ　又亀網　結び降ろちへ　又鱎鯢　百込めて　又亀　百込めて　又鱎鯢　百捕りやり（下略）

とあり、大意は「こまか島の澪と久高島の澪に、網おろしをするのが見事である。ザン網、亀網を結び降ろして、ザンを百、亀を百も追い込めて、ザンを百、亀を百も捕って（下略）」と歌われ、コマカヌー（水路―澪）とクダカヌーでは、ジュゴンと亀の追い込み漁が古くから行われたことがわかる（岩波文庫 上433～434）。

久高島のクチは、野本が報告している。北端のカベール岬からカベールクチ、東海岸では五穀クチ（フマグチ、クマグチ）があり、南では徳仁港クチ、西海岸側ではアジバマクチ、ウガンバマクチ、タンキバマクチの6か所である。野本は久高島の西銘豊吉に聴取したものであるが、それぞれのクチについての説明も詳細である（同b 46～50）。

カベールクチ

琉球創成神話に登場するアマミキョは、まず久高島東端のカベール岬に到着

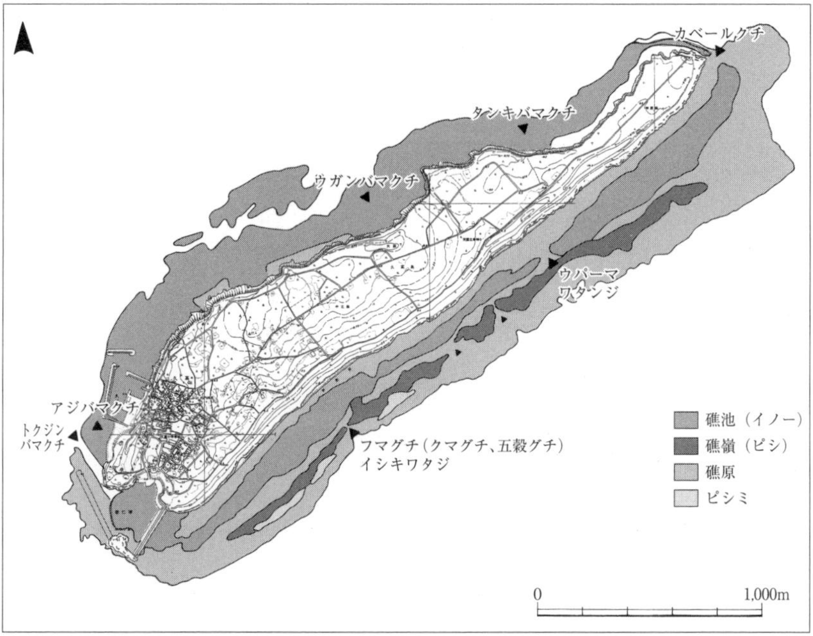

図11　久高島周囲の干瀬・イノー・クチの位置（渡久口 2006を改変）

するが、その際、カベール岬のタービシ（ウガン岩）とよばれるところに小舟を着けて休まれたという言い伝えがある。カベール岬の先のリーフには「カベールグチ」と呼ばれるクチが存在する。

フマグチ

久高島の東南側にイシキ浜と呼ばれる清浄な浜がある。前方のリーフには白波が立ち、イノーとフカウミとを分けている。イシキ浜には穀物漂着伝説がある。穀物の入った瓢箪がフカウミからイノー、そして渚へと入ってきたクチを五穀の口と呼ぶのであるが、西銘豊吉によると、この五穀の口を別にフマグチ、クマグチなどともよぶのだという。フマとはこっちという意味で、フマグチと呼ぶのはアカチュミーとシマバリーが五穀の入った瓢箪を迎えるとき、「フマンドラ、フマンドラ（こっちですよ、こっちですよ）」と唱えたからだという。また、フマグチには別の伝承もある。久高島の島建てをしたアマミキョ・シラミキョの２神はまずカベール岬にいたり、アマテラスウタキで水を飲んで

写真21　徳仁港と向こうはエラブ漁が行われる岩礁
（左下には竿立岩が見える）

から、さらに島をめぐり、フマグチから入って正式に島に上陸された。フマグチの南50mほどのところには、ピジャという2神が遊んだ所があるという。

徳仁港クチ

徳仁港は島の西南端にあるため、かつては、鷹が本土から宮古島をめざして渡るころ、カンドウ（寒流）が流れてきて風が強く吹くころになると、島人たちは刳り舟を徳仁港にまわしたものだという。

アジバマクチ

現在の漁港に当たる部分がかつてのアジハマで、ここには琉球王府の船、唐船、島人の船などが着いた。この浜を起点として船の出入りにおいては当然アジハマのクチが重要な役割を果たした。古くはアジハマに豚の頭を立てて風邪除けを行ったものだという。

ウガンバマクチ

フボームイの北をウガンバマと呼び、その前のリーフにクチがあり、船を入れることができた。サバニが出入りした。

タンキバマクチ

タンキバマ、またはシオタキバマと呼ばれる浜がある。またその付近にはアンブシという網干し山がありサバニが出入りした。

以上であるが、ここには干瀬の標示はなくクチとの対応関係は示されていない。渡久地は、島の周辺海域を礁原、礁池（イノー）、礁嶺（ピシ）などと図示している（同a 185)。外側の礁嶺には途切れたところがあり、これがクチになっていることは明らかである。この図に西銘のクチの説明を対応させれば、カベールクチやフマグチは明らかである。フマグチにはイシキワタジという、イノーを横切ることのできる渡り道があり、この切れ目がクチである。なおワタジ（渡り道）はウパーマにもあるようで、ウパーマワタジが伝承されている。ここにも礁嶺にクチを開けているが、出入り口としての名称は報告されていない。西海岸は裾礁の発達はなく、どこからでも浜に到達できる。以上のことから、東海岸ではカベールクチから 6 か所のクチが開いて、島からのワタジと称される礁原、あるいはイノーへの通路は 2 か所である。

（2）浜

浜はカベール岬にある①ファマグワー（小浜）から、東海岸に回ると②ハベールバマ、③マパマ、④ウパーマ、⑤シマーマ、⑥イシキハマ、⑦タチバマ、⑧ピザ浜（ビジャ）があり、南端にはかつて⑨トゥクジンバマがあったが、現在は徳仁港によって消滅した。ここから西海岸には、⑩メーギハマ（トマイバマ）、⑪ユラウマヌ浜（この他、ユランバマ、アジバマ、クンディ浜、メーギ浜ともいう）も漁港になり、南に少し残すだけで消滅した。⑫ウガンバマ、⑬ウシバマ、⑭タンキバマと⑮ヤグルガーに隣接した浜の名称は不明であるが15か所の浜である。⑪のメーギ浜から北は、海食崖の卓越する地形で規模の小さな浜である。東海岸側は、浜と海食崖が交互にあるような地形で南はほぼ連続する。浜と儀礼については後述する。

沖縄県教育委員会の報告（以下、県報告b）は、「穀物などの種の入った壷が漂着したと言う説話の異伝は、『琉球国由来記』巻13にある。久高島に住み始めた根人のアナゴノ子が見つけ、女房のアナゴ姥が身を清め、白衣を着けて取ったというが、その場所は、やはり「伊敷泊」である。現在では伊敷泊は、イシキバマと呼ぶのが普通であるが、古い文献に共通して伊敷泊とあるのを見ると、「泊」というべき理由があったのであろう。徳仁港の北にある古い船着場はチミガトゥマイ（君が泊）という」とあり、6 と10は泊表記のあったことを記している（同b 4）。

(3) 浜の聖と俗

久高島の浜の分布については既述したが、浜の利用となると偏りが著しい。これは集落との関係でいえば利便性が求められることはいうまでもない。利用される頻度の高い浜は、集落を取り巻くように東、南、西に集中する。比嘉は太陽の出る東方は聖なる方位でもあり、ニラーハラーがあるとする。また神々が島を来訪し、島人も神々に願い事をする方向であるとする。これに対して、太陽が沈む西の方向は俗な方位であって、害虫を流す儀礼や死者に対する供養をする方向であるという（同 上b 50）。つまり、太陽の運行による聖と俗の観念が意識レベルで捉えられるといえる。

一般的な理解として、徳仁港から東海岸にかけては聖域であるから、そこには墓地は作ることはない。以下において浜でどのような儀礼・行事が行われるか列挙して、その浜の持つ性格・観念を検討する。

カベール（北端の岬）

①**ヒータチ**（大漁祈願） 1・2 月のミンニーの吉日を選ぶ。久高島の最北端にあり、祭場はゴツゴツした岩礁が連なっている。ノロとウメーギはハブイの束を二束ずつ持って立ち、足元のハブイシーにティルルを歌いながら打ち下ろす動作を繰り返す。昔、追い込み漁の際、草木で海面を叩いて魚を追い込んだときの仕草を象徴したものという（同 下b 55～61）。

②**ピシクミ** 漁撈はじめの儀式で 3 月綱の後の天気を見てミンニーに行われる。両ソールイガナシーのサバニでユラウマヌ浜から徳仁港を迂回して東海岸を通りターキビシに向かう。カベール崎にくると浜につけてカベールムイに向かって合掌する。これは竜宮神を船にお招きするためという。神を船に乗せるとカベール崎から近いところにあるターキビシの小島にサバニを着け小島に向かって合掌する。この合掌によって神は小島に上陸すると考えられている。小島から南50mから100mくらいの地点でサバニを止め、両ソールイガナシーはそれぞれの竿で海底を 3 回突く。これがピシ（干瀬）クミ（踏み）の行事であるといわれている（(同 下b 71～72)。

③**7 月綱** 3 月綱と同じ内容。

④**キスクマーイ**　キスクはユイムン（寄り物）といわれ、豊漁不漁は就任したばかりの新ソールイガナシーの功徳に左右されるという。キシクはソールイガナシーに対する神からの贈り物として考えられている。第一日目は両ソールイガナシーはサバニでターキビシへ行き、ピシクの祈願をする。ピシクミが終わって船がユラウマヌ浜に帰港したときを待って、島中の男たちが一斉にキスク漁に出る（同 下b 71〜74）。

イシキ浜（東の浜、伊敷浜）

五穀の種子が壷に入って漂着したという聖なる浜である。

ハンザアナシー　ニラーハラーの神々が久高島にきて島を祓い清める祭りである。ムリーバは神々を送る儀礼が最後にあり、神々を船に乗せて送り出す所作が外間殿の庭で行われる。船出したニラーハラーの神々は、3 日後に到着すると考えられているが、祭りが終わっても、翌日までは神の港である伊敷浜には行ってはならないといわれている（同 下b 127〜138）。

葬式の後の儀礼　葬式に参加した人は午後 7、8 時ごろに、まずヘーフ、ヘーフと言いながら棒を持って家の中を 7 回まわり、その後ボンキャーまで行って帰ってくる。この時にイシキ浜で拾ってきた石をまわりに投げつけながら帰ってくる（大石 55）。

ウプヌシガナシー祭　大神主宰の健康願いが伊敷浜で行われる。正人（16歳〜70歳の男子）たちのために、神女が守り石を拾い（ 2 月）、12月にはその石を収める。浜での祈願が終わると、小石を拾いあう。小石は出来るだけ堅く丸いものがよいとされる。正人一人につき 3 個である。この石は守り石として各家の床や仏壇などに置いておく。守り石が拾われる場所は、ニラーハラーの神々の港と考えられている所で、ここにはニラーハラーの波が打ち寄せ、最初に太陽が照らし出す最も神聖な浜であるとされている。したがってここにある石、とくに丸く硬い石はニラーハラーの神々の霊威、太陽の霊威が憑いた霊験あらたかな物である（比嘉 下b 143〜149）。

火神の更新　葬家では49日が終わった後、戊の日を選び東の海から石を三つ拾ってきて古い火の神と替えた（同 下b 414）。

ピザ浜（ビジャ浜）

①スォールイの指名を受けると旧暦10月のアラミンニーにユナイ（姉妹）と連れ立って、ピザからスォールイ棹を立てるアダン木を自宅の庭の東に移植して、約 1m四方、高さ40cmの竹垣を作り、その中にスゥクリン（徳仁港）から取ってきた小石を敷く。これはスォールイ神の依代とされる棹を安置する所であるから、ウドゥングワー（小御殿）と称す（福治・加治工 103）。

②ニージ道を東に突っ切った東海岸の一帯を言う。ムチー（鬼餅）のときショーガチワー（正月用の豚）の豚を屠った（同b 124）。

③人が死ぬと翌日の葬式にピジャよりイシナグ（小石）を取り、清めのウシュ（海水）を汲んできた。葬式の晩にその家を清める儀式がある（同）。

④ヤナムン払いの儀礼　出棺前に女性 2 人がピザ浜へ行き瓶などに海水を汲み、あらかじめ用意した海水と一緒にして手ではねて撒く（比嘉 下b 409）。

⑤小石投げ　これもピザ浜で拾ってきて用意されたものである。小石を拾った場所にはサイ（茅の先を結んだもの）を 3 本立てる（同b 409）。

徳仁港

①玉城間切百名から渡来して久高島を島建てしたというシラタル夫婦が、スゥクリン（徳仁港）で 7 か所住まいを替えたという故事に基づいて、住まいだった箇所はヤルイ（宿り）と称されている。祭りは徳仁港にナナヤルイを作り、ノロや神職者にワーンネーをして竜宮神に豊漁祈願をした（福治・加治工 66）。

写真22　徳仁港の一画にある竿立岩

②**アミドゥシ**　11月13日から 3 日間の島建ての伝説を再現した祭りである。

③悪天候で徳仁港へ入港せざるを得ない時は、

穢れを祓う祈願をした。これをウスゥリヌウグワン（恐れ敬いの祈願）という。徳仁港の神、スベーラキをはじめとする諸神にたいする畏敬の祈願という（同 95）。

④スォールイの指名を受けると旧暦10月のアラミンニーにユナイ（姉妹）と連れ立って、ピザからスォールイ棹を立てるアダン木を自宅の庭の東に移植して、約 1m四方、高さ40㎝の竹垣を作り、その中にスゥクリン（徳仁港）から取ってきた小石を敷く。これはスォールイ神の依代とされる棹を安置する所であるから、ウドゥングワー（小御殿）と称す（同 103）。

⑤ **3 月綱**　3 月 3 日に行われる大漁祈願祭。13歳のものはこの日から集団の漁に初参加する。ソールイガナシーはシンボルである竿、綱サシカのセットを徳仁港にある竿立岩に並べて立てておく。漁が終わって徳仁港に帰ると、シージャソールイガナシーが正装して出迎える。獲ってきた魚は竿立岩のそばに置かれる（比嘉 下b 66～69）。

クンディ浜

①海で遭難した場合などで死体が見つからない時は、寅年の旧暦10月20日に、クンディハマから49個の石を拾ってきて墓に入れる（大石 55）。

②島外で死亡した人は徳仁港からの上陸することは許されず、必ず西側のクンディ浜の洞窟に安置しておく。そして村一斉に洗骨の行われる寅年まで安置する（赤嶺b 362）。

メーギ浜

3 月綱　男たちが徳仁港で海の祈願をしている同時刻ごろ、メーギ浜において外間ノロ、久高ノロ、ウメーギなどによって海鎮めの祈願が行われる（比嘉 下b 71）。

ユラウマヌ浜（アジバマ）

①**ハリガユーハー**　（略）ユランマーでは別に外間と久高とが、互いに「マッケラン、マッケラン」といってダークの草を振り、争う様をする。ヤナガレが上がってくるのを追い払い浄めるためである（高橋b 163～164）。

②同　集落内では子孫のない霊がまだ残っているのでそれらを追い払うため、

そこから、外間ノロ一行は、ノロは右手に刀をかざして、巫女たちを従えて集落内を回ってお祓いしながらユランマ浜へ行く。久高ノロも悪魔祓いをしながら集落を抜けスベーラキから徳仁港の灯台に出てユランマの浜に合流する（福治・加治工 117、比嘉 下b 336）。

③ユランマの浜でアマミャーハンジャナシーがクルキミボーを持って、4名のアマミャーとともに左回りをして久高島を祓い清める（福治・加治工 117）。

④**ハンジャナシー**　ニラーハラーから神を迎えて島を祓い清める。外間殿よりユランマ浜へ移動する。浜では神女たちが対座し、その中でクルキミボーを持ったアマミヤー 4 名が左に回って祓い清める（同 117）。

⑤**パハマシーグ**（虫払い）　ハッシャが芭蕉の葉を一尺ほどに切り、それを 4、5 本で小さないかだを作る。芭蕉の葉で帆を作って家庭から集めた害虫を筏に乗せて流した。昔はユランマ浜の砂丘に村人が昼ごろから集まり半日を過ごした（同 119～120、比嘉 下b 181～186）。

⑥**リューグーマティー**　海で遭難して死んだ人の霊を慰める祭祀。家族の者がユランマ浜で祈願した（福治・加治工 142）。

⑦**同じく海難者の魂鎮め**　3月3日に行う。ユラウマヌ浜で夕刻からはじめられる。遭難者を出した家の主婦などが準備して、ティンユタが司祭する。「3 月 3 日の海は荒れます。この家の遭難者よ、子々孫々が港・海に対してとりなしをするから、この子々孫々に、同じ目に合せないでください。餅や魚、酒も供えてリューグに対してお願いをしますれば、この家の子々孫々の行く海は、荒海も鎮めてくださって静かにさせてください。そうして出船入船も平穏にあらしてください」（比嘉 下b 324～327）。

⑧**ティラウガマシ**　産育行事のひとつで太陽を拝ませるの意である。家の前での行事が終わると一番座で赤児を東枕にして寝かせ、ユラウマヌ浜から取って用意してあった蟹小 3 匹をハカンの上に這わせる（同 下b 390）。

⑨かつてアジバマのクチからは様々な恵みが入ってきたのであったが、逆に忌避すべき災厄も入ってきた。古くはアジバマに豚の頭を立てて風邪除けを行ったものだという（野本b 49）。

以上で浜での儀礼とそこに表出した観念をみたのであるが、カベールでの儀礼は浜というよりはその先の干瀬が関係する。ヒータチが神女によって行われる以外は、ソールイガナシーによる豊漁祈願である。特徴的なのは、常にカベールムイの神が船に勧請されてターキビシにおいて行われれることである。年の初めての豊漁祈願であるピシクミでは、ターキビシの海底をソールイガナシーの持つ竿で海底を突く所作がある。竿（ソー）は長さが3mほどの木製で、釣竿のように根元が太く先端を細く作っている（比嘉 上b 431）。福治は、竿は杉か槙でスォールイ神の依代であるという（福治・加治工 103）。この竿で海底を突くことの意味を述べないが、その年の最初の豊漁祈願であってみれば、竜宮神を呼び起こすことが隠喩されているとみられる。

東の浜で儀礼が行われるのはイシキ浜とピザ浜である。イシキ浜はアサヌワカティィダ（朝の太陽）が昇る浜であり、この時に神々に願い事を祈るのである。儀礼でも男たちの守りとしてこの浜の石が拾われた。

ピザ浜はイシキ浜の南にあり、位置的には聖なる空間の一画を占める。ところがこの浜の利用は、葬送儀礼で使われる潮水と石が拾われた。石を拾った跡にはサイが立てられるという。これらは悪霊払いに使われるのであり、聖なる浜の威力が期待されたのである。また、男がソールイガナシーに就任すると、ソールイ竿（神の依代）を立てるアダン木が採取された。アダンそのものが神の依代と認識されたことが分かる。特異なのは正月用の豚をこの浜で殺すことである。正月の正式な料理としての豚料理であってみれば、聖なる浜での屠殺もあり得ること、竹富町竹富島でも同様のことを聴取した。イシキ浜とピザ浜では、隣り合う浜であっても意識するところに差異があり、ピザ浜には神の出入りは伝承されておらず儀礼もない。観念の上では微妙な差異が生じていると考える。

徳仁港は島建て神話の伝承と、それを再現したような儀礼が行われた浜である。この意味ではイシキ浜と同様に聖なる浜である。ソールイガナシーの家の庭には、ウドゥングヮーと称される竿を置く一画が作られ、徳仁港にも竿立岩がある。儀礼的な漁があれば常にこの岩に竿が置かれて、出漁して捕ってきた魚も置かれた。この岩も竜宮神との繋がりの想定される場所である。

西の浜（ユラウマヌ浜、アジバマ、クンディ浜、メーギ浜、トマイ浜と呼称は多岐にわたる）は、久高漁港が整備されて浜の半分ほどは消失した。クンディ浜は漁港がある場所である。これ以外は漁港から南の浜であり王府時代の官船の出入り港でもあった。ここでの儀礼は、海での遭難死や遺体の島への搬入口として使われ、また島を払い清める儀礼の場所のひとつともなった。ことに島外からの遺体の搬入には強い規制と禁忌が働いたようで、集落内への搬入は許されず直接墓地に運ばれたという。浜の特定はできなかったので事例として上げていないが、福治は戦前まで旅で死んだ人を納骨する際は、浜辺で刳り舟の帆を用いて仮小屋を作り、そこで3日間宿泊したことを報告している（福治・加治工 86）。これはクンディ浜での事例2に対応したものであろう。福治によると死んだ本人はもとより、その遺族も集落への入域を制限されたのである。

福治はハンジャナシーの期間中にスゥムスィラーという海難死した人の霊を弔う祭りがあり、供物のお初を海に投げ入れる行為を報告するが、この海がどこか報告していない（同 101）。海に供物を投げ入れることは、この方向にも竜宮神を意識していることの表れである。野本は風邪除けとして浜に豚の頭骨を立てたことを報告した。

浜で石を拾う儀礼は、東でも西でもおこなわれた。イシキ浜ではウプヌシガナシーという男たちの航海安全と健康祈願のための石拾い、ピザ浜では葬式後の払いの道具としての石拾いであった（同 74）。これに対して西では海難死による骨の代わりの石が拾われる。対比的には、東西の浜での石拾いは、祈願とこれに逆行した結果に対する供養としての浜の性格が付与されるのである。西の浜にはアカララキという、集落への入り口を守護する神が鎮まり、海に向かっては、害虫や外部からの悪魔や病魔を引き受ける神として観念された。

3．久高島の創成神話

久高島には地元で伝承された島の創成神話と呼べる話が聴取されている。

⑴この久高島はアマミヤー神様があっちの本島からね、海を渡ってこっちに来ていらっしゃって、この木の竿持って来てね、この久高島の海にこんなに立ててからに海を上げになって島を造った。（下略　内間マサ）（遠藤b 80）

⑵島に作物も木もないときに、神がワシになってオテントウサマより降りてきて、アマミキョを作られた。七尺の赤、黄と色のついたものを高い所より立てて久高島を作った。アマミキョはオテントウサマと行ったり来たりしたという。この棒は今までは外間トンにあったが、今年旧暦6月6日にウーザムト（御座元）—棒を立てたところ—にオミヤを作ってそこへ移した。（西銘豊吉）（崎原 75）

⑶カベールは久高のシマがはじめて浮き上がったところである。子どもの出産や、人の死亡があったとき、村人全員1週間はカベールに入れなかった。（外間長六郎）（同 75）

⑷東北のはずれ一帯の、カベール（神屋原）と呼ばれるあたりは、聖域として畏れられている。ここは久高島が生れる時、一番初めに浮き上がった所だと言い伝えられている。カベールの先端の小浜と呼ばれる岬は、昔、アマミキョの到着した霊地だという。（略）月に一度壬の日には、カベールの神であるタティマンノワカグラー（ソールイの神）が、2頭の馬に乗って、この森から左回りに島の上空を一巡すると言い伝えられてきた。（斉藤 19～20）

以上の4種類の創成神話は、島を造ったという棒（クルキミ棒）にまつわる話と、最初に浮き上がったのがカベール岬であるという2系統の話が伝えられている。⑴、⑵では、屋号ウッチグヮーの屋敷地の中にシマダテ石とよばれているところがあり、また異伝としてアマミヤが腰をかけた石として知られる。現在はカンジャナシーと呼ばれる来訪神を迎えて、島を払い清める祭りにこの棒が登場する。また、アマミヤが島を造ったというクルキミ棒は、赤く塗られた2ｍほどの木の棒である。島の祭祀の中では、伝承にあるような島の創成に関わる祭祀は行われていない。いずれにせよこの家系は、島建てに係わったといわれるムトゥ（元根）に繋がる家であり、この石柱は島造りの基点と観念されたのである。

4．集落の立地と変遷

本節は久高島の集落とその内・外にある聖地や象徴物などの関わりを検討する。

(1) 集落の立地

島全体の地形的な特徴は、南北方向に細長く、西が平均して14～15mの丘陵状の平坦地でナカミチから東にかけて傾斜する。東海岸は砂堤が発達して、高さは10mを越しアダンやモンパなどの海岸特有の樹木が繁茂する。また、時期は不明ながら貝塚―イシキハマ貝塚、シマシーヤマ貝塚―を残す遺跡がある。

集落は徳仁港から海食崖を一気に上がった台地上（９～12m）に立地する。この台地をイシンチジ（石の頂）と呼ぶが、南端から北方向に約400m離れて、東西300mが集落の範囲である。フサティムイ（クサテ森、イザイ山）と外間山を越えた北には屋敷は構えられなかった。この規制は信仰に根ざした観念であり相当厳しいものがあった。現在では公共の建物が２、３あるものの、一般の民家は依然として存在しない。比較的古い地図では集落の南もすべてが屋敷地ではなく畑や原野など相当の面積を占めたが、現在では土地の利用についての変化は著しいものがある。

(2) 集落の現状

1945年前後の米軍撮影になる集落は、ニージ道より以北とこれより以南は西に偏して立地する。戦後は小中学校から東や南の畑地、原野は屋敷が建ち始め

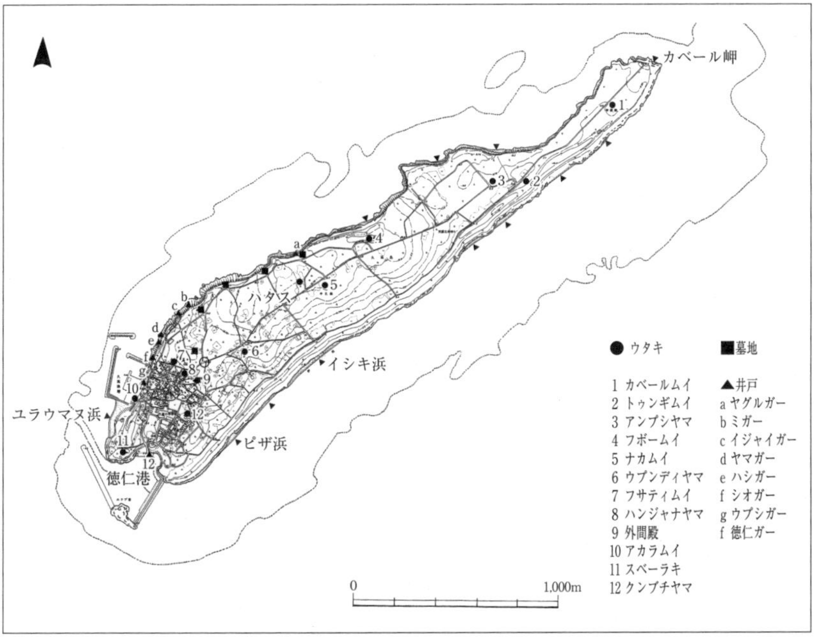

図12　ウタキ・浜・井戸・墓の分布

写真23　徳仁港からイシンチジの台地上の集落
（ここでも短冊型の畑が見られる）

て、集落の景観が変化したことは否めない。

桜井満の「安泉松雄《やすもとまつお》資料」によると、久高島の地籍は前原、中原、久高原、大浜原、神谷原に区分される（桜井 61～72）。地図上での境界は必ずしも明確ではないが、久高が集落の中心地である。宅地は163筆11,352坪で、畑地は218筆、93,449坪である。このほかの地目は池沼、学校敷地、原野、拝所、墓地などである。前原は集落の南にあたり地目は宅地が163筆、11,352坪である。畑は42筆で10,508坪になり、このほかは原野、池沼、拝所などである。仲原、久高原、大浜原の地目は畑と原野、神谷原は原野の地目のみになる。

このようにみると、久高より北は畑と原野が卓越して、神谷原にいたってはすべて原野が占めることになる。基本的には神谷原は聖域としての位置づけでもあるが、現地を歩いても土壌の堆積は薄く、耕作地として適地ではない。久高と前原には池沼が合計4か所記載されている。ここに注目するのは、外間守善が、「久高島では、麦、粟はあったが稲はなかったというのが伝説や史書の伝えとして通説化されているが、島のフス（へそ）といわれる中心部の所にハンチャアタイ（神田畑）とよばれる稲作にかかわる古地名が残っているし、ハンチャアタイの近くにはミャーハブと呼ばれる湧水による池もあったという(高田普次夫氏談)。久高島でも稲作は試みられたのだが、よりよい適地を対岸の大地に求めて渡り移ったと考えるべきであろう」と、ハンチャアタイとミャーハブを稲作にかかわる地ではないかと推定し、後者は湧水のある凹地で池の存在を示唆する（同a 56)。ミャーハブの地は診療所のあるかなり広い一画で、戦後まで水浴びできるほどの深さであったという。地図で診療所付近の等高線を拾ってみると、幼稚園にかけては7.5mと8.75mが北方向に大きく湾曲して地形が入り込んでいることがわかる。つまり周辺部の微高地から容易に雨水などが流れ込む凹地が読み取れる。

小島瓔禮によると、屋号イチャリグワーの跡にあるハン―グムイ（神ごもり）という池は、今は空池になっているが、もとはイシキ浜（イツキドゥマイ）の海に通じているといわれて、そこにはモンクワー―テリンクワーという魚（スクーアイゴのこと）がいたという（同 4)。久高と前原にある地目の池沼は、外間が示唆したミャーハブでの稲作の可能性やハングムイと呼ばれた、イシキ浜の海に通じているといわれた神ごもりの池の伝承など注目される。

仲松弥秀は、沖縄の集落構成の原理をオソイとクサテの関係性で説明できるとして、「親である神は自己の子である村落民を愛し、これを守り育てる。これがオソイである。神のオソイに対して神の子である村落民は、自己の親である神に抱かれ、これに寄り添う。すなわちクサテして生存・繁栄していくのである。村の守護神の鎮座している森をクサテ森、村によってはフサティ森、フサー森と称している」といい、森はクサテ神を祀るウタキであり、森の中には必ずといってよいほど祖先が納骨された場所が聖地化されているとする。久高島については、「久高島にはただひとつの久高村落がある。狭くそして屈曲した路地によって区切られていた久高村落と外間村落とが、合併されたのが現久高村落である。旧家群が村の背後に、その前面に分家群がおそいし、分家群が見守られている形態をなしていることは、沖縄の村落と同様である。旧家の北側背後は広い平坦面をなしていながら、誰人も家を建てるものはいない」（同i33）とし、オソイとクサティの関係性において、集落の立地と構成を説明した。北限としてクサティムイが聖地のひとつとして存在するが、かつての葬所であったという伝承は聴かれない。

(3) ヤマ（山）・ムイ（森）とウタキの分布

集落の内・外には、ムイ（森）、ヤマ（山）と呼ばれる地名が散見される。[(1)] 法政大学報告（1985）は、ウフンディヤマ、アカラムイ、ナカムイ、ハンジャナヤマ（カンジャナヤマ）、クンブチヤマ、イジャイヤマ、ムーヤマ、フンディムイ、フサトゥムイ、スンギムイの10か所を記載する。畠山篤（2006）は、神屋原森、アンプシ山、トゥンギ森（ユチンジャナシー）、ウプンディ山、腰当て森（イザイ山）、カンジャナ山、外間山、クンブチ山の8か所を上げ、比嘉（上b 挿図）は、カベールムイ（ハビャーン）、アンプシヤマ、ユチンザァナシー、フボームイ（クボーウタキ）、ウガミ小（ナカムイ—ナカノウタキ）、ウプンディヤマ、フサティムイ、ハンザァナヤマ、クゥンブチ山の9か所である。福治友邦・加治工真市（2007）は、アンプシヤマ、ウプンディヤマ、ハンザァナヤマ、外間山、クンブチヤマの5か所である。

4者が記載したヤマ・ムイ地名は、一見すれば錯綜しているが北から整理すれば、①カベールムイ（ウフンディヤマ、ハビャーン、神屋原森、ムーヤマ）、②トゥンギムイ（ユチンジャナシー）、③アンプシヤマ、④フボームイ（フボーウタキ、クボーウタキ）、⑤ナカムイ（ウガミ小）、⑥ウプンディヤマ、⑦クンブチヤマ（フンディムイ）、⑧フサティムイ（イザイヤマ、腰当森）、⑨ハンジャナヤマ（カンジャナヤマ、ハンザァナヤマ）、⑩外間山、⑪クンブチヤマ（クゥンブチヤマ）、⑫アカラムイの12か所である。これらは地図上に記載が可能であるが、2007年の調査では②、③の地点は不明であった。これらのヤマ、ムイは①〜⑦と⑫は集落の外に所在し、⑧〜⑪は集落内である。

①**カベールムイ**（ウフンディヤマ、ムーヤマ、神屋原森、カベールウタキ、ハビャーン）

島の北端に所在する。平均して8〜10mの平坦な土地が広がる。この地域の植生は聖域として保存されてきたため、8m以上のビロウが目につく。県報告によると、ビロウのほかオキナワシャリンバイ、アダン、クロツグなど28種類の木本、草本類の植物が確認されている（同b 60）。安泉の一筆限に記載された神谷原がそれであり、分筆されていない42,344坪がそのまま広大な聖域として存在する（桜井 61〜92）。

カベールには竜宮神・ユッチンジャナシー、タティマンヌワカグゥラーの神がいるとされ、創成神話は島がはじめて浮き上がった所をカベールであると認識し、別伝ではアマミキョの渡ってきたところと伝える。カベールムイで行われる行事は、旧暦8月のハティグワティ（健康祈願）と旧暦1、2月のミンニーの日に行われるヒータチ（大漁祈願）がある。比嘉は、カベールムイにはタティマンヌワカグゥラーという2頭の白馬に象徴される竜宮神が滞在すると信じられている。ミンニー（壬の日）の早朝、この2頭の馬はアシタマーイといって、カベ

写真24　カベール岬から陸地側の森（ビロウ樹が密生する聖地）

ールから南の徳仁港まで島を一周するといい、村人もミンニーの早朝は畑に出ないようにする。この白馬に出くわすと不吉だと考えられた（同上b 88）。

野本によると、徳仁港の南に位置する岩礁—エラブ岩、またはフシマにも竜宮の神があり、古くはドウグゥトウ（竜宮島）と呼ばれて、島の南はシュクシンドウグゥすなわち深い竜宮と呼ばれた。シュクは底の意であるという（同b 466）。つまり、久高島には南北の両端に竜宮神を祭り、ミンニーには竜宮神の化身である白馬が島周りをしたとする。カベールムイは、おそらくイビ（自然石が神の象徴としてあり、香炉も付随する）の置かれた拝所があると思われる。航空写真を見ると北端のハベール崎から700mは自然林として開発されない地域が存在した。

②トゥンギムイ（ユチンザァナシー）

所在地、伝承は共に未詳。

③アンプシヤマ

大漁祈願が行われるというが、詳細は未詳。

④フボームイ（クボーウタキ、ウプウガミ）

フボームイの植生は、ビロウが密生し内陸側ではアワダン、モクタチバナを中心にした叢林である。このほかの植生は木本・草本類合せて28種類が確認されている（県報告b 56）。集落から北に1,000mほど離れた原野にあり、男性の立ち入りを厳しく禁止する。祭祀の行われるときやミンニーに当たる日などは、その前にすら近づくことをはばかられ、久高島のなかでは最も神威の高いウタ

写真25　フボームイ（クボーウタキ）**の入口**（ここから奥は男子の立ち入りを禁止している）

写真26　フボームイの祭場とイビ（林宜子撮影）

キであるといわれる。比嘉はフボームイの全体の略図を作っている。最奥部はウフウガミと呼ばれる広場とイビがありフボームイの中心的な祭祀場である。その奥はさらにウプティシジの滞留するタキスラーの森が広がる。手前には外間ノロの拝所で、玉城への遥拝がおこなわれるティリィリィカサと、久高ノロの拝所で首里への遥拝がおこなわれる、ワカリィカサの各イビが一つの空間にある。この二つの空間全体を包摂してフボームイと考えているようである（同 上b 237）。奥にあるウフウガミは、久高島のすべてのウタキへの遥拝所でもあり、このことから、中心的な性格を有すると理解される。しかし、フボームイが中心的な聖地となった淵源はどこにあるのか。『琉球国由来記』には、

　　コバウノ森　四御前
　一御前　コバヅカサ
　一御前　ワカツカサ
　一御前　スデヅカサ
　一御前　ヤクロ河
　此コバウ森、阿摩美久、作リ給フト也。（略）

とあり、かつては島を創造したとされるアマミクが、フボームイを作ったという伝承が流布したと理解できる（知念村史 351）。これは他のウタキでは語られないことで、神話的創造神の手になる原初的なウタキとしての位置づけが、琉球王府時代からあったのであろう。

『おもろさうし』（岩波文庫 65〜66）にはフボームイのこととして謡われている。

首里杜　ちよわる　聞ゑ按司襲　精遣り富　押し浮けて　蒲葵杜　ちよわちへ　百歳せぢ　按司に　みおやせ　真玉杜　ちよわる　英祖にや真末按司襲い　手折り富　押し浮けて　蒲葵杜　ちよわちへ　聞得大君が　蒲葵杜司と　御言　合わしよわちへ　てるかはに　知られて　鳴響む精高子が　蒲葵杜司と　御言　合わしよわちへ　国笠の親のろ　かに　はねて　おぎやか思いに　知られゝ　奇せ清らの大のろ　かに　はねて　おぎやか思いに　知られゝ　首里杜　ちよわる　おぎやか思い按司襲い　今からど末　勝て　ちよわる

（意 訳）

首里杜にいます　名高き国王　精遣り富をおし浮けて　蒲葵杜にこられた　永遠の命を国王に奉れ　真玉杜にいます　国王は　天降り富をおし浮けて　蒲葵杜にこられた　聞得大君は　蒲葵杜の神女と　お言葉を合わし給ひて　日の神に申しあげて　名高き聞得大君は　蒲葵杜の神女と　お言葉を合わし給ひて　クニチャサの神女はかく守護して　尚真王に申し上げよ　クニチャサの神女はかく守護して　尚真王に申し上げよ　首里杜にいます　尚真王は　（当間 15〜16）

このオモロでは蒲葵杜は久高島のウタキとなっているが、『琉球国由来記』などは、蒲葵杜はコバウ森のことに他ならない。その趣旨は、国王が聞得大君と共に久高島にやってきて、蒲葵杜（フボームイ）で聞得大君と蒲葵杜司（久高島の神女）が、てるかは（太陽の意—池宮 148）に申し上げて、国王に百歳のせぢ—永遠の命を保つ霊力—を奉ろうという。

琉球王府側の資料からは、フボームイが（コバウ森または蒲葵杜と表記され、ここに仕える神女は蒲葵杜司と表記される）国家祭祀に占める役割と、国王に対する永遠の生命の授与という関係性が示される。

つぎにフボームイにかかわる島の年中行事—祭祀についてみると以下のようになる。

ピーマッティ（1月上旬） 火災・水難にあわないようにする祈願。

ヒータチ（1・2月のミンニーの日） 大漁祈願。

ハマシーグ（3月29日） 虫払い。

ハンザァナシー（4月中ごろのミンニーの日） 払い。健康祈願・海上安全祈願。

ヤーシーグ（7月29日） 虫払い。

ハチグワティマッティ（8月10日） 厄払い。大漁祈願・健康祈願。

ヨーカビー（8月11日） 払い。

ハンザァナシー（9月中ごろのミンニーの日） 払い。健康祈願・海上安全祈願。

以上がフボームイの関わる祭祀である。久高島のすべての祭祀の約1/4ほどになり、ありとあらゆる払い—村の祓いや害虫払い—を頻繁に行ったことがわかる。集落の清浄を保ち、生産活動を害するものを排除するという、集落の維持のための基本的な祭祀を担ったもっとも重要なウタキであることがわかる。このような視点からすると、フボームイと他のウタキとの性格の違いや優位性というものの一端が判明する。

⑤ナカムイ（ナカヌウタキ、ウガミ小）

集落をほどなく過ぎるとナカミチの東に位置する。森は疎林となり、奥には香炉とイビが東向におかれている。ウガミ小とはフボームイのウフウガミに対するものであろう。

⑥ウプンディヤマ

比嘉によると、集落近くにある雨乞いをする祭場で、ミリリィツとも称するとある（同 下b 468）。

⑦クンディムイ（クンディ森、フンディムイ）

集落の北約250mの地点が標高17.4mの最高点のクンディムイである。しかし周辺地形となんら変わりなく山に相当するような地形はない。ここは祭祀の行われる場所ではなく、神話伝承なども伝わらない。

⑧フサティムイ（クサティ森、腰当て森、フサティ嶽、イザイヤマ、イジャイヤマ）

集落の北限を標示する森でもある。フサティムイの植生は高さ７ｍの高木層にハマイヌビワ、フクギ、ガジュマルなどが被覆して、全体が鬱蒼とした森を形成する。植物全体では木本・草本類合せて18種類が見られる。特徴的なのはフボームイ、カベールムイでは確認されないトウズルモドキが亜高層（５m）から草本層（0.4m）まで見られる。これは神女のかぶる草冠の材料として使用される重要な植物である（県報告 54)。フサティムイは漢字では腰当て森があてられる。仲松のいう集落の鎮守の森としての観念が生きている名称であるといえる。小字前原103番地で地目は原野で1,802坪あり公的管理地である。イザイヤマの名称は、かつて12年に一度行われたイザイホーがこの場所で行われたことによる。

イザイホー祭場　モリを背にして南面する建物は、西から通称バイカンヤーといわれるタルガナームトゥ、神アシャギ、シラタル宮と、その前のナーあるいはマミヤと呼ばれる不正形な広場で構成された祭場で、全体を久高御殿庭《くだかおどんみゃ》と呼ばれる。中心的な施設は神アシャギで、寄せ棟作りの屋根は瓦葺、建物の柱は四隅に立つ４本柱としている。特徴的なのは普段の祭祀では壁が葺かれないことであり、イザイホーのときにクバ（ビロウ）の葉で壁が作られた。建物には北と南の二方向に出入り口が開口して、ウドゥンミヤー

写真27　フサティムイの祭祀場とアシャギの建物（祭場全体を久高御殿庭と呼ぶ。中央のアシャギは壁のない特異な建物である。左はエラブウナギを乾燥させるバイカンヤー、右はシラタル宮）

祭場とフサティムイへの通路になる。

フサティムイではイザイホーの前日に、神アシャギの背後の叢林が切り開かれて、七ツ屋と呼ばれる仮設の建物が建てられる。七ツ屋とは神女たちがイザイホーの期間中に籠もるための建物である。東西方向に通路を挟んで間口2間、奥行き1間半の建物が2棟である。昭和53年の調査では、久高と外間に所属する神女が別々に籠もるもので、各棟の内部は3室に分割され、それぞれの部屋ごとに出入り口が設けられた。6室の区別は、神女が所属するウタキ毎に分かれているという。七ツ屋の隣にはアカララキ（キジムナヤー）という小屋が別に作られ、神アシャギの南入口の前には、丸太を7本使用した七つ橋と呼ばれるものが設置された（県報告b 158）。

以上がイザイホー祭場としての構成である。次にイザイホーの本義とは何か。これらの建物がどのような意味と象徴性を帯びて使用されるのか、そしてフサティムイとの関係は何なのか、これまでの研究成果を踏まえてみていきたい。

久高島の祭祀は女性によってになわれるが、村落レベルの祭祀に参加できる女性は、イザイホーを経てナンチュ（神女）になることによって始めてその資格を得るという[(2)]。そこでイザイホーは、おおむね30から40代の女性の神女就任儀礼であるといわれる。神女就任儀礼の原理的なものとはどういうものであるのか。これはイザイホー本番の早朝に神女となる女性の家庭で行われる、ウプティシジ香炉の継承式というものに端的に現れている。ウプティシジは大きい（尊称としてのウプティと祖霊—シジの複合名詞）祖霊のことで、具体的には神女となるべき女性の亡き祖母の霊をさしている。ここには久高人の祖霊がどのように継承されるのか表出する。この儀礼を詳しく観察した比嘉は、神女になる女性は、彼女の母の実家で亡き祖母のトゥパシリ香炉（祖母の魂の依代になっているとされる香炉）から、自ら持参した香炉に祖母の香炉から灰を移し、婚家の香炉にその灰を入れるのである。これがウプティシジの継承といわれるもので、これによって香炉にはいつでも亡祖母が彼女に憑依することができて、祖母から孫娘にその魂が継承されたことになり、孫に当たる子孫を守ることにもなるという。このことが前提となって神女になるための承認儀礼が執

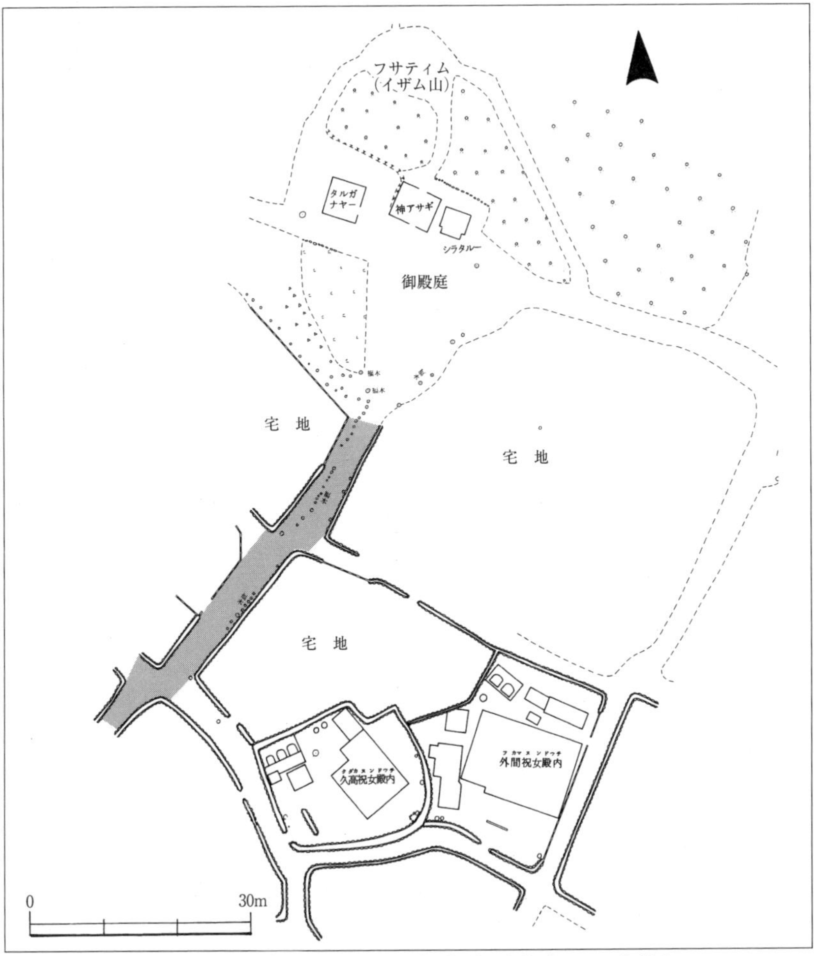

図13　久高御殿庭と港からの道［沖縄県教委1980に加筆］

行されることになる（同 上b 349〜350）。

ここには、女性は男性を守護する立場にあるとする沖縄特有の考え方が大きく関係している。ことに兄弟と姉妹の間においては終生変わることなく、守護する姉妹と守られる兄弟という関係性が継続する。たとえ夫婦であっても、婚家の夫やその兄弟を守るということはなく、実家の兄弟を守るということになる。そこには、守護するための力の源泉はあくまでも、実家の祖母のウプティシジに依拠しているという原理が横たわっているためである。

ところで亡き祖母の魂はどこにいると説明されるのか。神女になった女性が亡くなるとニラーハラーといわれる他界に行く。この後は生前に所属していたウタキに再生して常在すると観念された。このため、ウタキとはイザイホーを経て神女になった女性たちの祖霊―ウプティシジの滞在する世界であるといえる。イザイホー祭場の七ツ屋では神女たちは3夜籠ることになるが、この小部屋こそ神女たちの属する各々のウタキであると説明され、祖霊たちもこの期間は滞在しているとされる。つまりイザイホーはただ単に神女たちのみの祭場ではなく、そこには重層した歴代の祖霊たちの集合した場でもあるということができる。この祭祀の場としての装置がフサティムイなのである。

七ツ屋の前にある神アシャギは、南北にふたつの出入り口が設けられ、神女たちは広場と七ツ屋の間を頻繁に出入りが繰り返される。比嘉はこの祭場全体は神アシャギをはさんで他界（シジガユー）と現世（ナマガユー）に二分されるという。すなわち、ウプティシジの集まるフサティムイは他界であり、ウドゥンミャーは現世の祭場であるという（同上b 343）。3日目には朱付け・スジ（米粉で作られた丸い印判）付けの儀礼が行われる。朱はイザイホーに参加した神女全員に、根人（男神）が眉間と両ほほに付け、スジ付けは外間ノロによって新しく神女になるナンチュに同じように付けられた。これによってナンチュたちは公的な祭祀に参加することを承認されたことになる。4日目の朝にはアリクヤーといわれる、イザイホーに集まった祖霊をニラーハラーに送る儀礼がある。神アシャギの前には直径5㎝、長さ25mの綱が置かれる。アリクヤーの綱とよばれて、祖霊を送る時刻になると神女たちとウドゥンミャーにいた男たちが綱をはさんで向かい合い、舟をこぐような動作で綱を上下に揺さぶる。その後綱は東方に向かって運ばれ、ハンザァナヤマに置かれてすべての儀式が終了する。

以上がイザイホーの主な儀礼である。フサティムイの位置づけを改めてみると、そこはウプティシジとよばれた祖霊の集合する他界であると理解できる。

⑨ハンザァナヤマ（ハンジャナヤマ、カンジャナヤマ、カンヂナ森）

小字前原152番地で地目は拝所であり、ここも公的管理地で129坪である。集落の中では最も高い地点になり、現在では水道の給水塔が設置されている。フサティムイに隣接する大里屋敷跡とは道を隔てた南に位置する。

写真28　外間山の祭祀場（右の建物は外間殿。ミウプグゥイミンナカの大香炉が置かれている。左は西威王の産屋と呼ばれる建物）

高橋六二はもとは高いポーサーギという木があってユランバシといわれたという。斎場《せいふぁー》御嶽と繋ぐところで、カンジャナヤマは神そのものの名称であり、神木として祭られたのだろうという（同 173）。イザイホーでは祭場の建物・敷物やアリクヤー綱を作り、蒲葵、材木などはここから採取され、終了すればアリクヤー綱はこの森に放置された。比嘉もこの森に生えていたポーサーギ（オオハギ）は、神の声を受信する木といわれて、イザイホーの時は神の声が聞こえるということを聴取した（同上b 241）。仲松は廃屋になった仏壇や香炉に跡継ぎがないことが分かったら、門中出自の神女によってこの森に廃棄したという（仲松ノートb）。

⑩外間山

外間山は外間殿が建つ祭祀場の背後にあたる。小字前原195番地で地目は原野で583坪あり私有地として管理されている。外間山は重要な祭祀場の背後にありながら、フサティムイのようにウプティシジの集まる所ではなく、祭祀が行われることもない。しかし、イザイホーの時にアシャギの壁を葺くクバの葉の採取地である。4日目の朝には神酒（ウンサク）が外間殿と久高ウドゥンミャーに運ばれ、神女や一般の参列者にも神酒は配られるが、この時にマーニ(クロツグ）の葉柄で作ったブチ（棒）で神酒を掻き回す。このマーニが外間山から採取されるところから、外間山も祭祀の中では聖性を帯びた一定の役割を担っているといえる。

⑪クンブチヤマ

集落の中ほど、小字前原173番地にあり地目は拝所である。247坪の敷地があり公的管理地である。ところがここに関しては祭祀に関わるものはなく伝承も記録されていない。

畠山は、フバワク儀礼（イザイホー小）の2日目に、カンジャナヤマ、クンブチヤマ、ウプンディヤマで船漕ぎが行われる。3つの船漕ぎ儀礼はニライカナイへの神送りである。クンブチヤマが祭りで拝まれるのはこの時だけであり、現行のウタキからクンブチヤマが除外されているのは、ウタキがかつて再編されたことによるとされ、したがってクンブチヤマが祭祀されるフバワク祭祀は、古層の祭りと考えた（同248）。

⑫アカラムイ（アカララキ）

集落の西の道を通ってメーギ浜（トマイ浜）にいたる右側に拝所がある。現在では鬱蒼とした森の景観ではない。高橋は「この神は気性が高いからシマの門番とされるが、それはたぶん赤色をしていて邪悪なものを追いやると信じられたからである」という（同173）。畠山は、「渡海の安全を司り、外からの邪悪なものの侵入を防ぐアカラという神を祀る」という（同390）。イザイホーのときにはフサティムイにイザイヤーに隣接して、南に開口する草葺の小屋が一棟造られる。これをアカラムイとよび、イザイヤーの守り神といわれる。おそらくメーギ浜あるアカラムイの神がイザイホーの祭場を守護するために勧請された建物なのであろう。

写真29　メーギ浜を上がった所にあるアカラムイのウタキ
（島の入口を守る神であるといわれる）

以上が久高島のなかでヤマあるいはモリと

つく地名の実体である。全体で12か所あり、このうち6か所は集落の北部、4か所は集落内、1か所は集落の西に分布している。ここで改めてみると山としての実体のなさである。ウタキとされるのは、北から①カベールムイ、②トゥンギムイ、③アンプシヤマ、④フボームイ、⑤ナカムイ、⑥ウプンディヤマ、⑧フサティムイ、⑨ハンザァナヤマ、⑪クンブチヤマ、⑫アカラムイということになり、島の聖地についてはヤマ、ムイと呼び習わしている場合の多いことがわかる。

(4) ウプティシジとヤマ・ムイ

ウプティシジ（祖霊）はフボームイやフサティムイで少し触れたが、改めてヤマ・ムイとの関係についてみる。ウプティシジは久高島の死後世界観を端的に表現した言葉である。死後の霊魂は、東方の海の彼方にあるというニラーハラーに集まると考えられている。葬式の時に集落の境で、柩をいったん下ろし、東方に向かって死亡した人のあることを告げる言葉などに表れる。ところが、イザイホーを経て神女となった女性が亡くなると、生前に所属の決まっていたウタキにニラーハラーから再生して滞留するといい、この女性の祖霊をウプティシジという。実家の祖母のウプティシジは、イザイホーのとき孫娘のもつ香炉を介して孫に継承されるという構造を持つ。

このようなシジの居所とするウタキは、北からトゥンギムイ、アンプシヤマ、アグルラキ、タキシューラー（フボームイの中にある）、ウプンディヤマ、フサティムイ、ハンザァナヤマ、アカララキ、スベーラキである。ヤマ・ムイ名で現されるのは6か所ということになる。カベールムイは、竜宮神の居所であり祖霊との関係性はない。クンディムイと外間山はウプティシジの集まるウタキから除外されている。外間山は拝所になる十分な条件と環境にあるのに不可解であるが、このことについては後述する。いずれにせよ、ヤマ・ムイ地名のつくところは、亡き神女のウプティシジとよばれる特定の祖霊たちの居所、あるいは比嘉の言葉を借りるならば、祖霊の滞留するウタキであるといえる。この祖霊はあくまでも限定された祖霊であって、たとえば男性の場合は死後の魂はどのようになるのか、あるいはイザイホーを経ないで亡くなった女性はどうなるのかというのは、ウプティシジほどの具体性を持って観念されるわけではない。

久高島におけるヤマあるいはムイは、山としての実体に欠けるにもかかわらず、祖霊（女性が継承する）が再生して滞留するウタキ、あるいは神山としての聖域を形成する場所であるといえよう。

(5) イシキ浜（伊敷浜・伊敷泊）

これまでは陸域部におけるウタキについて述べてきたが、久高島では唯一東海岸にあるイシキ浜がウタキとして扱われている（『琉球国由来記』13・知念間切317伊敷泊）。

伊敷泊二御前/（東方へ御拝被遊也）/一御前　ギライ大主/一御前　カナイ真司

とある。倉塚暁子は「本島だけで700余にのぼる御嶽の中で、ニライカナイの神を祭ると明記されているのは久高島東岸の伊敷泊だけである。そのゆえんは、そこにニライからの寄物とおぼしき穀物や聖植物の種子の入った壷が流れついたことによる」と、久高島は現実世界とニライとの接点として、琉球王権により位置づけされたとする（同 148～149）。イシキ浜に五穀の種子が流れついたという、沖縄の穀物起源伝承は広く流布されている。詳細な研究は、畠山にゆずるが（同 304～348）、久高島で聴取された伝承を資料として 2 話掲載する。

写真30　イシキ浜からみた陸地側（久高島の東に位置するため、朝の太陽が最初に昇る聖地である。この浜に五穀の入った壷が漂着した伝承をもつ）

いずれも崎原（75～83）による。

⑴アマミキョが大島よりくるとき、海があれてタニムンのツボがなくなった。それには大麦、コムギ、ハダカムギ、アワ、アカデの苗が入っていた。それから幾世代をへて久高に流れついた。アカミチが取ろうとしたがとれず、アカミチのウミナイビがヤグル井で水あびして左のソデで取った。アマミキョが波に落としてしまったツボであった。（西銘シズ）

⑵イシキバマの浜より海を見ると沖のほうに三つの大石がある。その南側の石のふたつところの真中よりツボが流れ入ってきた。アカミチューが取ろうとしたら逃げるので、アガリウフザト（大里家）にいって、そこのカミンチューと相談し、水浴びをして新しい白い着物に着がえてイシキバマへもどった。イシキバマウタキの浜に丸い石を砂の中に立ててあり、それを拝んでから取りに行くとたやすく取れた。ツボを見つけたのもアカミチューである。ツボを取ると浜へ上がり道のそばでツボをひらいた。ここはイシキバマウタキのふたつの内のひとつの拝所となっている。しかし拝所の形はない。（西銘豊吉）

ウプラトゥ（1ではアガリウフザト―大里家）の別伝では、流れついた麦はハタスという畑に蒔いて、壷もそこに埋めたという。このことについてはハタスの項目で後述する。いずれにせよ、この穀物起源伝承はウプラトゥ家の管理してきた伝承であり、同家の農耕祭祀にかかわる根拠となった伝承でもある。そして島の東方に位置するイシキ浜は、ユガホー（世果報）をもたらすといわれるニライカナイ（ニラーハラー）に開けた聖なる浜として認識された。

(6) 畑　地

久高島の土地制度は、現在でも基本的には私有地はなく、すべて共有地として管理されている。耕作地は琉球王府時代には、16歳から60歳までの男子に一地として配分される制度であった。畑地の景観は津堅島でもかつて見られたような、長地形の独特な区画を呈し、これを一地とした。

浮田典良によれば島の耕作地は、①ノロ地（世襲地で久高ノロ地と外間ノロ地）、②ニーチュ地（根人の世襲地、外間根人地）、③ウッチ地（世襲地）、④クワ地（百姓地）、⑤ンナグナー地（15歳の男子に給された耕地）の5種類があるという。昭和35年当時は、耕作地のうち93.9％がクワ地である（同 131）。①から③までは、宗教的権威に対する世襲の認められた私有地である。集落の周辺に集中して、外間山の背後とニージ道の周辺、および集落の東の原野がそれにあたる。フサティムイから外間山周辺の畑地、原野を分析すると、254、255、257、262番地は久高ノロ、外間ノロと外間根人の私有地であり、原野197、198、294-2、255-1は字久高の管理地として点在する。集落の東の広大な原野は外間ノロ地である。つまり、集落の東端まで公的管理の原野、もしくは神役に与えられた私有地としてのノロ地や根人地が帯状に存在して、それが集落の北と東を限るという構造である。

野本は役地としての畑での祭祀を報告する。これによると、「麦の種おろしの祭祀は、9月上旬のツチノエの日におこなわれた。本来は大里家、久高ノロ家、久高根人家、外間ノロ家、外間根人家の5軒で、初種をおろすべきノロ地・根人地の3尺四方ほどを耕しておき、ツチノエの午前中、巳年の人に頼み、村頭立会いのもとで種をおろす。種おろしの予定地にはススキなどを立てて印をしておく。島人たちはこれらの種おろしが済んでから各々の畑の中の一画を耕起して麦の

写真31　イシキ浜から上がったところの畑（幅は3mほどで短冊型の細長い地割りがみられる）

初種おろしをした」という伝承を残す（同a 81）。これらの畑地は前述したフサティムイから外間山周辺に該当するものと思われる。

写真32　沖縄戦直後に撮影された集落とその東南に広がる原野（集落の裏はフサティムイから外間山の森を挟んで開墾が及んでいる。徳仁港と西海岸は広大な砂浜があったが、現在では港湾整備で消滅した）

（7）原　野

昭和20年から22年の米軍によって撮影された久高島や昭和37年の航空写真でも、集落の南から東にかけての一帯は、地目が原野に分類された未開墾地が広がる。ここには開墾を許さないものがあるのだろうかという、久高島にきた時の最初の素朴な疑問であった。仲松の作成した地図では、広々とした原野が集落の南から東を取り囲むように存在する（同d 25）。「一筆限調書」と法政大学報告の地図（同i 228）を参照すると、小字前原から中原にかけての地目が原野とされるところで面積は20,084坪である。この中には点々と畑地があるものの、原野の2割にも満たない面積である。

注意されるのは、外間ノロ地とされる原野と、この中に開かれた畑地が集落に接して東一帯に存在する。この広大な原野の存在は、その東に存在する聖なる浜―ピジャ、イシキ浜の存在と相まって、東の空間地、あるいは外間ノロ地の前後の土地を含めて開墾することが意識的に忌避あるいは抑制されたのであろう。

航空写真が撮影された当時は、終戦後間もなくで島の人口が増加して、食糧生産が最も活発化した時期であった。当然島の全域に開墾の手が伸びたにもかかわらずなのである。集落の東南に広がる原野は、集落の北を限るフサティムイと外間山との関係性に繋がることである。集落の内側という意識ないし観念の所在、あるいは根拠はここに示したヤマ・ムイという聖域と、それに連続する聖なる原野で区画される内側ということである。これより外には宅地は存在しないし作らせなかった。

5．集落内の屋敷区画と構造的特徴

(1) 屋敷区画の類型

最近宅地開発されたところを除いた地域について、屋敷の宅地割りの特徴を分析する。福治･加治工は、集落はウインダカリ（上の村）と、シャンダカリ（下の村）に分かれるとするが、具体的な境界については触れていない（同 70)。通有的には久高村と外間村に東西を分ける境界線は、徳仁港から北に行くソーングー道である。港の坂を上って北にとり、バンドコロマーと名のつく三角モーを右に折れニージ道を進む。ハンチャアタイの畑のところで左折して道を北にとり、道なりでシマジクを通過し、並里（ナン里）とウプンシミ家跡の間を通過し集落域から外に出る。この道の西が久高村、東が外間村になる。ところが、外見的にはほとんど二村を区分するものは見られない。

屋敷区画を検討できる資料は、比嘉の「久高島の屋号」と、法政大学報告「非居住宅地の分類」図で、区画を抽出すると全体で30区画である。平面的な特徴は、①集落の中央付近にあるハンチャタイと呼ばれる畑、あるいはこの北の円弧状の屋敷割りの区画が集落の中心である。屋敷区画の平面形態は、方形を呈するものは少なく変形した区画が目立つ。これは津堅島の集落における屋敷地の区画とも違った特徴である。②一つの屋敷区画の内部は 7 ～10区画に細分されるような形態も多く見られる。この点も津堅島でのⅠ・Ⅱ区画分類とは違った屋敷区画である。非定型というのであれば、Ⅰ区画分類の屋敷区画は非定型がほとんどを占め、Ⅱ区画分類一定型一に当たる長方形、あるいは格子状区画

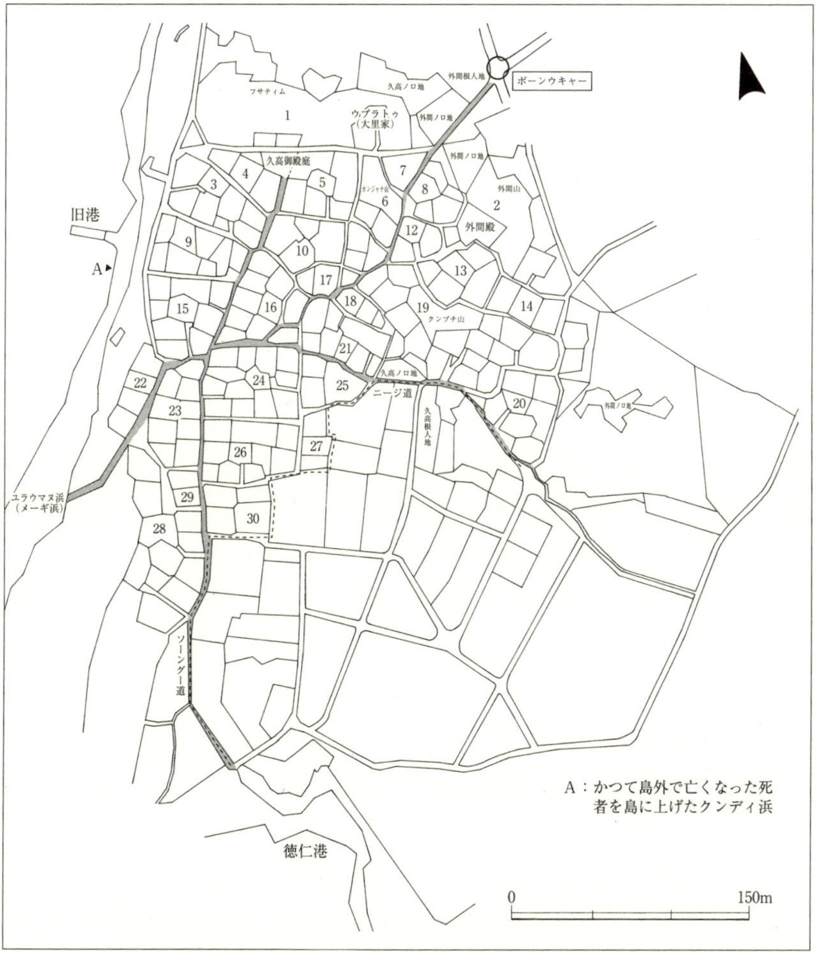

図14　屋敷区画の分類（Ⅰ区画・破線北側　Ⅱ区画・破線南側）

と呼べる定型区画は、ニージ道から南の4区画（23、24、26、30）があるにすぎない（坂本 76～115）。また屋敷区画の中には、複合屋敷区画とよべる特徴的なものがある。

(2) 複合屋敷区画

4区画のように区画の中央に屋敷地があるものが顕著に見られる。(3) 中央に位置する屋敷は、私道として道路への出入りのための進入路が設けられることになる。このような屋敷と私道の複合した区画形態の存在がある。4 の場合は 1 方向からの進入路を設ける。同じ形態の区画は26にも存在するが、8、21は必ずしも屋敷が区画の中央に位置しているわけではない。進入路が 1 方向からの形態以外には、2 方向からのものと 3 方向からものがある。1 方向からの場合は南からの進入路となり、2 方向の場合は 9 のように南・西方向型、15の南・東型、20の南・北方向型、24の東・西方向型と28の東からの 2 方向型のように変形が認められる。3 方向型は19区画である。この場合は南から 2 方向と西から 1 方向である。

以上のように、区画内において屋敷への進入路を設定する基準はどこにあるのか。例えば、3 区画では西と南方向に進入路がある。これなどは屋号サータイとメーカヨー小の屋敷に対するものである。この場合屋敷の北に道路が通ずるところから、北への屋敷の門口を設けることを避けたといえる。しかし、その南の9区画も同じような横方向の区画であり、屋号アシーチバイ、小波蔵、メーサキ小などは北方向の門口であり、必ずしも北方向を回避するためという理由だけではないようである。

仲松が示した集落形態の変化の時期と、久高島の集落形態との関係はどのように考えられるのか（同d 151～168）。前述したように坂本の言う規則的宅地割りは、集落全体におよんではおらず、ニージ道から南に限られているといえる。ここに、集落の新旧が表出している可能性がある。つまり、ニージ道より以南は、1737年以降に集落が拡張した形態を表して、それより以前の集落はニージ道を南限とする範囲であると考えられる。

6．集落内・外の道

(1) 道の変遷

島内道路は1962年の航空写真を参照すると、宅地が東南部に拡張するのに伴い道路網が整備され最も変化した地域である。久高島は沖縄戦後、アメリカ軍が侵攻して住民は島外に出て一時期占領したが、津堅島のように道路の付替えや拡張されたということはなく、新設された道を除いては旧来からの道を保存していると判断された。

南北道を見ると変化が目につくのは西海岸道路である（道路名称等は後述する）。以前からの道は、集落からクンディ（クゥンディ）墓地や、トーロク墓地近くまで延びているに過ぎない。1962年の航空写真では、この道はさらにウティキン墓地近くまで延伸されている。ウティキン墓地が最も古いところから、墓地への道が当然あったのであるが、地図上に表現するほどの道幅であったかという疑問が残る。カベール岬に延びる道は、岬近くなって幅が狭まるところから直線道として整備されたのだろう。

(2) 集落外の道

集落の南北道は、西海岸道（下道、シチャミチ、シャミチ、イリーミチ、イリーバラミチ)、中道（ナカミチ）と東海岸道（上道、ウイミチ、イイミチ、アガリバラミチ）の3本があり、北方向に延びてカベール岬に向かう幹線道である。西海岸道は墓地に向かう道である。

(3) 集落内の道

集落内の道は、南を限る東西道としてニージ道がある。ニージ（根地、ノロ役地）の前を通ることから、この名称で呼ばれたといわれる。確かに久高根人地と久高ノロ地といわれる畑の前を通過する。東へはピザ浜にいたり、西は西海岸道とT字に交わる。ソーングー道は徳仁港から北上してバンドコロマーと称される三角モーを右折し、ニージ道を東に進み、ハンチャアタイの手前の畑を左折して、再び北上してシマジクまでいたる。シマジクから北に向かうとナカ道に接続し、右に進むと外間殿にいたる。この道はかつて、久高村と外間村を分けた南北の境界道である。

注目したいのは、徳仁港からソーングー道をそのまま北上すると、直ちに久高御殿庭に至ることである。これは津堅島でも述べたところであるが、最も重

写真33　ソーングー道から北方向をみる

要な港である津堅港から真直ぐに津堅殿内に至る道が復元できたが、久高島でも徳仁港と久高御殿庭が、ソーングー道を介して南北に位置する関係にあると指摘できる。

(4) 神　道

神道と称される道はこれまでの報告では記載はない。しかし、上述のように集落内の幹線道を検討すると、久高御殿庭にいたる道と外間殿にいたる道の存在が浮かび上がる。久高御殿庭へはバンドコロマーの三角モーが基点となり、外間殿にはシマジクが基点となろう。これらの道が神道としての役割を負っていたと思われる。また、カベール岬やフボームイへの道も神道に相当すると思われる。

(5) 葬式道

葬式道の存在は比嘉が詳しく報告する。「葬列はトゥング道を通り、ボーンウキャーからティバマン道を通ってグゥソー（葬所）へいたる。ティバマン道からはグッソーの人が迎えに来ていると考えられ、ここからは急にアカウマー（柩を運ぶ龕）が重くなる」という（下b 405～408)。トゥング道は、集落の北はずれにあるウプンシミ家跡と並里家跡の間を通る道で、前述したソーングー道の延長に当たる。ティバマン道の起点は、大石泰夫によると、「グショーまでの道はきまっていてこの道をウプミチという。これは三角モーからボーンウキャーを通る道で、遠回りになってもこの道を通る」とあり（同b 54)、シマジクから少し南下した地点の三角モーである。この報告で興味深いのは、すべ

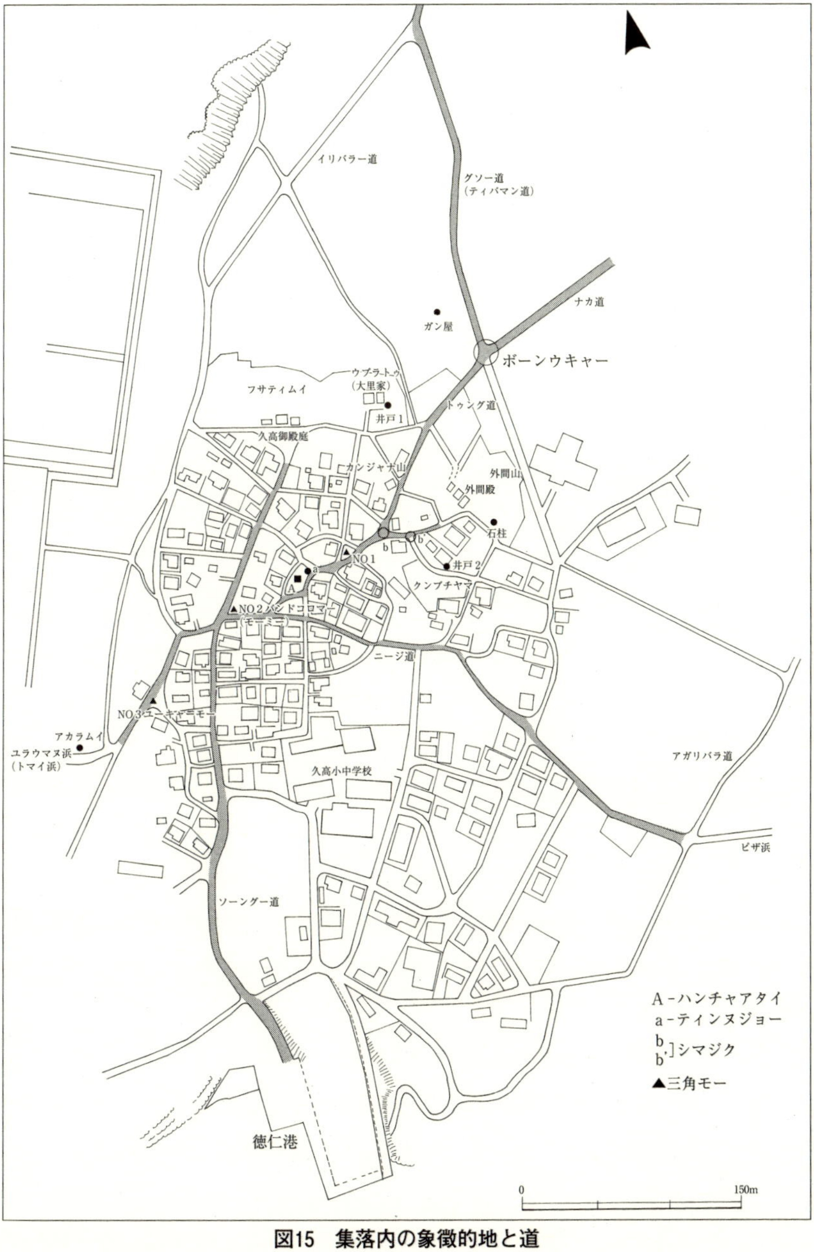

図15　集落内の象徴的地と道

ての葬列は一旦南北の幹線道であるソーングー道に出ることになる。

ボーンウキャーについては後述するが、ここから左折して墓地に向かう道となる。比嘉の示した図は道が少し折れた地点から、西海岸道までの間をティバマン道とする。一般の参列者は、集落はずれの家跡まで行くが、ここから墓地まではいかない。この地点で死者に「村の守護神になってください」と唱えるという。ここも集落の北限であることが意識されている。墓地からの帰りは、ミガーで禊をしてシチャミチ（西海岸道）を通って早々に帰ったという。葬式の行く道と帰りは、同じ道を通らないという不文律があるようだ。

(6) 祭祀での道行き

年中行事のなかで集落内を通過する祭祀がある。これらも集落の内・外を観念させる機会であった。

フバワク

11月後半のミンニーに行われる。ウタキをまわって枯葉を落として草を刈る行事である。比嘉によると、行事にはノロをはじめとして神女全員によって行われるが、久高小中学校運動場前のスベーラキ（ウタキ）前に集合する。ここはノロ、根神のウプティシジ（祖霊）が鎮まるところであり、タキマーイ（ウタキ廻り）の起点となる。まず、スベーラキのアダン葉が落とされ、そこを出るとソージヤクはシチャミチ（西海岸道）とイイミチ（東海岸道）の二手に分かれて、北方のアグルラキで合流した。ソージヤクが出発した後、ノロたちは徳仁港の竜宮神、徳仁ガーを拝して、久高小中学校の正門前を通り、外間殿から通ってカベールへ行く。引き返してフボーウタキが最終地点となった（同下b 455）。

この3者の道行きに見られるルートは、ノロたち一行はソーングー道を通ることなく、学校の正門前から外間殿という短縮した道をとったという。しかし、3本の南北道はこの時点において、祭祀の主要な基幹道として機能した。

テーラーガーミ

8月12日に男だけで行われる祭祀である。比嘉は、テーラーは太陽、ガーミは神の意であると解釈する。8 月は 1 年のうちで最も悪い月で、島中に悪霊が跋扈しているとされ、太陽の霊威を受けた男たちによって、悪霊を追い払う行事である。まず、島の中心にあるティンヌジョウのあるハンチャアタイの西に、ウプシュ（50～70歳の男子）が中心になって、東方に向かって礼拝される。この後、祭場をユラウマヌ浜に移動する。ここでは、神酒と刺身が振舞われる。これが終わると浜の上方にある三角モー（ユーキャーモー）で道行きの支度が整えられる。そして扇を右手に持ち、胸につけて外に開く仕草をする。これは払いの意味であるという（同 下b 268～274）。三角モーから久高御殿庭までが悪霊払いのルートになる。ちょうど前述した久高御殿庭への神道のルートである。

ハンザァナシー

4 月と 9 月の 2 回ニラーハラーの神々が島を訪れて払い清め、正人（15～70歳の男子）の健康を祈願する祭祀である。ここでも、島を払う道行きが行われる。

比嘉の観察では、15日前後のミンニーの翌日にニラーハラーの神をフボームイに迎えに行くことから始まる。1976年の時は四神であったという。外間殿まで神々を迎え、殿で神々はノーサと呼ばれる茅を束ねたものをもち、これを上下させて「ホーイ　ホーイ」の掛け声と円舞がある。その後、外間殿を出て一行はユラウマヌ浜までの道行きである。この間もノーサを上下させながら「ホーイ　ホーイ」の掛け声とともに浜に出る。

ユラウマヌ浜でも同様の所作と掛け声により払いをする。その後、浜のすぐ上の三角モーで外間側と久高側の二手に分かれてそれぞれの殿まで行く。集落の辻では立ち止まってはノーサを振って払うという。外間側のルートは、三角モーから一旦東の道に出て小中学校の正門前を北上し、ニージ道からさらに東に折れて、集落の東端で北上する。そして外間殿にいたるのである。久高側は三角モーから北に行き、さらに公民館から西海岸道に出て北上してフサティムイで東に殿庭にいたるのである（同 下b 103～126）。ここでは両者とも神道のルートではなく、集落の範囲を示すような道順で払いが進行することになる。

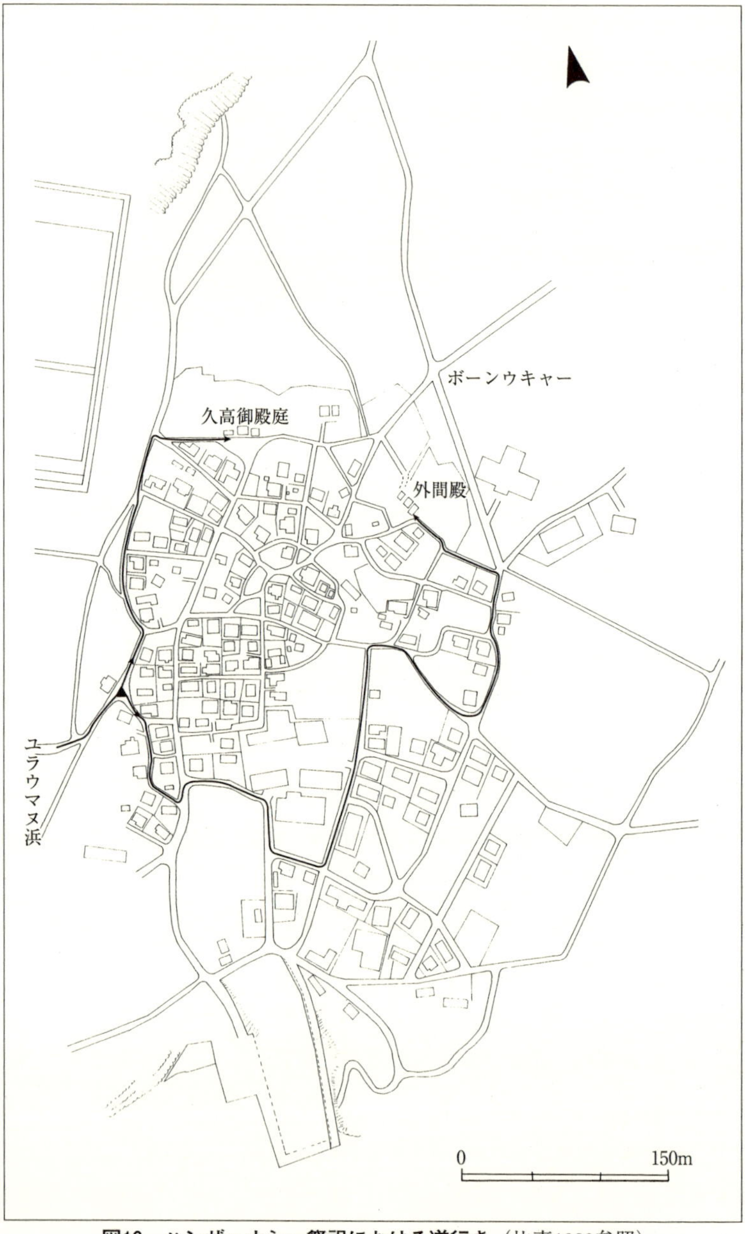

図16　ハンザァナシー祭祀における道行き（比嘉1993参照）

Ｉ区の古い集落と推定される区域内の道は、直線道はなく屈曲しあるいは交差点でも少しずつずれている。これが何によるのかは明らかではないが、集落を構成するための基本的な理念のようなものがあるのかもしれない。久高島の道についてみたが、名称もよく残り神道や葬式道の区別、あるいは集落の払いにおける神女たちの道行きは、集落の聖と俗の範囲、あるいは内・外を明示すると考えられる。

7．集落の広場

碁盤目状の道と屋敷で構成された、集落内で広場としての機能を持つ空間をあげると三角モーであろう。集落内の象徴物として改めてとりあげるが、№2としたソーング道とニージ道の交差する地点で、バンドコロマー（バンドコロ）とよばれた三角モーは、かつて番所が置かれた。集落の中心地でもあり、耕作地の割り当ての相談や祭りの米、金の徴収など行政的なことがおこなわれたという（斉藤 30）。

№3にあたるユーキャーモーは、ユラウマヌ浜から上がった地点の三角モーである。ここはハリガユーハー（悪魔払い）の行われた地点であり、アミドゥシの日には未婚の娘たちがブランコ遊びをした場所であるという（比嘉 下 b 33）。2か所の三角モーが置かれた場所は、集落空間の中でも重要な地点であると認識されたのである。

8．久高御殿庭と外間殿

（1）祭祀施設―殿《とぅん》―

仲松は、殿には昔から建物はなかったといい、ちょっとした広場であったという。「『琉球国由来記』には御殿（うどん）と記され、（最高の）聖地の殿であるにかかわらず、そこは単なる庭であった。それも「席を設ける」といったもので、日常は庭でありながら祭祀の際は聖なる庭に早代わりした。殿なるものの多くは、昔からなんらの建物もない僅かな広場である」とする（同e 41～42)。伊従勉によれば、「祭祀を管轄していた王府の側からすれば、徴税手段の五穀の農事暦祭祀が公儀祭祀であり、全国津々浦々の村の有力者（根所）の家に祭場を設けさせ、儀礼を一律に執り行うというのが、『由来記』の実体である。その祭場を王府は「殿」と呼んでいた」という（同 336)。また、比嘉は「久高島では普通トゥンといえば外間殿をさす。同殿の中心にある中柱のところにミウプグゥイミンナカという香炉（直径25㎝）がある。この香炉は各家のトゥパシリ（主婦の香炉）と各ムトゥ家にある神々の香炉とを結ぶ香炉である。神々の統合機能を持つミウプグゥイミンナカの大香炉を設置し、今まで住家と一緒だった祭祀の場所を独立させ、ウプグゥイ（大聖域）なる一角を作った。これが久高島のトゥンの始まりである」とする（同 上b 231～232)。

ここには 3 者の殿に対する定義が明確に示されるものの微妙に見解が違う。仲松は図らずも久高島の初期的な祭場の状況を示し、伊従や比嘉は、その後の祭祀場の変遷を経た結果を示しているようである。

(2) 久高御殿庭

久高御殿庭は、殿とは呼ばれず久高御殿庭（クダカウドンミャ）であり、殿が付されるのは外間殿だけであるという。久高御殿庭はフサティムイという神山を背にする祭祀場である。ハンアシャギの当初の姿がどのようなもであったか不詳であるが、神女の祖霊が鎮まるというのは、背後の神山フサティムイであり、この建物に対してではない。建物内には、祭祀では重要な役

写真34　久高御殿庭にいたる道

割を果たす香炉は置かれず、神女が籠もる空間として存在しているだけである。

ここを子細に検討すると、フサティムイは103番地で面積は1,802坪、公有地である。フサティムイの一画にある104、105番地は、宅地でウプラトゥ（大里家）のあった場所である。同じく106番地は久高ヌンドンチである。神アシャギを指すのであろうか、公有地である。フサティムイと道を挟んだ107番地は原野、108、109番地、110番地は宅地で、ここも久高ヌンドンチの記載がある。現在の久高祝女殿内は121番地に屋敷を持つが、仲松は以前の宅地はこの番地であろうという。111番地は拝所（神真庭）、112番地は原野でる。この複雑な地目は、現在の整備された久高御殿内の景観（広場と道）以前の祭場を想定させる。つまりフサティムイを含めた広場そのものが祭場であり、その一画には久高ノロの屋敷があったことを推測させる。神アシャギにいたる南からの中央の道（神道）がほぼ直角に進入するという構造も重要である。

以上、久高御殿庭の祭場としての構成要素は、神山としてのフサティムイと拝殿ハンアシャギ、その前面の神真庭とそこにいたる神道となろう。110番地は広場の一部になっているが、地目は前述したようにヌンドンチである。ここは歴代の久高ノロを世襲する安泉家が管理する土地であった。

久高御殿庭について比嘉、伊従はともに、1677年に破却された国王の行幸御殿跡地の可能性を推定する（比嘉 上b 233、伊従 339）。従いたい見解である。久高御殿庭の当初の姿は、仲松が推定したように常設の建物はなく、祭祀の時だけ席を設ける広場であった蓋然性が高いだろう。ノロ祭祀が国家祭祀として制度化され、国王の臨席による祭祀の執行という状況が起こると、この地は神アシャギの建物を備えた御殿庭として整備されたものと推定される。

(3) 外間殿

外間殿は外間山を背にして、その前面に3棟の建物からなる祭場である。中央に外間殿を挟んで、東に外間根家母屋、西には西威王産屋とよばれる建物がある。伊従はこの前面を祭庭と呼ぶ広場になっている。南にはタムトゥ座（神

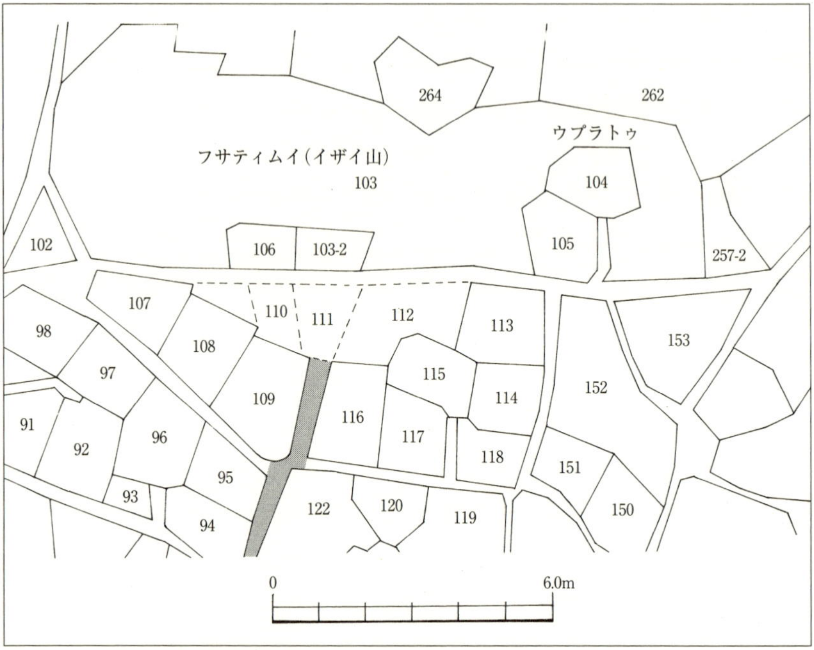

図17　久高御殿庭を中心とした地籍（アミかけは御殿庭への神道）（法政大学1985に加筆）

女の座―伊従は久高御殿庭のハンアシャギに相当するという）と呼ばれる一画と、トーヤのイビ祭場がある。この祭場は首里に対する遥拝所であり、普段の祭祀では使用されない。外間殿は前述した、ミウプグゥイミンナカの大香炉を置く外間拝殿とタムトゥ座、およびその広場から構成された祭場である。外間殿は1957年ごろまでは、外間根人家の一番座に大香炉がおかれていたが、一番座を分離して拝殿を現在のように別棟にしたという。この祭場景観は新しい改変であることは明らかである。

久高御殿庭と比較して最も相違するところは、久高御殿庭に対する神山としてのフサティムイがあるのに、外間山そのものは神山として認識されておらず、したがってここに祖霊であるウプティシジが鎮まるという観念もない。このことは、外間殿の成り立ちは、久高御殿庭とは少し違うのではないかということを示唆する。これは集落に対する外間殿の位置づけや、祭場への神道が必ずしも明確でないということにも表れている。装置としての祭場空間の構成は不十分なのである。久高御殿庭と外間殿の比較が可能であれば、前者の祭祀空間としての構成は完成されたものであるのに対して、外間殿は未完成であると考えられる。(4)

仲松は「久高では外間ノロが首位とされ、イザイホー祭りにも外間ノロが先頭になっている。ところが『琉球国由来記』には、「久高巫女、外間巫女」と記されている。斎場御嶽での「御新下り」儀式に新しい貴フジン御殿の首に曲玉を懸けるのは久高巫女であったと、故新垣翁が言われていた」と言外に、歴史的には久高ノロは外間ノロより上位であったことを示唆された（仲松ノートb)。

おそらく外間殿においてミウプグゥイミンナカという大香炉を設置し、この香炉にすべてのウプティシジを集約したところから、久高御殿庭と同等のあるいはそれ以上の祭祀権を確立したものと思われる。このようにみると、外間山そのものにウプティシジを集める必要はなかったともいえる。

9．屋敷内と集落内・外の象徴物

(1) 屋敷内の象徴物

井　戸

ウプラトゥ（大里家）　フサティムイの一画にある穀物起源伝承を伝えた古い家である。現在では空屋敷になっているが、拝所の対象として集落全体で管理されている。仲松は大里家の庭には東に向かった船型井戸があるといい（仲松ノートb)、比嘉は直径150㎝、小石で囲み底は砂敷きで水なしと記録する（上b挿図)。屋敷地内は左に根ウプラトゥと称される建物と、右には五穀世ウプラトゥと称される建物の２棟が並列している。左の内部には先祖の香炉が置かれているところから、こちらを住居とした建物であることがわかる。右はいわゆるアシャギとよばれる拝所で、火の神と香炉を置いた神棚がある。井戸は五穀世ウプラトゥの建物の右隅にあたるところに位置する。比嘉の記録したような

写真35　ウプラトゥ（大里）家にある船形の井戸

円形ではなく、自然石を組み合わせた船形のようである。北東から南西方向に主軸をおき、南東側が少し狭くなる長方形である。船形であれば舳先は南東方向を向くことになる。全体の規模は長さ約4.2m、幅は（艫部）約1.8mである。艫部は板石を縦方向に組み合わせる。高さは艫の部分では70cmである。これ以外の部分は人頭大の石を積んでいる。内部は二つに区画するような石列があり、砂が敷かれて通有の井戸ではない。

イチャリ小《ぐわ》家　屋敷区画では13区画にあたる一画にある。この家も島の創成神話に登場するクルキミ棒を管理した家系である。屋敷の横にある井戸の伝承について、仲松は「ニライに通ずる井戸の形の凹味の井戸がある。2人のソーレーガナシが拝する」あるいは、「井戸型があるがこの井戸を通じて海の彼方に通ずる」という（仲松ノートb)。比嘉は「同家東側にニラーヌハー小という水なしの井戸があるが、これはニラーハラーとその底でつながっているとされる」という（同 下b 146～147)。井戸は家屋の正面右隅に近いところにあり、石積みで直径約1.3m、深さ約30cmで中には白砂が敷かれている。ウプラトゥ家の石積みについては、海底あるいはニライカナイに通じるといった伝承は聴取されないが、以前は家に継承された神話や儀礼があったことを想定させる。

石　柱

アマミヤの腰掛石と呼ばれるもので、外間殿の東、外間山のはずれにウッチ小の屋敷跡がある（屋敷区画 2)。道路から北に約 7mほどの地点で、東西方向に切り石の列石が地面から露出している。この右手奥に地面から突き出たような石がある。サンゴ石製で上面約65×50㎝、高さ約35㎝の楕円形を呈する。上面は折れたような状況にはなく平滑に仕上げられている。地面に据え置かれた石かは判断できないが、石の根元を見ると露頭した自然石を円柱状に加工したのである。石の基底部付近にも列石があり、建物の基礎部分に関連したものと見られる。周辺には染付け碗の破片が散乱して廃屋であることを示している。崎原は、石柱に関連したアマミキヨによる島建て神話を聴取している（同 75：75頁に既出）。

写真36　イチャリ小家にある円形井戸（ニライに通じているといわれる）

写真37　ウッチ小家跡にある石柱（シマダテ石とも称され円柱状に加工されている。ハンザァナシー儀礼では、島を創造したクルキミ棒がこの石に掲げられる）

4、9月のハンザァナシー儀礼では、赤色に塗られたクルキミ棒（久高島を作った棒）がこの石柱に掲げられ、ここが棒を突き立てて久高島を作ったところであるといわれている。畠山は異伝を紹介する。

⑴アマミヤーが北方の神屋原岬から島を左廻りし、珊瑚礁を島串ナーで突い

てはそのかけらを嘗めながら、これは島になると考え、今の村落のほうに近づき、この石に腰を掛けて一休みしたという。この島造りは、三日目のアマミヤーの神遊びによって演じられる（同 363）。

⑵アマミヤーは神屋原岬に上陸し、赤い棒を突刺しながら水深を計り、また珊瑚礁を砕きながら嘗めて、島が造れることを知り、島を左廻りして陸を造りながら今の村落の方に来たという。そして外間山の近くのウッチ小の石に腰を掛けて一休みしたという（同 373）。

2種類の伝承はほぼ一致していて、島造りの棒が島造りに欠かせないものとして伝承さてれ、ウッチ小にある石柱は島造りの役割を果たしているものの、それは断片的である。

宮古島市上野には、野原の霊石とよばれる石柱が野原岳の中腹に立っている。これは大きなもので高さ約135㎝、直径約110㎝あり、もとは山頂にあったという。野原岳の前面には野原集落があり、12月最後の庚丑にはパーントゥが出現する行事が行われる。石柱はタマザラウタキそのものであり、石柱を聖なるものとして信仰した。佐渡山安公は、「野原の村建」の話を紹介している（同 b 7)。

昔、上野村の子守が子どもをあやしていると、老人の姿に身をかえたその子の守護神が通りかかり、その子の命は7歳までしかないという。子守は驚いて母親に告げ、母親は老人を追いかけ助けてくれるようにたのんだ。老人の言うには、「1年に一度、野原岳の霊石の上に宮古の12方位の神々が集まり、天下の人々の運命を決めるという。その日、酒やご馳走を持ってきて、霊石の上に置き隠れていなさい。神様たちが酒を飲み、ご馳走を食べ終わったら出てきて、子どもの寿命を延ばしてもらうよう頼みなさい」と教える。母親は守護神の教えに従い、子どもの寿命を77歳まで延ばしてもらった。(平良マツメガ)

写真38　野原の霊石（もとは野原岳の山頂にあった。宮古島のシマジクにあたる石柱）

野原岳は宮古島で最も高い山（108.6m）であり、最高点にあった石柱にまつわる伝承である。石柱が宮古島の神観念の中心として意識された伝承であり、信仰の対象とされた点では、アマミヤの島の創造にかかわる石柱と通底する観念であるといえる。

(2) 集落内の象徴物

シマジク（シマジュクー）

シマジクの地点については2説ある。その1は福治・加治工(85)である。「外間殿前方約35mの道路の中心点。アジマー（十字路）において、新アムトゥ7名がシマジュクを囲み、時計回りに7回まわる儀式がある」といい、これをシマジュクマーイという。これに対し高橋は「シマジクは島軸、つまり久高島の軸としてのシマ（共同体）の中心といった一つの聖地であり、クニジクという言い方と対応している。そこは狭い三叉路でしかないのだが、たぶんそこは大地と天上界とを結ぶ所と考えられたのだろう」と言う（同b 292)。1地点説については筆者も別に聴取した。現地を確認したところでは、第2地点は文中に言うように狭い場所であり、ここでタムトゥ7名とそれを迎える家族たちが参集するための広さはない。

シマジクで儀礼の行われるのは、イザイホーが行われたときの4日目と5月マッテイから8月10日の朝マッテイが終わるまで、6月10日すぎのミンニーの日などがある。イザイホーではナンチュたちがここでハブイやシルサージ、ア

写真39　シマジク（b）の十字路付近

カラの葉をつけて盛装する場所でもあった。比嘉は昔はここに玉城のミントゥンから贈られた米俵を竿にかざしたことを聞いている。またシマジクには大きな石があったといい、道路の拡張工事で取り除かれたという（同下b 52)。つまり象徴物としての石が道の中央に露頭して、この石を中心としてナンチュたちの踊りがあったのである。

この軸という観念について、赤嶺政信は本島宜野座村や西表島の事例をあげて、「宜野座村は子、卯、午、酉の方向にある御嶽に囲まれ、その中心にナカジク（中軸）の御嶽があるという。また西表島は 4 か所に島を守る神がいて、更にこの神々をまとめる軸神を古見岳（西表島の最高峰―469m）に祀る」ことを紹介する（同b 13～16)。

三角モー

三角モーと呼ばれるのは、集落内の三角形をした広場をさす。現在では芝生張りとなり 3 か所を確認できるが、仲松は 4 ～ 5 か所あって、そこで祭り事があったという（仲松ノート)。現在確認できるのは、南北道路であるソーングー道沿いに 2 か所と、ユラウマヌ浜を上がった 1 か所である。赤嶺は「久高のジーヌムン（地の物）と呼ばれる妖怪は、どこでも潜んでいるが、辻に出現することが多い。辻は他界や異界との接点、あるいは入口と考えられている」ことを聞いている（同b 144)。斎藤は「三角モーは、三角モーミともいい、モーとは草の意、あるいはそれらの生えている場所をいう。辻に三角の形に石を並べて囲った一画があり、ここを指していう。道が交差した所は悪い所であるため、悪い物を除くために三角モーを作るのだといい、神様の場所である」という（同30）。図15にナンバーを付して概要を記す。

写真40　No.1の三角モーで葬式道の起点

①名称不明　シマジクの南でトゥング道（葬式道）の起点である。大きさは不明であるが、縁石で三角形に標示されている。

②**バンドコロマー**　ソーングー道とニージ道が交差する地点にある。バンドコロとは番所（地方役所が置かれた地点）の意味で、かつて新年会や祭りの米や金の徴収など、村の自治活動がおこなわれたという（斎藤 30）。歩測では約8.4×11.7×10.5mである。縁石により区画され芝生が張られている。

③**ユーキャーモー**　ユラウマヌ浜（メーギ浜、トマイ浜、泊浜）を上がった所にあり、ユーキャーモーの名称がつけられている。村人の一人はここのみを三角モーという。道路から一段高く縁石がめぐり約5×8mほどの規模である。ここは8月16日に行われるハリガユーでの悪霊払のひとつの地点になる。比嘉は「神女たちはアマミダークという暖竹を両手に持ち、両ノロは刀を持ってボーンウキャーとここで、刀や暖竹を打ち振り、ユラウマヌ浜では『マキランマキラン』と大声を出して気勢をあげた」という（同 下b 336）。11月10日を過ぎたころに行われるアミドゥシは、漁労まつりと呼ばれて男たちだけが参加するが、戦前にはアミドゥシをしているときに、未婚の娘たちは三角モーで掛け歌を歌ったり、ブランコ（アーミンシーという）に乗って遊んだという。

三角モーは三叉路になったところを特別に意識して、三角形状に区画した一画であるが、①や②はちょうど南北道上にあり、①は直進して北上するとウプ

写真41　No.2バンドコロマー

写真42　No.3ユーキャーモー（ユラウマヌ浜を上がったところにある）

ラトゥ（大里）家への道であり、右折すると外間殿にいたる分岐である。また、②は直進すれば久高御殿庭で、右折すれば①の三角モーである。③はちょうどメーギ浜から上がった地点にあたり、集落全体の入口部の地点となる。

道の交差点である辻は、一般的には悪所であるとするが、久高島にあっては三角モーの存在によって、集落内に存在する悪霊や、外から入ってきた悪霊などを払う空間としての役割があったことがわかる。ことに、①と②は久高御殿庭、ウプラトゥ（大里）家、外間殿などへの神道の起点であることに注意される。

ハンチャアタイとティンヌジョー

ハンチャアタイは神の畑とされ、集落のほぼ中央部にある原野である。野面積みの石囲いがあり畑の景観を呈するが耕作されていない。四周は宅地で南は個人が所有する畑地である。歩測では南北長辺約20m、短辺約10mである。地籍によると小字前原カンチャアタイ、地目は畑地で面積は56坪である。ティン

写真43　ハンチャアタイを北方向にみる（その一画のティンヌジョウ）

ヌジョウは天の門とされ、ハンチャアタイの北東隅の石積みをさす。ここはサンゴ礁の小石が無造作に積み上げられたもので、不定形な楕円形を呈している。現状では高さ約70～80cmの規模があるものの、拝所にあるような香炉は置かれていない。

8月10日のテーラーガーミ祭祀のとき、ハンチャアタイの西の道に50～70歳の男性（ウプシュ）たちが参集する地点でもある。テーラーは太陽の意でガーミは神である。太陽の霊威を受けたウプシュたちが、赤丸の絵を描いた扇を持ち、東に向いて正座し礼拝する。この礼拝はティンヌジョウに対するものだという。

赤嶺（a 439）、比嘉（下b 269）とも同じ内容の伝承を聴取して、ここは天上界に通じる入り口であり、死者の出た時には天上から一本の糸が垂れてくるといわれる。このような伝承の残るティンヌジョウと、ウプシュたちの礼拝とは直接の関係はない。伝承とそれを執行する儀礼の内容にどこかで齟齬を起こしたのであろうか。

以上のように、屋敷や集落には井戸、あるいは船形の構築物、石柱、およびシマジク、三角モー、ハンチャアタイ（その一画にあるティンヌジー）などは、久高島の世界観を表出した構築物である。屋敷内の井戸あるいは船形に仮託された石積みは、ニライカナイにも繋がると観念され、石柱は島を創造した神話が語られたのである。特徴的なのは、いずれもムトゥと称される草分け家の中にある。ここには、ムトゥの集落内でのよって立つ根拠—継承される祭祀

写真44　ティンヌジョウに積み上げられた石

権の根拠—としての役割を表現したのだろう。このような意味では、シマジクは新しく神女となったときの儀礼の場であったが、他の事例からは、島の人的な発祥あるいはこれを掌る神の拠り所の中心として意識されたのである。シマジクと対照的なのがハンチャアタイとティンヌジョーである。これらの構築物は天の門と称されるところから、かつては死者を天上に導くための儀礼が存在した可能性を窺わせる。

(3) 集落外の象徴物

ボーンウキャー（ボーンキャー、スィババンミチ）

福治・加治工はスィババンミチの名称で記載する (98)。ボーンウキャーは、ウプンシミ家跡と並里家跡を通って北へ100mほど行った十字路の名称である。現在では道路整備により直交した交差点になっているが、以前の地図では東西方向でずれた形状を呈していた。この地点は北方向がフボームイやカベールムイなど聖域への道となり、東はイシキ浜、西はグゥソー（墓地）への重要な分岐点である。このためであろうか、祭祀や葬式では重要な役割を担う交差点でもある。祭祀と葬式に分けてここで何が行われたのか事例を検討する。

〔祭　祀〕

ハンザァナシー　4・9月のニラーハラーの神々による島の払いである。フボームイでは神々への御願があり、その後アカハンザァナシーを先頭にしてフボーウタキから集落に入る。このときヤジク（神女）たちは、神々をボーンウキャ

写真45　ボーンウキャーの十字路（正面は北方向にあたりフボームイやカベール岬、左は墓地にいたる）

ーで出迎える。そしてホーイホーイの掛け声とともに外間殿まで道行きをした（比嘉 下b 110）。

ハリガユーハー　7月16日の盆の祖霊のウークイ（送り）が終わった後の払いである。盆になると祖霊をグゥソーから迎えるが、それとともに招かれざる悪霊が集落に進入するとの考えからこれを追い払う儀礼である。比嘉によれば、島人が死ねばグゥソーやハカスとよばれる墓に行き、12年毎の寅年の洗骨まではここに滞留するという。洗骨の後に死霊はニラーハラーに赴いて祖霊となる（同 下b 334）。ただし、ニラーハラーに行くのは島の価値観に忠実に生きて、島内で長寿を全うした人に限られた。事故や病などで死んだ人、あるいは島外で死んだ人はこれに該当しない。この場合、死んだ後も死霊はつねに不安定な状態でグゥソーに滞留することになり、これがマジムン（ヒーマブイともいう—悪霊のこと—）になると考えられた。

ハリガユーハーは、このさまよう悪霊を集落から追い払うのである。ノロは刀を持ち、神女たちは全員両手にアマミダーク（暖竹）を持って、ボーンウキャーとユーキャーモー（③の三角モー）において、手に持った刀やアマミダークを打ち振りながら気勢をあげる。このあとユラウマヌ浜で入り乱れて「マキランマキラン（悪霊には負けないぞ）」と大声を出して気勢をあげたという。

タキマーイ　8月11日はヨーカビーといわれて、8月の中でもとくに悪い日だと考えられている。神女たちはフボームイでの御願のあと、いくつかのウタキを巡って村に帰る。このとき、ボーンウキャーでは男たちはムカデ旗を持って神女を出迎えるのである。一行が出会ったところで三味線と太鼓が打ち鳴らされる。この場所で気勢をあげるのは、さまよえるマジムンの進入を防ぐためであると理解されている（比嘉 下b 259～263）。

〔葬　式〕

葬式道　道の項で述べたようにグゥソー道は決まっていて、№1の三角モーを起点として北へボーンウキャーのアジマー（交差点）に出る道であり、比嘉はトゥングミチ（下b 406）、大石はウプミチと呼ぶといい（b 54）、遠回りになってもこの道を通ると記す。トゥングミチは集落を東西に分けるかつての南北の幹線道であるソーングー道の延長であり、葬式のときは一旦はこの南北道に出た。

ニラートゥーシ　ボーンウキャーの語義は、比嘉によるとボーンは棒、ウキャーは置くことの意で、葬式のガン（アカウマー）がここまでくると、地面に下ろして東方に向かって七人組と称される男たちが拝むという。赤嶺は、この儀礼をニラートゥーシと呼ばれるところから、ニライカナイに対しての遥拝であり、村はずれでガンを下ろすという点では、通有の島見せ儀礼を想起させるが、内容は全く違うと考えている（同a 431）。

ヘーフーハリフー　福治・加治工は、葬式の晩に喪家と集落を払う儀式がある。これは棺桶を作った板の残りでブーブーと鳴らす板、弓矢、小石などをもって、葬列が通った道をボーンウキャーまでやってくる。そして、弓矢以外はボーンウキャーの空き地（畑地か）に捨てて帰るという（詳細は他項）（同124）。これも悪霊を集落の外に追い払う儀礼である。

ヤーザレー　葬式の翌朝のヤーザレーは比嘉によると、喪家にはガンシナ（頭上運搬のときの藁製輪）とアマミダークを結んだものが室内の四隅に置かれている。これを葬式の翌朝にヤナムンシティ（悪霊捨て）といって、親戚の女性2人が、葬列の通った道を通ってボーンウキャーに捨てに行くという（同 下b 410）。おそらく昨夜のヘーフーハリフーのときに用いた道具を捨てた場所であろう。

　以上でボーンウキャーの関係する儀礼を葬式とそれ以外に分けて検討した。この十字路は盆行事のあとや葬式において悪霊を追い払う地点として、またハ

写真46　五穀の種子の入った壷を埋めたといわれるハタス

ンザァナシーやタキマーイでの、ニラーハラーの神々や神女を迎える地点でもあった。聖・俗の両義的な場面における、集落の北を限る地点であると観念されたのである。

ハタス

集落からナカ道を北に700mほど行くと東がナカノウタキであり、西の畑の一画が拝所である。イシキ浜に流れ着いた五穀の種子は、ハタスという畑に蒔かれ、壷はそこに埋めたられといわれる。畠山は、久高島と琉球王府の穀物起源伝承のモチーフを検討し、王府に関係した起源伝承には、穀物の入っていた容器（白壷）のことは記すが、ハタスに埋めたことは触れず、土中に埋めた場所を特定していない。ハタスという文言は、島で語られる場所であるとする。これによると禊をした井戸、種を蒔いたハタスなどは、ウプラトゥ家（大里家―伝承を語った西銘豊吉は大里家のアカツミーである）が管理したのである（同 301～302）。

野本は「古くはこのハタスを麦地・粟地・小豆地と分けて種まきをしてきた。漂着した種がこのハタスで増やされたという伝説から、戦前には島人たちがこぞって麦の種おろしに先立つハタスの耕作に参加したという。そしてハタスで収穫されたものは大里家で調理し、島人こぞって食した」という（同a 81）。最も古い家系である大里家の存立した農耕神話にまつわる場所がハタスなのである。

井戸（カー）の聖性・ミガー

井戸は西海岸の海食崖を下った所に点在する。これは地形・地質的な条件によるもので東海岸では確認されない。現在は海底送水による水事情の改善や行事が行われなくなったことから急速に荒廃が進んだ。集落の近くから、ウプシガー（大石井戸）、スーガー（潮井戸）、ハシガー（橋井戸）、ヤマガー（山井戸）、イジャイガー、ミガー（新井戸）、ヤグルガーなどの順で井戸が設けられている。イジャイガーはイザイホーの時に神女たちの禊ぎに使用され、ミガーは、ソージーの井戸と言われる特異な井戸であり、以下にミガーの使用事例を列挙した。

婚　礼　嫁は翌日早朝、ショーバ（婿の家の10歳くらいの子ども）が迎えに来て、いまだ婿の家のものが寝ているうちに、ミガーで婿の家のムシュー（ゴザ）を洗う（桜井 30）。

死者儀礼　①死者の体にミガーから汲んできた水を簡単に浴びせて清める。これをアビシーと呼ぶ（同 51、比嘉 下b 403）。②ハコをグショーまで送った帰りは、ミガーで身を清めるために海岸の道を通る（大石 54）。③葬式の翌日ナーチャミーに墓に行く。帰りはミガーでソージしてシチャミチを通って帰った（比嘉 下b 410）。④ミガーは人が亡くなると他の行事には使えない。なくなって 3 日目に掃除をし、それが終わると使えるようになる（大石 57）。⑤昔は死んだ人の家にはすぐには入れず、7 日目にヤーソージーといって、ミガーの水で家を清めてから入れるようになった（同 57）。⑥親戚の人がミガーへ行き、死者が使っていたゴザ、着物などを洗う（ソージー）。死者が死ぬ時着けていた着物は、この日以後、ミンニーアレー、カニーアレーといって、結局着物は 3 回洗い清めることになる（比嘉下b 410）。

写真47　ミガーの全景（死者儀礼や洗骨、産育儀礼、祭祀などに伴うソージーと表現される時に使用された）

洗　骨　寅年の10月20日村中一斉に行う。ミガーの水できれいに骨を洗い布切れなどで拭いて、足の骨から順にいれ最後は頭を入れる（同 下b 414）。

産育行事　①ティラウガマシの行事が終わると、弓取りと親戚のもの2人がミガーに産後の汚れ物のソージーに行く。このとき弓取りはティラウガマシに使った弓矢と新しく作ったハコービーに火をつけて持っていく。ハコービーは火を消してミガーに置いておくが、弓矢は持ち帰る（ハコービー　古着の布切れで約30㎝の左縄を作り、ジューガマの火をつけて間口に置いた。これはムンヌキ（悪霊）の侵入を防ぐためである）（同 下b 390）。②帰りはミガーの水を汲んで帰り、この水でジール（産室）の拭き掃除をして、他の各部屋はそのミガーの水を撒いて清める。この日からお祝いの客は屋内に入ることができる（同 下b 391）。③カーウリはミガーへ出産時の汚れ物を持ってソージをしに行くことである（菊池 38）。

ソールイガナシーのミンニーソージー　ソールイは就任すると毎月の初みずのえにミンニーソージーがある。早朝ミガーに行き井戸を洗う。かつては水浴もしたという。その後持参した柄杓に水を一杯汲み帰宅する。家では神棚の容器や膳などをミガーの水で洗う。また室内の一番座、二番座、台所の順で水をまき、外に出て屋敷中にも水を撒く。ミガーの水は使用したものもすべて御殿小内に植えてあるアダンの根元にかける（比嘉 上b 442～443）。

ハマドウエー　竃の祝いで12月24日に行う。当日朝必ず満潮時に家人がミガーで水を汲んできて、ウカマガナシー石3つでできた竃をその水で拭いて清めた（同 下b 337）。

　上述の事例から、ミガーと呼ばれる井戸は、婚礼、産育、葬儀からソールイガナシーの使用まで、すべてにわたってソージーと表現される儀礼で使用された。比嘉はミガーのミは久高では新しいの字を当てるが、この場合のミは新しくできたカーという意味ではなく、禊をして穢れを祓い新しく生まれ変わる意であると解釈した（同 上b 124）。傾聴すべき見解であるが、穢れを除くという抽象的なものではなく、あくまでも付着した悪霊を取り除くという具体的な目的で使用されたのである。

以上が屋敷内と集落内外にある象徴物や象徴的な地点である。この中には構築物あるいは自然物を象徴化したものなどさまざまである。島の創成神話にかかわるもの、五穀の種子漂着からそれにまつわる耕作儀礼の神話と畑の存在などがある。他方、島のムトゥと呼ばれる家系で語られた神話とそれを表出する構築物、あるいは伝承が希薄になってしまったが、島の中心軸や天に通じると観念した地点も現存する。ボーンウキャーのように、集落の北限を強く意識させる場所の存在もある。同時にここは葬送儀礼や島の払いでは重要な役割を果たす地点でもあった。

以上のように、島の中にはさまざまなレベルの世界観を表出した中に暮らす人々の生死観念とはどのようなものか改めて検討する。

10. 久高島の生死観念と集落

(1) 盆行事と集落の動き

盆行事は7月7日の祖霊を墓地から家に迎えることから始まる。しかし、集落にとっては、悪霊が集落内に跳梁する危険な期間であるとも観念され、祖霊を送った後の悪霊払いは、集落の内・外を明示することにもなる。

ウークイ（お送り、7月16日）

ハリガユーハー　①悪いものを追い祓う意で、ヤナガレ（祀ってくれる子孫のいない死霊）が迷い歩くので魔除けをした。ヌル以下全員シルイシュウ・カミサージを着け、手にダークの葉（ガヤ、シュバとも）を持つ。外間ヌルは外間ニービトの、久高ヌルは久高ニービトの作った包丁を、外間ウッチュガミはチヂン（小太鼓）を持つ。ボーンキャー（古くはウプハンジャナシーといって、ユチンジャナシーの神様の前）から始まって、ウプンシミーの前で外間と久高に分れ、それぞれモーミー（バンドコロ）でやって、ユランマーで合流する。各所では、「フヤェー　フーヤェー　ハーリーガーユーハー　ハーリーガーユーハー　ンーンーミョーハーハー」というオモリをする。

ユランマーでは外間と久高が互いに、「マッケラン、マッケラン」といって、ダークの草を振り、争うさまをする。ヤナガレが上がってくるのを追い払い、清めるためである（高橋b 163～164）。

②参加者はノロ以下全神女。全員アマミダークを両手に持つ。両ノロは刀を持つ。まずボーンウキャーとユーキャーモー（ユラウマヌ浜近く）の2か所で、両ノロを中心に円陣を作り、刀やアマミダークを打ち振りながら「フェーフェーフェー　ハリガユーハー　ウンミョウ　ハーハーハー」と繰り返す。ユーキャーモーでこれが終わると、外間ノロ側と久高ノロ側に分れ、久高側はユラウマヌ浜に直行、外間側はスベーラキから大回りしてユラウマヌ浜に行く。手に持ったアマミダークで相互に触れながら神女は入り乱れて「マキランマキラン」と大声を出し、気勢をあげたという。

グゥソーに向かって現世の集落を開放したシチグワチは、各家の招いた死霊以外にも、招かれざる悪霊も侵入していると考えて、このハリガユーハーによって悪霊をグッソーに追い払うのである（比嘉 下b 336）。

③無縁仏を村から追い払う儀式を行う。お盆のウークイの夕方、久高ノロ、外間ノロを中心に神女全員参加し、フボー御嶽で島を祓い清める祈願をして帰り、先頭の外間ノロは右手に刀剣を持ってかざしながら集落に入る。番所で一旦休み、その間に集まってきた子どもたちを、それぞれの祖母がシュバ（茅で作ったお祓い用の祭具）で肩を軽く叩いて祓い清める。集落内では子孫のない霊がまだ残っているので、それらを追い払うために、そこから外間ノロ一行は、ノロは右手に刀をかざして神女たちを従え、集落内を回ってお祓いをしながらユランマの浜へ同行する。久高ノロ一行も祝女を先頭にして悪霊払えをしながら集落を通り抜け、スベーラキから徳仁港の灯台に出てユランマの浜へ同行し、そこで外間ノロ一行と合流する。

ユランマの浜で両方一列になって向かい合い、シュバを手に持って打ち振り、ノロは刀剣を持って向き合い、「マキランマキラン」の声を発しながら両グループ交錯しては元の位置に戻り、またマキランマキランと声を発して、ガーエーをし、悪霊祓えをした（福治・加治工 116）。

④ハリガユーハーは16日だけでなく18日まで3日間行った（高橋b 164）。

⑤盆には昔は、ヤマサギに桑の葉や浜木綿を加えてピザイナー（左縄）をない、モングチの内側に張った。ムンヌキとヤナガレを入れないためでハリガユーハーが終わるまでしておいた（同 b 163～164）。

⑥遠方に住む親戚の死者、遠くで死んで遺体の見つからない人がいる家では、夕方早いころハンタ（西海岸の崖）に行って香を立て、「遠い所だからこっちから受け取ってください」と供える。この日はウークイとはいうものの、送るという特別な行為はない（同b 163）。

⑦ウンケーとウークイの儀礼は日が暮れる前に済ます習わしだが、その点についてある古老は「後生の人は恐い存在だから夜の接待はしない」と語っている（赤嶺a 46）。

久高島の盆行事の後の払いであり、そのものは希薄であった。かつては葬式の行われた後は墓に行くことは洗骨の機会以外にはなかったという。洗骨そのものもそれほど古い慣行ではなく、盆行事なども本島からの影響下で始められた比較的新しい行事である。祖霊はニラーハラーにいるものであり、その限りにおいては集落と墓地の関係は正常に保たれ、墓地や人があまり近寄らない森などは、ヤナムンが徘徊する危険な場所であると観念された。このような島に盆行事が導入されると、比嘉が聴取したように、この時期はグゥソーに向かって集落を解放したことになり、悪霊が集落内に充満するという最も危険な時期になったと解釈したのである。「後生の人は怖い存在だから夜の接待はしない」ということで、盆行事そのものは早く切り上げ、その後のハリガユーハーは厳重を極め、盆には門口に注連縄（左縄）を張ったことがあったのである。この注連縄はハリガユーハーまで置かれたわけで、招かれざる悪霊の存在が強く意識される期間ともなり、これらを一掃する儀礼を行って始めて日常性を集落内に取り戻したのである。

柳田国男の「幽霊思想の変遷」は、その後の『先祖の話』とは全く異なる祖先観を示していると赤嶺は指摘した（b 45）。柳田は「幽霊思想の変遷」において、「今日の新しい盆は人情を基礎にして迎へて祭るが主になつて居る。以前は捨てて置けば邑落に死者の影が充満して、疫病を流行らせ害虫を蕃殖さす所以であるから、危険な季節を選んで一斉にこれを駆逐するのが此月の主たる仕事であつた事と思つて居る」というのである（同 568）。つまり祖霊は放っておけば崇りをなし、あるいは病気のもとになるという。また害虫を発生させるものとも理解された。この崇りなす祖霊を駆逐するのが盆の行事であるとの見解であった。ここには久高島での盆行事のウークイに共通する観念が強く出ていることに注目される。

(2) 産育儀礼

〔出　産〕

出産にまつわる諸儀礼は、葬送儀礼と同様に多様であり、また共通する観念あるいは集落の内・外を表出する。

集落の動き

①子供が生まれると部落のあちらこちらにウッチュガミ（掟神）が立ち、ウタキに上がってはいけないといった。生後 6 日間のことである（菊池 41）。②出産の当日、当家のものが根神の家に行って出産した旨を報告すると、根神が村の辻々に出て、カベールにいかないでくださいと触れ回った。これをウタイという。カベールには 6 日間誰も近づけない（比嘉 下393）。③出産のあるときはウッチ神が部落中を「カベール御嶽に登いんそうな」と声を張り上げて触れ回る。その時から 4 日間は御嶽に行ってはいけない（民俗a 28）。④生まれて間もない子供のいる家には、夜遅く行かなかった。帰ったら豚小屋に行ってブーブー鳴かせてから家に入った（菊池 41）。

産家の動き

胞　衣　①胞衣をイヤという。イヤは姉妹や親戚の女の人がティミジョー（裏門）から出て、ティミ（裏座の産室）の外側の壁や家の裏の木に着物のぼろなどに包んで下げた。家の裏の木の下や人の踏まない所に埋めた（菊池 33～34）。②イヤは着物に包んで産婦の家の後方に棒を立てて下げていた（比嘉 下b 386～387）。

産　着　①生まれた子は、生後 6 日目までは古い着物のきれで包み、7 日目から産着を着せた。6日目まで包む古いきれをブクトゥという。また産着はブキといい新しいものではなく、生後祖父母の着物を解いて作った。おしめはハコーといい、生後祖父母の着物を解いて作る（菊池 34〜35）。②生後6日間は祖父母の古着で生児をくるんでおく。この産着をブゥトゥクゥという。ブゥトゥクゥとは懐の意で、生児は祖父母の懐に抱かれるという意味が込められている（比嘉 下b 387〜388）。③6日目まで古いもので包んでおくのは、死ぬ時に新しい物をつけるため、それを忌んでのことである（菊池 35）。④生後6日間夕方になるとハコー（布切れ）を左になった30㎝くらいの紐にジルビーの火をつける。その紐は門の間に横にしておき、石で止めて燃やした。紐は6日間に必要なだけの本数を作り、毎日取り替える。この紐をハコービーという。これは変な霊や亡くなった人の霊が家に来ないようにムンヌキ（魔除け）の意味でする（同 35）。⑤夕刻後、古着の布きれで30㎝ぐらいの左縄を作り、ジューガマの火をつけて間口に置いた。このハコービーは生後6日目まで置いた（比嘉 下b 387）。

ナーヂキー　名付けは男は戊、女は壬にすることが多い。この日にワラビナーを付ける。名付けの仕方は長男は祖父の名を、長女は祖母の名を貰う。次男は母方の祖父の名、次女は母方の祖母の名を貰う。三男三女以後であれば、子どもに近い親戚の祖父母の名を貰う（菊池 36〜37）。

ティラウガマシ（太陽を拝ませる）　①ワラビナーを貰って家に帰ると、午前9時か10時ごろに太陽を拝ませるために、生まれた子を始めて外へ連れ出す。このとき子どもは上からカカンを被せ、子どもを抱いた人はハコーを左になって作った5尺くらいの紐にジルビーの火をつけたハコービーを持って出る（菊池 37、比嘉 下b 390）。②庭に出ると女の人は子どもを抱いて石グワーに座り、元気になりますようにと東に向かって太陽を拝ませる。その後、グーベ・フバクサ・ハコービーを前に東の方に向かって3回、子どもを抱いて女の人が弓を射る。弓を射るのはムンヌキのためである。この弓はユーナ（または桑）の木の枝で作る（菊池 37）。③弓を射た後家に上がり、子どもを一番座に寝かせてカカンをかける。ベーグ・フバクサ・ハコービーを子どもの前におき、ユランバマから取ってきた蟹3匹をカカンの上から這わせる（同37）。

カーウリ　①カーウリはミガーへ出産時の汚れ物をもってソージーをしに行くことで、ンバギーの日（出産4日目）にンバギーが終わってから行った。このとき年配の人が弓と火をつけたハコービーを持っていく。弓は持ち帰るがハコービーは消して置いてくる（同38）。②産婦はマンサンユェー（6日目）が終わって7日目からはティミから出た（同39）。

エーミチアキ　生後3か月ごろまでの男児は、前頭部からつむじにかけて毛を細長く剃るという習俗があった。これをエーミチアキという。エーは親の意。親の道開けという意味。久高島では女性の場合ある一定の年齢に達した時、ウプティシジという亡祖母の霊威を引き受けることになっているが、エーミチアキもこれと同じ発想とおもわれる。ここでいうエーとは祖先のことだと思われ、具体的にはナージキに名前を貰った祖先ではないかと思う。つまり祖先が新生児に再生するという考えで、女性たちのウブティシジが頭頂部から入ったように、男児の場合も頭頂部からエーが入るので、頭頂部から前頭部の毛を剃るのも再生を容易にさせたいからだろう（比嘉 下b 392）。

〔新生児の葬制〕

①生後1週間に満たずに死んだ子どもは家の裏に埋める（大石 55）。②死産や生後2、3日以内に死ぬ赤子は葬式を行わず、ンチャブクゥイといって、家の後方ウカマガナシー（火の神）の後方に埋葬する。寅年の洗骨の日に埋葬した場所の土を取り、葬所に持って行き「祖父母たちと成長しなさい、良い子よ」といって納める（比嘉 下b 414）。③8歳以上の人が死ぬと柩を龕に載せて葬式をした。久高島では乳幼児の臨終に際して、台所に連れて行きそこで臨終を迎えさせる習慣があった（福治・加治工 107）。

以上が新生児の誕生と死にかかわっての集落や産家の動きである。ここでは生後6日目までが一つの節目であったようで、この期間は産屋でなくてもウタキなどには近づけなかった。産屋での汚れ物は、4日目にソージと呼ばれてミガーに行くのである。聖地への立入りの制限やソージなどは死者儀礼に共通したものである。また6日間は魔除けのために、ハコービーが門口で炊かれた。

このようにみると、出産があってから一定の期間は、魔物の徘徊する危険で不安定な期間であると観念された。子どもの死亡は、8歳以上であればガンに乗せて成人と同じ葬式が行われたが、新生児は葬式とは言わないといい、台所で臨終を迎えさせたという報告は注意される。

(3) 死後の世界観

久高島におけるこれまでの研究の蓄積は、島に暮らす人々の生死観念に深く分け入るような成果をもたらした。比嘉によると、生の良否が問われるのは死によってであり、ここには良い死と悪い死があるという。良い死とは、最終的にはニラーハラーへ行くことができて、子孫の守護霊となる死であり、この時に生は完結するという。これに対して、悪い死は悪霊（ヒーマブイ、マジムン、ヤナムンなどと表現される）になり、現世にさまよい続けて子孫やシマ人に祟る存在になるのであるという。良い死を迎えるには、島の価値基準に従い、他人に迷惑をかけずに生きること。死後供養してくれる子孫を残して、死ぬ時も自宅で子どもや孫たちに囲まれて、病気もせずに自然死することである。これに対して、悪い死とは海での遭難死、長患いの死、若死、シマや他人に迷惑をかけた者、不自然死（自殺、事故）、神事を怠り神職をしなかった者、浮気者などの死が列挙されている（比嘉 上b 133〜163）。

霊魂観は人間がこの世に誕生すると同時にマブイ、ミプシ、シジと呼ばれる霊魂を宿すという。これらは個人に宿るスピリットであると考えられ、マブイは死と同時に肉体を離れて不安定なヒーマブイになる。ここで上記の良い死と悪い死がこのヒーマブイの挙動にかかわることになる。ミプシは死と同時に消滅する。シジは女性（イザイホーを経た成女）の死にかかわり、孫を通じて現世に現れ、子孫を守護すると考えられた。久高島の儀礼の中では払いに関するものが多いが、根源をたどればさまよえるヒーマブイを追い払うことにある。

また、死を別の基準に従って類別すると、①クニガミ（ノロなどシマレベルの祭祀を司る祭祀集団の総称）と男神職、②イザイホーを経た女性（神女）、③そのほか（ここには多くの男性が入る）という分類が可能である。①、②は

写真48　集落の外にある墓地

それぞれ死後の世界観が明確であるのに対して、③に属する一般男性や子ども、イザイホーを経ていない女性などは、明瞭な死後世界観を持たないといわれる。

(4) 墓　地

墓地はグゥソー、またはハカスと呼ばれ集落の西海岸にある。現在は亀甲墓に移行したが、昭和41年ごろまでは、崖下の岩陰などを利用した風葬が行われた。北からウティィキン、グスク（グゥスク）、クゥンデ、トゥルク、ミーグゥスクの5か所である。葬式で使用されたガンは、墓地までの道沿いのガン屋に保管されているが、樹木に囲まれた中にあり、人目に触れない場所である。ガン屋はフサティムイの背後であり、明らかに集落の外であるがそれほど遠く隔たった場所ではなく、微妙な距離感を保つ位置関係にある。

写真49　ガン屋の風景（森の中にあり道からはみえず建物も小規模である）

(5) 葬式と喪家・集落の挙動

死の発生とともに、喪家はいうに及ばず集落そのものが日常から切り離される。喪家・集落の動きに関して詳細な報告のあることから、各々の儀礼を時系列にまとめた。

〔集落の動き〕

①死者のあった家には親戚以外は絶対に入れず、お悔やみも戸口で述べる(民俗a 30)。②死んだ人の家には入れず、戸口であいさつ。7 日目にヤーソージ（家掃除）といってミガーの水で清めてから入る（大石 57)。③死者が出ると、オーチプクチだということで、近親者以外はその家・屋敷のなかへ入らない。やむを得ぬ理由で屋敷に入ったとしても、縁側で用事を済ませ決して家屋の中には入らないという（赤嶺b 359)。④オーチプクチの状態は、死者の出た家だけでなく、村落全体に及ぶものと考えられてる（同b 359)。⑤死後 7 日間は、全部落民はウタキに入ることは禁じられる。甲、乙、戊、壬、癸のときに家の掃除、御嶽の清めを行う。これが終わるまで行事は行うことができなかった(民俗a 30)。⑥人が亡くなって 3 日間はどんな行事も行うことができない(大石 57)。⑦葬家以外の家でもムライミンを 1 日してムンヌキとして門口に竿を置く（同 51)。⑧死者が出ると各家では屋敷の入り口にダークという植物を横たえて屋敷を閉じる（赤嶺b 360)。⑨ムラ忌みといって、死者が出たら村中の各家では門口に竹竿などを横にして置く。これはムンヌキ（悪魔祓い）といわれ、葬式の翌日まで置く（比嘉 下b 402)。⑩アマミダークは墓地とトゥング道に面する家のトゥング道側に植えている(同 下b 301)。⑪49日目ユンヌキには、死霊である黒い犬が喪家から追い払われるが、他家に行くと信じられて、この日は村中の家で門口にカマドの灰を敷いておいた。黒い犬の侵入防止であり、足跡があったときはユンヌキをする（同 下b 301)。

以上が死の発生による集落内の動きである。集落はオーチプクチあるいはオチプクチな状態に入ったといわれる。これを「死の穢れ」であると解釈されるが、穢れているという観念的なことではなく、まさにこの時、ヒーマブイが発生して集落内は不安定な状態におかれたのである。これは集落にとっては最も忌避されるべき事態であり、喪家はもとより、ほかの家にあっても屋敷を閉じるということで対処しようとした。同じようにムライミという言葉で表現されるように、集落全体がこのような状態になると神行事やウタキへの入域が禁じられた。ムライミが解けるのは葬式の翌日である。

〔喪家の動き〕

葬式当日

①死人を大に忌み、死すれは家をすつ。埋葬なし。棺を外におき親族知己集飲す（柳田 100）。②葬式の時ガンシナとダークの茎を準備し、それを家の四隅や水飲み場などに置く（赤嶺b 370：註17）。③死人の出た家はデークの柄にクギを上の穴に差し込んだものを家の軒の各所にさした（仲松ノートb）。④葬式の後、ダーク（ダンチク）の節間が短ければ七節、長ければ五節を切って、この一切れの片端から釘を打ち込み、ダシチャクギと称し、家の四隅や水甕等の上に置き、ナーチャミーのとき一定の場所にこれを取り捨てる（多和田 178）。⑤人が亡くなると門の前に竿を地面と平行に置く。村人はこれを見て不幸のあったことを知る。これをムライミンという（大石 51）。⑥死者の家のオーチプクチの状態は、死後三日目に行われるソージの儀礼まで続く（赤嶺b 359）。

喪家では屋敷内にダークの先にクギを挿したものを家の四隅に挿し、門口にもダークや水甕に置いた。これも彷徨うヒーマブイの侵入を防ぎたいとする行為である。

葬　式

①グショーまで死者を運ぶ道は決まっていて、この道をウプミチという。これは三角モーからボーンウキャーを通る道で、遠回りになってもこの道を通る（大石 54）。②葬列はトゥング道を通り、ボーンウキャーからティバマン道を通ってグゥソーへ至る。葬列は必ずこの道を通る（比嘉 下b 405）。③葬送に加わる人は誰でもよいが、いずれもボーンウキャーまでであり、グショーまで行くのはごく近い身内と男の神人だけである（大石 54）。④グッソーまでは根人以下の男神職者と死者の近い親戚が行く。グッソーまで行かない人は集落外れにある並里家横で葬列に向かって合掌し、「守護神になってください」と唱えた（比嘉 下b 405）。⑤ティバマンミチからはグッソーの人が迎えに来ていると考えられ、ここからは急にアカウマーが重くなるという（同 下b 405）。⑥墓で

は特別なことはしないが、「神様になりなさい」という意味の言葉を贈る（大石 55）。⑦棺を置くと特別な儀式はなく「守護神になってください」と合掌して葬所をたちさる（比嘉 下b 408）。⑧野辺送りの際、村はずれで行う儀礼で、龕をおろし七人組と称される7人の男たちが、ニライカナイがあると信じられている東方に向かって拝む。この儀礼はニラートゥーシとも呼ばれ、ニライカナイへの遥拝であることは疑いない。村はずれで龕を下ろすという点では島見せ儀礼を想起させるが、内容は全く違う（赤嶺a 431）。⑨葬所まで来た人は全員ミガーでソージ（禊ぎ）してから後を振り向かずにシチャミチ（西海岸道）を通って早々に帰宅する（比嘉 下b 408）。

前述したように葬式道は決まっていて、墓地までの道と帰りは違うのである。葬式道の途中からはグソーの人が迎えに来るという。一般参列者は並里家跡またはボーンウキャーまで行くがここから引き返す。これは葬式の時の観念上の限界点を示唆する。ボーンウキャーでは、ニラーハラーへの報告のためガンが一旦下ろされる。通有的には島見せ儀礼として扱われるが、久高島では死人が行くと観念されるニライカナイが想定された。

葬式当夜の儀礼

葬式が終了した当夜から、各種の儀礼が喪家と集落の内・外において行われた。①葬列に参加した人は午後7、8時ごろに、まず「ヘーフー、ヘーフー」と言いながら棒を持って家の中を7回まわり、その後ボンキャーまで行って帰ってくる。この時にイシキ浜で拾ってきた石をまわりに投げつけながら帰ってくる（大石 55）。②ヘーフーというヤナムン祓いの儀式が行われる（比嘉 下b 409〜410）。比嘉の報告によれば、この時の道具立てや役回りは以下のようである。

板切れ打ち　棺桶を作った余りの板を使う。2枚を打ち鳴らす。

ブーブー鳴らし　竹竿などの先に長さ30㎝ぐらいの細長い板を2枚紐で結びつけたもので、振り回すとブーブーと鳴る。

潮水まき　出棺前に女性2人がピザ浜へ行き瓶などに潮を汲み、あらかじめ用意した海水と一緒にして手ではねて撒く。

小石投げ　これもピザ浜で拾ってきて用意されたものである。小石を拾った場所にはサイ（茅の先を結んだもの）を3本立てる。

弓矢持ち　竹などで作った弓と矢を持つ。矢の先には釘などの金物をつける。

道行き　まずこの5名が一番座から二番座を左回り7回まわって家の中を「ヘーフー、ハリフー」と掛け声を掛けながら祓い清める。この5人は外に出て葬列が通った道をとおり、ボーンウキャーまで行く。弓持→潮水撒き→小石投げ→板打ち→ブーブー鳴らしの順に、弓矢を射る仕草、海水をはね撒く、小石を投げ、板を打ちながら通るのである。帰りは行きと逆に弓持ちが最後尾になる（比嘉 下b 408～409）。

③人が死ぬと翌日の葬式の日に、ピジャよりイシナグ（小石）を取り、清めのウシュ（海水）をバケツに汲んできた（福治・加治工 124）。④葬式の晩にはその家を清める儀式がある。二番座の死者を寝かせておいた所を男女7名で7回まわる。先頭の人が弓矢を持ち、次の人はブーブーを持つ。以下の人は小板を打ち鳴らす。真中にいる人はマブルメー（葬式の晩に死体を安置しておいたところに置く米飯。それを中心にヘーフーハリフーの儀式が行われる）と杖を持っている。その人を囲んで7回まわり、潮水を撒く。7回まわったらマブルメーの前にいた人が台所から出てきて杖を突付いてそれを置き、最後尾になって7名とともにボーンウキャーまで行く。板を打ち鳴らしつつ、前方の人がヘーフーと唱えると、後方の人がハリフーと唱えながら歩いていく。この一行に遭遇しないように村人は戸締りする。先頭の人は弓を持って歩く。ボーンウキャーに着くとブーブーを振り回して鳴らし、死者の霊を祓い、持参したものをそこに打ち捨てて家に帰る（同 下b 124）。

葬式翌日の儀礼

①**ヤナムン捨て**　葬式の翌日ヤナムンを捨てると称して、村はずれにそれら（ガンシナとダーク）を捨てる儀礼があった。その儀礼が済んで初めて近親者も各々の家に戻ることができた（赤嶺b 370：註17）。

②**ヤーザレー**　室内の四隅に小さいガンシナ、それにアマミダークとを結んだものを置いてある。それを翌日の朝、ヤナムンシティ（悪霊捨て）といって

選ばれた親戚の女性２人が、葬列が通った道を通り、ボーンウキャーに捨てに行く。このとき道で人に会っても絶対に口を利かない。捨てた後も葬家とボーンウキャーを 3 回通い、4 回目にナーチャミーに行く（比嘉 下b 410）。

③葬式の翌日に家具を外に出して大掃除をする。これをヤーザレーという（大石 56）。

④**ソージー**　親戚の人がミガーへ行き、死者が使っていたゴザ、着物などを洗う。死者が死ぬ時着けていた着物は、この日以後、ミンニーアレー（壬の日の洗い）、カニーアレー（甲の日の洗い）といって、結局着物は3回洗い清めることになる。この 2 日目のソージが終わった後、弔問は客室内に入ることができた（比嘉 下b 410）。

⑤葬式の後、ダークの節間が短ければ七節、長ければ五節を切って、この一切れの片端から釘を打ち込み、ダシチャクギと称して家の四隅や水甕の上に置いた。ナーチャミーのときに一定の場所にこれを捨てる（多和田 178）。

７日目の儀礼

①**マブヤーグミ**　これは家の中にいる死者の魂を追い出すための呪法である（大石 56）。

②**ムンヌキ**　家の中を棒で叩いて死者の魂を追い払う呪法を行う（同 56）。

49日目の儀礼

①**シルイフェー**　家を清めて墓に死者を呼びに行く。家の裏庭でシロイフェを焼いて灰を香炉に入れる（同 56）。②仮ウコールを処分する。シルイフェーは焼き、その灰をトゥトゥメーの香炉に 3 回入れる。ティンユタによってヤーノーシの御願とユンヌキが行われる。49日以降は洗骨まで墓参りすることはない（比嘉 下b 411）。

②**ユンヌキ**　死霊は人間の見えるときは黒い犬の姿をしているといわれ、死者を葬所に送った後もこの黒い犬は死者の亡くなったところにいて、死者を洗った死に水を飲んでいると考えられている。49日目にティンユタによってこの死霊を追い払う行事が行われる。死者を水浴した座敷を棒で叩いてこの黒い犬の死霊を追い出すのである。ユンヌキのときにこの黒い犬の死霊が人の

股間をくぐったらその人は間もなく死ぬと考えられている。このユンヌキの日は葬式の日よりも恐いという（同 下b 402）。葬送儀礼の一環として死者の49日の儀礼が終了してから、日を選んで行われる。湯灌の際の水を飲むためにグショから犬がやって来て床下に潜んでいると考えられていて、ユンヌキはその犬を追い出すための儀礼である。ティーンユタと呼ばれるシャーマン的資質を有する女性によって深夜に執行されるが、ティーンユタは犬を追い出すために死者を寝かせてあった部屋の床を板木で叩く（赤嶺b 32）。

③49日終わってから日を選んでダシチャクギを作って二番座の床板をはぎ、床下の土にダシチャクギを打ち込んで後、床板を被せて元通りとする。その前にユタが御願する。この時ユンヌキイングワーが入っているからとて、板2枚をパンパン叩いて追い出すまねをする（多和田 178）。

33回忌

33回忌を過ぎると天に昇って神様になる。この神は月々の祭事に迎える神とは違う。「昔の人」と呼ばれて先祖の仲間に入るらしい（高橋 169）。

その他

①遺体をグショーに送った後は、シェンクティ（洗骨）までそこに立ち寄ることはなかった（高橋 169）。②60、70歳の男の老人が死んだ場合、青竹を畑に立てる。こういう老人は働けないから、自分の畑はここだという標だけでも立ててやるという。死者のために畑を作ってやるのと共通している（名嘉真c 247）。

以上は葬式の終了した当夜から翌日、7日目、49日目までの儀礼であり、すべてが悪霊を家や集落内から外に追い払うことを目的とした。翌日にはソージーといわれる、死者の着物などは特定の井戸で洗濯された。ヤーザレーも家の浚えであり、正常な状態に戻すことである。これら一連の動きは、柳田の報告した家を捨てるということと深く関連し、また津堅島での家焼きという象徴的なことに通底するようである。また悪霊が黒犬になって姿を表すと観念され、死者の寝ていた床下に来るとされることについて、赤嶺は「日本の中世の犬のイメージと比較すると、グショ（他界）と現世を往復する久高島の犬は、まさに日本中世の犬のイメージのひとつと同じ像を結んでいる」として、犬という動物を介する本土と共通する民俗文化を指摘した(同b 31〜34)。以上の葬式は、あくまでも島の中で正常な死に方をした死者に対する葬送儀礼である。ことさら分類されないが、以上は久高島での良い死者への葬式である。(6) はこの対極にある死者への対処である。

(6) 不慮の死と集落の動き

不慮の死あるいは悪い死には、通常の葬送儀礼とは違う動きが集落の中で見られる。通常の死ではないところから、死後も特別な儀礼が執り行われ、そこにはその場としての意味、あるいは観念が表出することになる。以下に報告されている事例を示す。

①島外で死亡した人は徳仁港から上陸することは許されず、必ず西側のクンディ浜の洞窟に安置しておく。そして村一斉に洗骨の行われる寅年まで安置する。死者の世界は多くの場合、生前の世界にネガティブに作用すると観念されていた。特に祀り手のない死霊や海で遭難した場合の死者は特に危険視されていた(赤嶺b 362〜363)。

②悪天候で徳仁港へ入港せざるを得ないときは、穢れを祓う祈願をした。これをウスゥリヌウグワン(恐れ敬いの祈願)という(福治・加治工 95)。

③戦前まで旅で死んだ人を納骨する際は、浜辺で刳り舟の帆を用いて仮小屋を作り、そこで3日間宿泊した(同 86)。

④シューカーワタイ(潮路渡り)といって、旅で死んだ人のクティスアマ(お骨)を、海を渡って故郷へ納骨すること。3日間ほど浜で宿泊して不浄を払い清めた(同 92〜93)。

⑤海で遭難した場合などで死体が見つからない時は、寅年の10月20日に、クンディ浜から49個の石を拾ってきて墓に入れる(大石 55)。

これらに伴う儀礼としては、以下のようなものがある。

スゥムスィラー

海に遭難した人の霊を弔う祭祀。毎年4月と9月のハンジャナシーの期間に行われる。家での祈願の後、供物のお初を海に投げ入れる(福治・加治工

101）。

リューグゥマッティ（海難者の魂鎮め）

3月3日に行う。ユラウマヌ浜で夕刻から始められる。遭難者を出した家の主婦などが準備して、ティンユタが司祭する。祝詞の概要は、「3月3日の海は荒れます。この家の遭難者よ、子々孫々が港・海に対してとりなしをするから、この子々孫々に、同じ目に会わせないでください。餅や魚、酒も供えてリューグに対してお願いしますれば、この家の子々孫々の行く海は、荒海も鎮めて下さって静かにさせて下さい。そうして出船入船も平穏にあらしてください」という（比嘉 下b 326〜327）。

トゥムティラーヌ拝

トゥムティラーとは海で遭難した者の霊のことである。草分け家で海難者を出した時、ハンザァナシーでニラーハラーの神々が船に乗って久高島に来訪するが、そのとき海にさまよう遭難者を船に乗せて連れてくるといわれている。つまりニラーハラーの神々のお供をして来訪するから、トゥム（供）ティラーといわれる。ハンザァナシーの神々を迎える行事が終わった後、トゥムティラーのいる家では供養が行われる。内容は2に同じ（比嘉 下b 328）。

ティンジグァーン（天地御願）

①病気や事故など現世に未練や怨念を残して死んだ祖先の霊をティーンユタに憑依させ、それによって死者の霊を慰撫するという儀礼である。天地御願という名称に加え、この儀礼は軒に七段の梯子が立てられ、この梯子から昇天するという（赤嶺a 439〜440）。

②久高島の他界観では、遭難死や自殺などの不自然な死を遂げたり、生前の行いが悪いとニラーハラーに行けず、現世に留まってさまよい続けるとされる。こうした死霊は事あるごとに自分がニラーハラーに行けずにいることを子孫たちに知らせようとする。この死霊の知らせに気づいた子孫たちが、さまよえる死霊をニラーハラーに送り、死霊の祟りを避けるというのが、ティンジグヮーンである。御願は屋外庭で行われる。供え物はウティンに対するもので、9合の米を高膳に置いてその上に白紙3枚を敷いている。この3枚は

天と地と海に対するもの。また白紙は天の帳簿とも考えられている。白紙の上には 9 個ずつ 2 列の餅が置いてある。隣の供え物はジーキに対するものである。ナナツバシは空中に浮遊している死霊がこの橋を渡って祭場に降り、御願が成就するとここを伝って天に昇るとされている（比嘉 下b 341～343）。

以上が不幸にして島外で亡くなったときの、島としての対処あるいは動きである。不慮の死は多様である。しかし、集落内には受け入れないという一貫した原則あるいは強い規制から葬式は行われなかった。そればかりか、島内に入るには必ず西の浜が使われ、死者と遺族は浜で一定の期間留められたのである。それは祀り手のない死霊や遭難死の霊魂は危険視され、島内でさまよい続けると観念されたからである。このような死霊に対しては、霊魂の救済策として寅年に洗骨した後に墓地に埋葬され、ニライカナイへの昇天儀礼としてティンジグァーンが行われたのである。

葬式における喪家と集落（あるいは葬家以外の家）の動きは、はからずも集落の内･外を露呈させた。その象徴的な場所がボーンウキャーである。そして、葬式には葬式道として往路は集落の中央道が機能し、墓からの帰りはこの道は通らず西の道が使われた。葬式当夜からの喪家の諸儀礼は、ヤナムンあるいはヒーマブイとよばれる悪霊を喪家から、あるいは集落内から追い払うことにあった。このとき追っていく最終地点もボーンウキャーである。しかし、このような葬式が行われるのは、あくまでも正常な死であった場合に限られた儀礼である。これ以外の死は葬式さえおこなわれず、島外からの死者は集落内に入れることすら忌避されたのである。

11. 小　結

(1) 集落の内・外観念と日常性の破れ

久高島は標高10mほどの典型的な低島地形で、島内には河川はなく周囲は海洋で囲繞された空間である。このような自然環境における集落の形成とはどのようなものなのか。そこに暮らす人々の日常性における集落世界は、島という限定つきではあるが、外へと無限空間が広がるのか、あるいは無秩序の状態で生活の場や耕作地、墓地などが散在するのか。これまで信仰と儀礼を中心軸として島内での暮らしをみたが、そこには自然環境としての島と集落を画す限定された空間があり、これを担保する観念の存在を改めて知るこになった。出産や葬式など、暮らしの日常性を破ることにおいて、改めて集落と屋敷の内・外という境界を表出させることになる。

（2）集落（屋敷）の内から外を観念する

出産儀礼

出産を控えた家は、家屋の裏座の一室に産室を設けて北を専用の出入り口とした。出産のあった夕刻には、古着の布切れで作った縄が門口で 6 日間燃やされた。これは悪霊の侵入を防止するためといわれる。また、生後 6 日間の産着は、祖父母の古着（ブゥトゥクゥ）に包んでおくという。ブゥトゥクゥは懐の意味があり、この間、祖父母の懐に抱かれていると観念されたのである。

4 日目以後にはナージキー（名付け）、ティラウガマシ（太陽を拝ませる）などの儀礼があり、ミガーで産後の汚れ物が洗濯された。帰りにはこの水を汲んできて産室と家全体の掃除が行われ、この後は客の出入りができたという。つまり、掃除が終了するまで屋敷への出入りは忌避されていたことになる。名付けは男女とも祖父母の童名を引き継ぐのが原則であった。3 か月を過ぎると、男子は前頭部からつむじにかけて頭髪を細長く切る風習があり、これはエーミチアケ―親の道開けの意味があり、祖先が新生児に再生するのだという。

このようにみると、出産の日から新生児と祖父母、あるいはそれより古い祖先との間には再生という関係性、あるいは連続する家族の構造が生成されたことになる。この間、集落の動きはどうであるのか。子供が生まれるとウッチガミ（掟神）は集落の辻々に立って、ウタキに行ってはいけないと告げたという。これは 6 日間続き、7 日目に解除された。新生児の誕生した時には、住人にも聖地への入域を拒む事態が発生した。生れて間もない子供のいる家には夜遅くには行かないといい、もし遅くなって帰ってきたら豚小屋に行ってブーブー鳴かせてから家に入ったという。このような動きは、葬式の発生と同時に起こる、集落や屋敷に対する忌避的行動のパターンに通底する観念である。

葬送儀礼

死の発生は全てにわたってオーチプクチの状態であると表現した。喪家はもちろんのこと、集落全体にかかわる出来事であり、日常性の破れであると表現できる。集落はこれをムライミであるとされ、3日間はすべての行事を控えること、さらにウタキには7日間の入域を禁じ、屋敷の門口にはダークを横たえて閉じるという状態を作り出した。喪家は最も厳重で、ダシチャクギを打ち込んだダークを屋敷の四隅に立てたのである。これらの家屋への装置はすべてオーチプクチへの対処であり、オーチプクチは死を契機としてさまようヒーマブイに対しての忌避の表れである。柳田国男は大正年間の状況を、「家を捨てる」ことまで行われたことを報告した。

葬送儀礼の中で重要な役割を果たしたのが、集落の外に当たると認識したボーンウキャーである。ここは葬式において、一旦棺を止めてニラーハラーの神々に対して死者の報告をした。一般の参列者はこの地点で見送り、墓地に近づかないという地点でもある。葬式の後にあったヤナムン払いやヤーザーレーでは、ヤナムンシティ（悪霊捨て）と表現されるように、悪霊を追った最後の地点であり、各種の悪霊払いの道具もここで捨てられた。集落の内側から発生した日常性の破れ—死の発生—に対処するために、ボーンウキャーはすべての悪霊に関するものを受け入れる場所として観念され、ここは集落の外であるとも観念された。

死の発生ほどではないが、盆の時期においても日常性の破れが意識された。比嘉は「盆はグッソーに向かって集落を開放したことにより、招かれざる悪霊の存在が強く意識される期間であり、これを一掃する儀礼ではじめて日常性を集落内に取り戻した」と表現した。首肯される見解である。

新生児の誕生や死の発生、あるいは葬式などに伴う聖地への入域の忌避という事態は、集落とそこに暮らす人々が非日常的世界へ移行し、悪霊の跳梁を容易に許してしまう世界への移行でもあると観念された。換言すれば、集落の日常世界とは、悪霊の存在を許すまいとする清浄空間であると考えられる。日常が破られることこそが人々にとっては最大の脅威で、このために集落の内・外という境界を明示して外からくる悪霊を払う必要があった。そして、集落内での避けることの出来ない子どもの誕生や死の発生という日常性の破れから、いかに早く回復するかということにかかって多くの儀礼の実修があったのである。

(3) 集落の外から内にくるもの

招き入れざる死

島外で死者の発生した時はことさら集落への搬入は忌避された。まず島に上陸する浜が決まっていてそこでは厳重な対処がなされ、洗骨時にはじめて墓への納骨が許されたのである。もちろん集落内には骨すら持ち込まれることはない。海難者に対しては西の浜で死者へのあらゆる供養と祈願が行われた。

8月のテーラーガーミ、4月と9月にあるハンザァナシー、盆が終わったあとの3日間のハリガユーハーのうち、後2者は神女たちによる集落の道行きが行われた。手には刀やダーク、茅といった先の鋭利なものを打ち振う所作が各所で繰り広げられた。これは集落の境界を巡りながら、悪霊を集落の外に追い払うことに主眼があったが、同時に道行きは集落民に対して内と外の境界を知らしめ、清浄な日常生活がどのような空間と範囲であるかということを示したのである。

(4) 島のクチ—神と魔物が寄りくる浜—

神の寄りくる浜

久高島を取り巻く海洋環境のなかで、クチは島と外部をつなぐ唯一の通路として役割を果たした。ことに島の東に発達した礁嶺（干瀬—ピシ）は、太平洋の荒波を防ぐ障壁の役割を果たすが、同時にクチがなければ外との通行に支障をきたすことにもなる。島の東に開いたクチのうち、五穀のクチはイシキ浜の前面に開いたクチである。五穀の入った壷が漂着したことを伝えるが、禊をして白衣に着替えた神女が、この浜に来ると壷は自ずと裾に入ってきたという。

ニラーハラーから神々を迎える祭祀は神々をこの浜から送り出すが、この時は浜への立ち入りを禁じた。

ピザ浜も東に位置する浜でありイシキ浜の南に隣接するが、聖性の内容には微妙なずれがある。この浜では正月用の豚を屠り、あるいは葬式の後の屋敷を払うための海水や小石が拾われたのである。しかも小石を拾ったあとには、わざわざサイ（茅の先を結んだもの）が立てられた。ピザ浜は悪霊との関係性の中で成立する余地を残した浜ということが考えられる。

徳仁港は南に開口するトクジンバマクチが開いている。島建て伝承のひとつは、最初にこの浜に到着して住まいしたということで聖地になっている。このほか井戸や竜宮神を祀る岩などがあり、この点ではイシキ浜と同等の扱いである。福治は徳仁港から東の海浜一帯を聖域と観念しているといい、おそらく北のカベールまでの範囲をさすのであろう。

悪霊の寄りくる浜

これに対して西に位置する浜は、ときには死霊の入ることも許容した。クンディ浜にはかつて洞窟があり、ここに洗骨までの間遺体を仮安置した浜である。また神女たちによる集落の払いはユラウマヌ浜が最終地点になり、このほか虫送りで船を出したのもこの浜である。病気の神が寄りつくのも西の浜で、この時は豚の頭骨を浜に挿して侵入を防いだ。むろん西の浜は、沖縄本島と結ぶ最短の距離にあり日常的に使用されたのであるが、同時に悪霊や病魔の神が寄りつく外に開いた浜であると観念されたのである。

(5) 久高島の空間認識と集落のグランドデザイン

島の東海岸には砂丘堤に沿って貝塚遺跡が点在する。これらは小規模であり集落を形成したような遺跡ではない。現在地に集落が形成された時期は不詳であるものの、これまでの検討では、集落は一定の空間領域と諸々の装置の配置を認識した構成である。基本的な構成要素は、フサティムイと呼ばれた宗教上の聖地と祭場、その周辺部に居所を構えたムトゥ（久高家、ウプラトゥ家など）が北限として占地した。そして聖地への導入道としてソーングー道が徳仁港から設定され、集落の南を限る道としてニージ道が設定された。この道は西東の浜をつなぎ、クチから島への入り口の道ともなった。

写真50　久高島の草分けのひとつウプラトゥ家の全景
（フサティムイの一画にある）

以上のように集落の初期のころは、久高御殿庭が唯一で外間祭場はまだ成立していなかったのではないか。集落の拡大と琉球王府の国家祭祀を受け入れるに及んで、外間山を後背地とする外間祭場が設定されたといわれる。ムトゥ屋には創成神話を具現化した象徴物や島の宇宙観に関わる施設が造られたのである。

集落内は常に清浄が保たれた空間であると捉えられ、日常性を破るものとして死の発生がある。これにかかわる施設として、集落にほど近い西の海食崖が風葬地として伝統的に使用された。ボーンウキャーは、集落外に設定された十字路で、そのまま北の聖域へとつながる。東は神の港とされるイシキ浜があり、左にとると葬式道につながる。つまりボーンウキャーは聖・俗の観念を切り替えるチャンネルとしての機能を持った場である。これと同時に、この周辺は死の発生で出た屑物を捨てる場所であり、喪家や集落内に漂う悪霊を追い出す地点であるとも考えられた。

世俗的、汚穢的なるもの（あるいは神）の入口と観念した西の浜には、アカラムイの神が祀られた。この神は気性が強く島の門番として、外からの邪悪なものの侵入を防ぐといわれた。このほか徳仁港から東は聖域として設定され、現在に至るまで原野としての景観が保存されたのである。このようにみると、神山としての森林帯を北限とする宗教施設・ムトゥから南に配置された居住区と、外としての耕作地と墓地が集落構成の基本的な理念とされた。

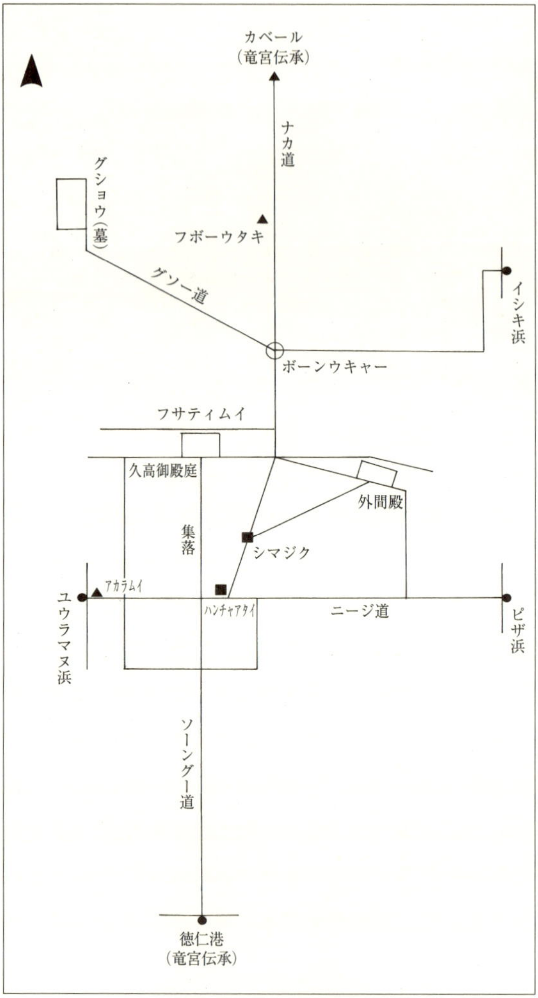

図18　集落の構成要素

注

(1)　ウタキ・拝所などの聖地の名称は、複数の異称で呼ばれる場合がある。久高島の場合は語尾に〜ヤマ・〜ムイのつく名称のものを代表させた。もちろんこの場合も複数の名称が存在するものもある。

(2)　祭祀は家単位のものを「アサンウガミ」と、血縁集団の祖先を祀るムトゥのレベルで行われるもの、祭場を外間殿と久高御殿庭にするシマの祭祀に分けられるという(比嘉康雄 上)。

(3)　現在はこのような区画は認められない。

(4)　外間殿は殿内前面の庭は十分な広場ではなく、民家が取り巻くような祭場空間を呈している。このような祭祀場としての環境は、宗教空間としても不十分といえる。

第3章　池間島の民俗から

1．島の自然環境

(1) 陸域の自然環境

池間島は宮古島（本島）の北西端に位置して、行政上は本島とともに宮古島市域である。池間島に架橋されるまでは、本島狩俣港からの連絡船の便であったが、1995年に狩俣側の瀬戸崎と池間島のマサカダツヌスゥラ（間坂崎の地先）間に、全長1,425mの橋がかけられ、自動車であれば本島市内中心部とは30～40分の行程である。

池間島は長軸を北東—南西におき、長さは約2,500m、短軸方向での幅は約1,500m、面積は2.8㎢である。基本的には隆起サンゴ礁で形成された低島で、これまでの研究では、島の東部は第3紀砂岩、中央の入り江は粘土と砂堆積物、西部は石灰藻石灰砂岩で形成されている。入り江西と西部に接する部分には、島を縦断するように断層が北西から南東に走行する。東部の景観は、架橋地点の北に島の最高地点（28m）があり、起伏にとんだ一帯を形成している。これに対して西側地域の北部は10～20mほどの海食台地が広がり、ここから南方向に緩傾斜で集落域に達している（矢崎・大山b 1～38）。

島の地形は前述したように、中央の入り江（現在は干拓により陸域化が進んでいる）を挟んで東部と西部に区分され、東をカンツバイ（神道原）、入り江をイーヌブー、西をイケマバイ（池間原/マーバイ）と呼ぶ。入り江は現在の池間漁港から北に大きく湾入し、フナクス（船越）の地点で北の浜まで達して、かつては狭隘な瀬戸であったという（伊良波b 52）。

図19　宮古諸島と池間島・多良間島の位置

写真51　瀬渡崎に架かる橋からみた池間島（正面はヒタティンミの丘）

(2) 海域の自然環境

本島北端の狩俣港と相対する池間島は、水深の浅い海峡（約3kmの距離がある）を挟むように位置する。狩俣側から池間島に向かって、瀬戸崎と西平安名崎が両側からせり出し、中央にU字形の入り江が特異な地形を作り出している。伊良波によると、入り江のことは狩俣ではヴャンバー、池間ではッヴャンブー（蛇入り江）と呼ぶ。東方の瀬戸崎はハウザキ（蛇崎）ともいう。シドゥザキは漢字表記では瀬戸崎で、潮の流れの激しい時は渦潮の発生があるという（同a 52）[(1)]。

狩俣から池間島にかけての海は、北東側は沿岸から700～1,000mにサンゴ礁の発達が顕著に見られ、池間島の北は岸に着岸するぐらいの距離にある。サンゴ礁の発達する海底地形はほぼ－10mの等深線に沿っている。春先から初夏にかけての大潮の時期には水深が極端に浅くなり、徒歩で海草や貝、タコ、小魚の漁が行えるという。

サンゴ礁海域の名称について伊良波に聴取したところ、陸地部からヒダ（浜）、イナウ（礁池）、ヒシ（礁原）と呼び、ヒシの外縁はヒシヌフカでサンゴ礁海域全体はアラハと呼ぶ。島袋伸三の報告にほぼ一致するが、アラハは外洋のことであるとする（同b 445～449）。

干瀬の外縁をヒシヌフカと呼称するが、野本寛一は粟国島の事例を引いてフカは「深」ではなく「外」の意味であるとする（同b 62）。つまり、池間島でもヒシ（干瀬）のフカ（外）であり、この地点は徒歩では行けない外側で船による漁の世界を意味する。

(3) イーヌブー（ユニムイ、アウグムイ）

池間島の中央部に広く存在した入り江である。南西の湾口から北に約1.5km、最大幅約600m入り込んだ、海水と淡水の交じり合う水質であったという。明治時代後期から徐々に干拓が始められたが、正式な開始時期は不明である。1963年の航空写真では南に水門が確認され、中央部の水路は最奥部まで水面を残す。入り江を巡っての民俗的な調査成果はみられない。本永清はユークイ儀礼の 3 日目に行われる神女の拝所巡りでは、この地域まで来ると、「神女たちは島の中央部に広がる入り江を振り向いてはならないことになっている。この湿地をイーヌブー西の曲がり角と呼んでいるが、ここには死霊や悪霊がたむろしているといわれている。ここを振り向いたら最後、人は死ぬ運命にあるとか」と記す（同 113）。入り江の存在する島の景観は、調査対象の5島の中でも特異な地形であり、そこに暮らす人々の世界観に影響を与えた存在である。

2．クチと浜

(1) ク　チ

池間島を取り巻くサンゴ礁は、北東から北西にかけて発達しているが、ツマビシとフッビシの間が大きく開き、北東側の狩俣海岸にかけても連続した岩礁がない。島の南西から狩俣湾にかけてもサンゴ礁は発達していない。ほかの島のように周囲を囲繞するサンゴ礁は見られず、クチの地名はほとんどないという。

⑵ 浜

写真52　ミズハマの堤防から集落の全景
（正面は池間島公民館）

規模の大きい浜は、東南に突き出たフンムバイ（トゥーイヤーヌヒダ、オハマ）と集落に面したミジュンマ（水浜）、北のカギンミヒダなどであるが、このほかは海食崖に挟まれた小さな浜である。浜や切り立った険しい岩、小規模な岬に至るまで複雑な地形に対して古くから地名が付されていた。前泊徳正（b）は45か所、堂前亮平（27〜30）は127か所の地名を記録している。堂前の成果は、前泊の記録を元にしているというものの大幅に増加した。伊良波の調査による浜地名は、島の内陸部までの報告がある（同b）。海岸地名の語尾は、浜には〜ハマ、〜ヒダガマ、〜ガマ、〜イキズーであり、入り江は〜ブー、切り立った岩や険しい岬などは〜ダツである。突出部全体をあらわす〜トゥガイ、突出部先端をあらわす〜スゥラ、突出部と突出部との間をあらわす〜ブーイーなど細かな表現がある。

３．池間島の創成神話

宮古島では卵から神が創造されたとする卵生説話が聴取されている。池間島で語られた「大主御嶽の神の話」もそのひとつである。

　昔、貧乏者の娘が金持ちの家で使われているときは、その家で寝泊りして毎日畑仕事に出ていた。また、娘は森の薪を取ったりしていたが、少ししか取れないと、その家の主人の機嫌が悪く強く叩かれたりした。娘はあまり叩かれていたので、ある日、山に昼間から薪取りに出かけると、太陽が沈みかけても、なかなか薪を集めることができなかったので、「ああ、もうこの山で一晩夜泊って、もっと薪を集めてから家に行こう」と思って、日が暮れても座っていると、いつのまにか赤い鳥が自分の座っている側の木に止まっているので、「どうしたのだろう。赤い美しい鳥が止まっている」と見ているうちに、うとうとと眠っていた。その鳥は暗くなっても飛んでいかなかった。

翌日に起きて見みると鳥はもう自分の側から飛んでいって見えなくなっていた。そのとき、小便をしようとすると、自分の腹の中から卵が十二個出てきた。娘は、「これは気味が悪い。不思議だ」と思いながら穴を掘って、木の枝を集めて、その中に卵を埋めて置くと、薪を集めて家に帰っていった。それから、卵のことは気にはとめずにおったが、一ヵ年もまだこないうちに、そこにいったので、「あ、ここであんなことがあったね」と思って薪を拾っていると、「母さん、母さん」と呼ぶので、「あら、私は子どもはいないんだが、どうして私を母さんと呼んでいるのか」と思って見ると、なんと十二人の子供が座って、「母さん、母さん」と呼んでいた。「私はお前たちの母さんではないんだよ。どうして母さんと呼ぶんだね」というと、子どもたちは、「いやいや、あんたは去年ここで卵を産んだでしょう」といった。「ああ、そうだ。そういえばそうだった」というと、「自分たちは、あんたが産んだ卵から孵った十二名の子供だよ」というと、「そうかい」といって、それからもう母子の名乗りを上げて、そこに家を建て屋根を葺いて暮らしているうちに、次第にその母も子供たちも暮らしが良くなって食うに困らず楽に暮らしておった。その母親は母天太加那志になり、その子供たちの一番上の子は、大主の神になり、それから残りの十一名の子供たちは宮古の方々の御嶽に配られて御嶽の神になっている。(前泊徳正)

この神話は、宮古民話の会『ゆがたい』に佐渡山安公を翻字者として掲載する（223〜225）。大主の神とはオハルズウタキのことである。遠藤は、池間島に伝わる始祖伝承について、「この話は、池間の大主神社を中心として伝承されていたものであろう。十二の卵から十二方位の神が生まれ、母親は、子方母天太とあがめられていたというが、太陽を中心とし、十二の方位を示すことによって、神話的な世界の誕生を語るとも考えられる。子方、すなわち北方が最も尊い方位とされ、しかも最も尊い神は池間の大主神社とされていることがそれを物語っている。池間島こそが宮古諸島の最も北に位置し、この話の伝承地は、池間から移住して島建てをした所が多いからである」とする（同a 33〜44）。遠藤のこの考え方は、宮古諸島の中で池間島をどのように捉えてきたか示唆する。

4．集落の立地と変遷

(1) 集落の立地

池間島は前述したように、北のフナクスを境として東はカンツバイ（神道原）、中央にイーヌブーと呼ぶ入り江があり、西はイケマバイ（池間原/マーバイ）である。前泊は前掲地図に字名を記すが、これは明治時代の地籍図を元にしていると思われる。前泊および残存する地籍図を参照すると字名はすべて漢字表記である(2)。ここではカナ表記で括弧内に漢字表記を示すが、地図上での境は必ずしも明確ではない。

神道原は北からイーバタ（西端）、ヒサイスゥク（平位底）、ミスバイ（三十原）、ンムバイ（雲原）、ハマサシである。入り江はイーヌブーである。池間原は北からカギンミ（陰嶺）、マユムイ（猫盛）、アダンニー（阿檀根）、イキズー（池地）、ナガタ（長田）、アカバマ（赤浜）、アウグムイ（青籠）、カータバイ（川田原）、フンミ（大嶺）、ッスゥキ（白木）、崎浜、カーヌイ（川上）、ジャランミ（皿嶺）、クシバル（腰原）、ミジュンマ（水浜）、ムトゥドゥマイ（元泊）、マイバイ（前南）、ウイバラ（上原）である（伊良波b）。

集落は池間原の南端にあるが、伝承ではかつてウイバラ（上原）にあったこ

図20　ウタキ・拝所・墓地の分布

写真53　バリナウダキにある遠見台から集落を遠望

とが語られ、アガイグスには屋敷の石垣が残る（同b 92）。これに対して、神道原にはこれまで集落が作られた形跡はなく、信仰上の強い規制があるという伝承も聞かれない。北方のナガタにはター遺跡として周知された集落跡がある（泉c 29～34）。

(2) 集落の立地する微地形的特長

集落は池間原にあって県道池間大浦線を北限とし、南はミジュンマ（水浜）までの間、東西500×南北500mの範囲に形成されている。このうち、池間漁港とその背後に聳えるような景観を見せる断層崖（バリナウダキ）の間の地域は、海岸の埋立地で戦後のカツオ加工工場と住宅地である。本来的にはバリナウダキが東を限る自然の障壁になっていたとみられる。また上原の台地はオハルズウタキを中心とする聖域である。これにより、集落は地形的には限られた範囲内にあることがわかる。

野口武徳は「池間島は池間、前里の大字に分けられているが、明治のころは前里には今日ほど家はなかった。分家や他村からの移住者などで、どんどん大きくなった。字池間の方が古い部落であったらしい」と述べる（同b 79）。伊良波はスゥラあるいはマツヌブーの地点が前里集落の発祥地であるとする（同b 166～169）。前里は屋敷区分を見ても碁盤目状の方形区画で井然とする新しい景観を呈している。

微地形的な観点から集落の形成を考えてみたい。地図21の海抜2.5から10mのコンターラインを集落の中で拾うと、低地部（凹地）とその後背地の微高地が確認できる。東から説明すると、バリナウダキの断層崖が、入り江に沿うように上原の先端からフンミ（大嶺）まで、断絶しつつも900mほど確認できる。10～15mのコンターラインを示し、入り江から見ると絶壁を呈して、あたかも城砦を外側から眺めているような独特の景観である。断層崖の上部は馬の背状の台地でジャランミ（皿嶺）と呼ばれる。そして、集落後背地の湾入部で断絶するがフンミ（大嶺）へと続く地形である。

写真54　集落の中の微高地岩山A（森になりアラドゥクルである）

写真55　フカガーズゥク（深底）**と呼ばれる集落内の凹地**

集落内の7.5mの微高地は、独立した岩山が集落の中心地をU字形に取り巻くように点在し、この内側が海抜2.5mの低地部である。岩山を現地で観察すると、岩塊が露頭して樹木がその上に生い茂る。例えばA地点（アガインミと称される）の岩山に対して、B地点の凹地はフカガーズゥク（深井底）と称され（伊良波b 136）、ジャランミに平行して谷地形を作る。これは石灰岩地形にみられる陥

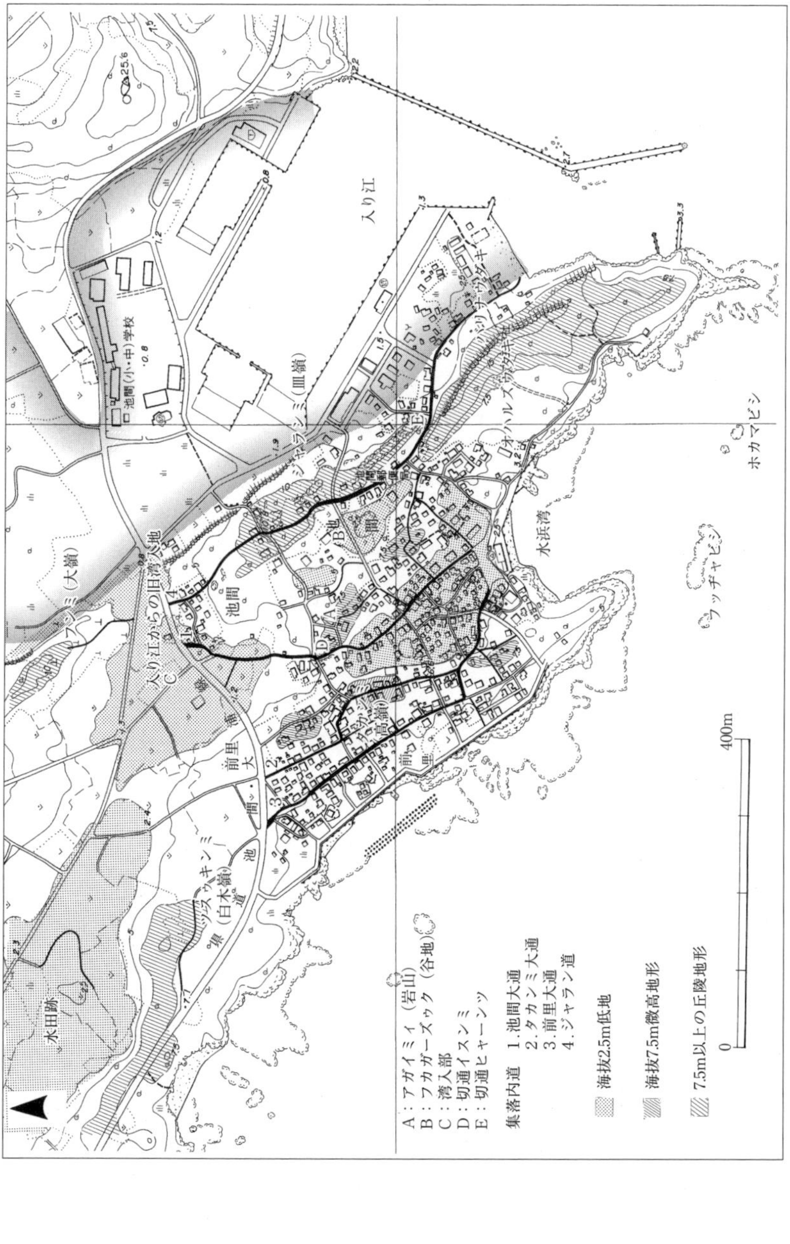

図21　集落の微地形と道路

没した凹地であると考えられる。集落の中央にあたるミジュンマ（水浜）のコンターラインを確認すると、2.5mと5.0mのラインが大きく湾入するような地形を描く。北限までは距離にして約250mあり、低地部が奥深くまで延びていたことが判明する。池間村が当初の居住地であるとすると、標高 5mの平坦地が集落を形成したところであると考えられる。AからBまでの地点は、最近まで未利用地であって住宅の建ち始めたのは古くないという。C地点は現在では陸地化していて判然としないが、2.5mのコンターラインをみると、入り江から西に大きく湾入する地形が観察される。5mラインではミジュンマからのラインと接するぐらいの低地である。井戸の分布を参照すると（野口b 99）、集落の北側周辺のマイガー、カータガー、ムッドゥマイガーとカータヌフガーという洗濯用池が、ちょうど湾入した地形の内に立地して水位の高いことを示している。

以上のように集落内の微地形を検討すると、前里が立地するッスゥキンミ（白木嶺）から、マイバイ（前南）にかけての微高地とバリナウダキの間が、集落の形成された地域であると考えられ、その中でも最初に集落が立地したのは、ミジュンマから湾入した標高 5mほどの微高地であると推定される。周囲は岩山が取り囲み、さらに東はバリナウダキとの間にカルストの凹地が形成され、未利用地として現在も残る。このように微地形的に集落の立地をみると、北にも入り江の一部が湾入していることもあって、広がりの限られた集落であったことが判明する。

(3) 宅地割り

集落内の宅地割りは、字池間では16区画、字前里では27区画である。1963年の航空写真で確認すると、字前里の18区画と字池間側の 2、3、6、7、9 区画には、ほとんど屋敷は存在しない。微地形から見ると字池間の6は岩山が露出する区画にあたり 7、9 は谷が入る地形で、現在でもこれらの区画には屋敷は散在的である。

ミジュンマでは、字池間側の 4、5、9 の西側、10、11、13、14と字前里側の

19〜24区画は、標高5mのコンターラインの外に道が設定されている。その中央を両字の境界道が通ることから、この狭い地域が集落の核になった可能性を指摘できる。これを裏付けるものとして、字池間4区画と字前里18区画の北端では、境界道を跨ぐようにスマフサラの縄が掛けられる地点であり、字池間6区画の岩山がこの地点まで延びて、北からの集落の入口として切通しを通過する。字池間は前述したように、道に囲まれた宅地割りがあるものの空地がめだつ。これに対して字前里は、西海岸線にいたるまで屋敷地として利用されている。1〜17はほぼ長方形の規則的な区画がみられるところから、野口が指摘するように比較的新しく集落の形成された一帯であるといえよう。

5．集落内の道と切通しとミズハマの広場

(1) 集落内道

伊良波のあげる重要な集落内道は、①池間大通り—ミズハマの広場を北上する字池間と字前里の境界道。②タカンミンツ（高嶺道）—ミズハマの広場から字前里の宅地割り区画23と26の坂道を北上して11と12の区画を通過する。③前里大通—タカンミ道を北上するが、途中で15、16区画を左折する。タカンミ道の西の道である。さらに海岸に沿って北上する道もあるが、この道は新設されたものである。④ジャランミ通り—字池間のバリナウダキの背を通過してナカドゥマイ（仲泊/ナカマグス）に至る道である。

写真56　ミズハマの広場（正面の道は字池間（右）と字前里（左）を分ける池間大通り）

このほかヤンバルンツ（山原道）、イスン

ミガマ（石嶺小)、クイズンツ（越地道)、ミスバイクイズンツ（三十原越地道)、ナカマグス（仲間越）に通ずる道、ツクシャウ道、ナカマンツ（仲間道)、ヤマグシヌンチ（山腰の道）などが確認されている（伊良波b)。

上記①～④は集落の主要な道であり、①～③の道の起点はミズハマの広場である。集落にとってミズハマは古くから重要な地点であったことを示すものであろう。以下はこの広場でおこなわれる年中行事の事例である。

サニツ　3月3日にお握りを持って浜に行き、島中の人がミナンガハナを3回波の先端をすくって手や顔を洗う（野口b 195)。

ミャークヅツ　ミズハマに酒の甕を置いて豊年の旗を立てた。1日目の午前中は村を出てはならぬ。しかし、島外からやってくる船や人は、ユーを持ってくるといって歓迎する（同b 199)。

トゥマイニガイ（泊願い）10月の豊漁祈願（新里40～41）などがある。しかし、この浜が特別神聖視されているとの認識は聞かれなかった。これ以外に臨時的に行われる儀礼がある。

カイルガマ（スマフサラ）村からの不浄な霊を追い払う。豚をつぶしてその血をススキの穂につけて、ふりまいておびき寄せ、西の浜まで追い立てる（松居301)。

リュウキュウウサギ　これ以上の災難が起こらないようにと生け贄の豚を捧げる。ナカマグスヌヒダ（ナカドゥマイ—仲泊—の浜である）でもおこなわれる（同300)。

ミズハマは集落の中の唯一の広場であり、聖的な儀礼に限らず多種多様な儀礼の場として成立している。

(2) 切通し

集落の東にあり、自然の開口部も含むが4か所の切通しが確認できる。イスンミ（石嶺あるいはヤマッシ—山後）は、北からの集落への入口部にあたる重要な地点で、道の両側が岩山となっている。高さは道路面から2m以上あり、スマフサラでは縄の掛けられる地点でもある。このほか集落の東を限るバリナウダキの断層崖を切り通す道が開いている。ナカドゥマイへの道の途中で、ヒャーンツガマ（早く歩く道）と呼ばれる坂になる切通しは、スマフサラで縄が掛けられる場所でもある。

(3) 神　道

9月に行われたユークイ儀礼は3日目に島の拝所や聖井戸を巡る。この道行きのルートは神道として認識されている。本永を参考にしてユークイが通過するコースを検討する（同110～116）。

ユークイは、本永によると新しい生命を獲得して豊穣を祈願するのだという。オハルズウタキが中心的な祭場になり、前日からウタキで夜籠した神女たちは、2日目になると島巡りの準備を整える。神女たちは草冠を被り、両手にはティウサ（手草）を持ち、フヅカサ（フンマ）は杖を持つ。そのほか、線香の包みやタバコ盆、神酒のはいった甕などは頭上に載せて出発する。途中で立ち寄るのは祈願の行われる拝所である。

島巡りはまずオハルズウタキから東150mほどのところにある①ナカマニーに行く。ここはオハルズウタキの聖域内の森の中にあり仲間豊見親の屋敷跡の伝承地が聖地である。次はナカマニーからバリナウダキの急崖を下るヤマグシヌンチ（山腰の道）とよばれる道があるという。この道を下って②マーンツニーに渡船で行く。マーンツニーは、かつては入り江を隔てた対岸に位置する小中学校の東である。次は③ムイクスに行く。ムイクスはフンムバイ（大原）にあり島の最高所でもある。祭場は広場の中央にサンゴ砂を円形に盛り上げたものである。次に④ハナバリンミに行き、さらに⑤のフナクスに行く。このルートはカンツバイ（神道原）を通過する道である。そこから西方向に向かい⑥アダンニーに行く。アダンニーもムイクスと同じような祭場が設けられている。ここからは集落のほうに向けて帰ることになる。途中で⑦フイカー、⑧カータという2か所の井戸を巡って、池間大通りから⑨ナッヴァに寄ってオハルズウタキに帰着する。このほかの神道は、マイバイ（前南）の中央に位置するスゥラヌカンヌヤーとトゥヌガナスの両拝所を結ぶ道がある。

(4) 集落の外に延びる道

池間大橋が開通して島内を一周する道路もできたが、それ以前にあっては、集落を基点として主として北方向に延びる道がほとんどであった。これは島内にある畑への道、あるいはその先の浜にいたる道である。

①ッスゥキンミ道

字前里からッスゥキンミ（白木嶺）の丘陵部を通過する道である。カナバタツヌヒダの浜に出る。この浜では特別な儀礼はないが、途中の丘陵東斜面には海食洞穴が多数あるところから、アクマ（死産児10日未満で死んだ幼児）を捨てた場所であった（伊良波a 7～8）。太陽が沈んだころに人目を避けて小洞窟に捨てたという。日中の耕作以外はあまり通行のない道である。

②ナガタ道

字池間と字前里の境界道を北上して、途中でＹ字に分岐するが左折する道である。標高約2.5ｍの低地部を北にとり、途中のナガタの名称の一帯では、水田がかつて営まれていたという。北上した終点はヒシヌニーヌヒダ(スムラ浜)である。入り江の中にはリーフの根の意味を持つ岩がある。また、途中の東の斜面は墓地地域のひとつがある。

③フンミ道

②の分岐を右折して北上する道で、前述したユークイの帰路の道でもある。北上するとアダンニブーと呼ばれる浜に出るがこの浜での儀礼はない。

④カンツバイ道

カンツバイ（神道原）にいたる道でユークイの道でもある。畑地が多く耕作のための道が多く分岐している。入り江が干拓されて後の新しい道である。

6．ウタキ・拝所

(1) オハルズウタキ（ウパルズ、ウハルズ）

池間島の信仰は、野口が示唆したようにオハルズウタキが島全体の信仰施設としてその頂点に位置づけられる。ウタキにはナナムイ（七社、七森）の神々も祀られ、神木を通路として天界と地上とを行き来するともいう。

このほかウタキと称されるのは、雨乞いの行事で信仰されたニッラウタキ（ニンラウタキ）、あるいはスムラウタキが知られる。ヒシヌニーヌヒダの中央にある石の周りを、ツカサが踊りながら回る雨乞いが行われた。これらのウタキは島の北西部に位置するが、現在では所在すら不明になりつつある。前記したユークイで島の東北部の神々を巡るが、ムイクス、フナクス（トゥーヌカン）、アダンニー（ウイラジャー）はウタキとはいわれず拝所である。ウタキと拝所の信仰的あるいは観念上の違いや、信仰施設としての外的差異がどこにあるかは必ずしも明確ではない。

写真57　ミズハマからオハルズウタキの聖地を遠望（右に入口に立つ石の鳥居と、その右にはムトゥ屋が建つ。左の民家は集落の限界地点にある）

ウタキの分布上の特徴は、ほぼ島の海岸線に沿うように南東の最高所（ムイクス）から北方向にかけて点在する。ムイクスはオハルズウタキの背後といわれて、この地点はちょうど太陽の昇る方向に大神島を望める位置にもなり、太陽神の運行する起点としての観念が働く地域である。北から北西に位置するアダンニーやスムラウタキは、太陽の沈む方向でもあり、観念上はムイクスと対立する位置にあるといえる。

(2) 里　神

野口は集落内で祀られている里神と呼ばれる信仰施設を取り上げている。全体で10か所ほど確認され、池間では4か所、前里では6か所である。その祭神の特徴は、池間では小地域（ハカヤと呼ばれた）に祀られる地縁的神であり、オハルズウタキとの関係性は親子関係であると指摘する（野口b 261〜266)。

前里では1か所を除いては、その多くが漂着した死体を埋葬した場所を里神として祀っているという。しかし、池間の里神を仔細に検討すると、前記のような関係を示すのは1か所だけであり、そのほかは神の実体が不明になり必ずしも地縁的な神とはいえない。

里神の分布をみると、集落の発展過程で最も重要な核となった高嶺、石嶺、水浜などには祀られておらず、かえって集落の周辺部に分布する（同b 262）。里神の分布の特徴が以上のようであるとすると、№3～5は現在では前里の集落内に位置するとはいえ、漂着死体の墓を祭祀の対象としたときは、未だ家屋自体はここまでは進出していなかったと考えられる。つまり、里神といえども祀られた地点は、集落の外に位置していたといえる。

写真58　1963年撮影の池間島南半（中央にある入り江は干拓の途上にある。陸地右が神道原、左は池間原である。集落の扇の要に位置する所にミズハマ、右の開墾が及んでいない岬はオハルズウタキの聖地で、中央に参道が延びている。背後にはバリナウダキが背骨のように見える）

7．島に点在する原野とイーヌブー

1963年の航空写真を参照すると、池間島のほぼ全域が畑地として開墾されている状況を読み取ることができる。野口が池間島に調査に入った時期であり、当時の人口は2454人で435世帯である。沖縄の人口は戦後にピークがあり、ここでも状況は同じであったといえる。このような過去にない人口が食糧の増産圧力となり、入り江の干拓と陸地の開墾が進捗したものと思われる。ところが東南のムイクスの位置するシムバイ(雲原)と、集落側のウイバラ(上原)、マイバイ(前南)、および島の北には広大な原野が存在する。シムバイとウイバラ、マイバイはいずれも聖地である。集落の近くでありながら開発が忌避された結果、森として存在したとみられる。北の広大な未開墾地はどのように解釈が可能であろうか。東にはアダンニー（ウィラジャー）の拝所、西にはスムラウタキとヒサイスゥクがある。ヒサイスゥクは神霊の宿る地域といわれる。また、ティンカイヌーインツ（天に昇る道）は、人が死ぬと魂はこの聖域の石を踏み台にして天に昇ると観念され、この場となるのがティンカイヌーインミ（天に昇る嶺）である。このように北部一帯は、死者の魂の集まる聖地として認識された結果、原野のまま置かれたものと推測される。

8．集落の内・外を画する象徴物

ミジュンマの広場からオハルズウタキへの道は、池間島の人々にとって聖域への神道であるとともに、信仰上の内実を象徴するものが点在して、精神世界を構成する世界でもある。

(1)　オハルズウタキをめぐる象徴物

ナッヴァとカンヌビーイス

広場の東端でこの地点はオハルズの聖域外である。ナッヴァはユークイにおいて祈願される拝所でオハルズウタキに続く

写真59　ナッヴァの前にある屋敷跡

写真60　カンヌビー岩（教えられなければ見落すだろう）

写真61　ティーカミ（オハルズウタキにいたる道と、左には線香を焚いた地点があり聖域の入口を指している）

写真62　石の台上で焚かれた線香

森をウタキとしている。その前に石積みの壁を構成した屋敷跡がある。ナッヴァから道を隔てたところには、カンヌビーイス（神が座る石）がある。この岩は海の彼方から薪を満載した船が着岸してオハルズウタキに届けるともいうが、直径50cm、高さ30cmほどで円錐形を呈して、片方に穴が開きもやい綱を結ぶという。

ティーカミ

ナッヴァからオハルズの方に道を120mほど進むと、少し登り坂になり、左手は家が途切れて森になる。ティーカミガンはこの聖域の入口の神である。進行方向の左の岩元に線香がたかれていた。島の人たちは普段はこの地域には入らないし、近づくこともないとい

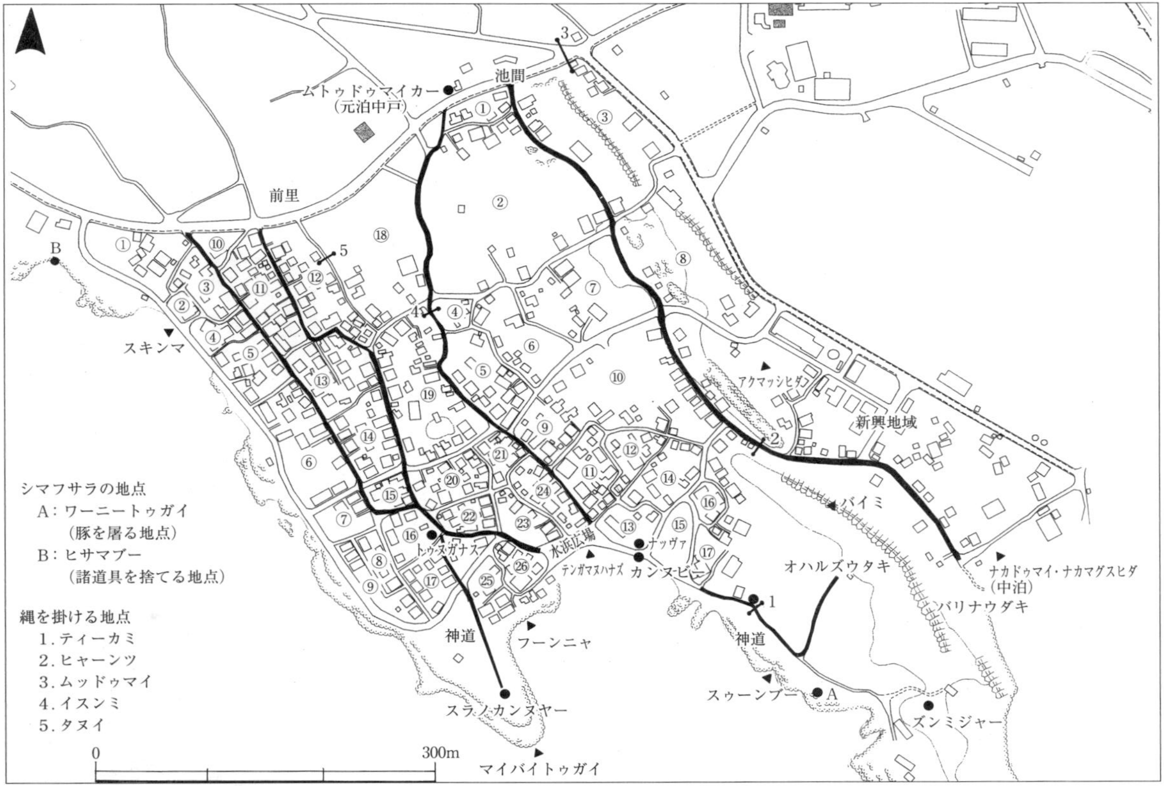

図22　オハルズウタキとその周辺の象徴的地点（①～⑰は屋敷区画を示す）

う。

スゥーンブー

ティーカミから聖域内を60mほど進むとオハルズウタキの入口にいたる。正面の海岸は、岩塊が露頭して崖を作るがその先は小規模なスゥーンブーの入り江で、五穀を満載した船が入る。オハルズウタキの庭には、砂で作られたティンマガマヌハナズフニ（フニガマ）と呼ばれる香炉を置く巨大な台が作られている。長さは７ｍありこの形が船の舳先であるといい、舳先はちょうどオハルズウタキの入口の方向を向く。スゥーンブーの入り江に対応するように、神の船がウタキ内に来たことを再現しているものと考えられる。

ワーニートゥガイ

さらに道を進むと露岩が複雑に入り組んだ一画、スマフサラで使用する豚を殺す場所がある。ここをワーニートゥガイと呼んでいる。自然の石を竈状に利用した地点が２か所あり、火を焚いた跡を確認できた。2007年もここで豚が屠られて調理されたというが、翌年は神女がいないため行事は実施されない。

スマフサラについては後述するが、聖域内で動物を屠殺することや、オハルズの神は赤を忌むということに、どのように整合性をもつのか興味がある。ワーニートゥガイに隣接してトゥマイ（泊、古称マイドゥマイ）がある。聖地ではないが、初期に集落の営まれた上原の入り江（港）である。入り江の上部には、マイヌヤームトゥ、アギマスムトゥ、マジャムトゥの３棟の建物があり、いずれもミヤークヅツで使用される。

写真63　ワーニートゥガイの入り江（正面はミズハマ湾）

バリナウダキ

オハルズウタキの背後は、バリナウダキと呼ばれる断層崖が切り立っているが、ウタキの背後には断裂したようなV字状の裂け目がある。松居は、神々の乗った船が北のフナクスを経て天界へ向かうときの出口であるという（同 175）。

写真64　バリナウダキ断層崖の壁（オハルズウタキの背後にある断裂バイミ。池間漁港から撮影）

ズンミジャー（ジンミジャー）

マイヌヤームトゥとアギマスムトゥを結ぶ小道に沿う地点にある。10m四方をサンゴ石で区画した広場が作られている。その中央には露岩が突き出し、大振りのシャコガイの貝殻を17個周りを囲むように配置する。前泊はかつてミャークヅツの期間中に、集落の行政上、社会上の重大問題があれば、四ムトゥの代表がここに集まって審議したという（松居 242～243）。拝所にはなっていないが、ミャークヅツでは草刈が行われている。

写真65　ズンミジャーの区画と露頭した岩を中心にして配置されたシャコ貝

(2) ミジュンマの象徴物

ミジュンマブー（水浜入江）は風などの影響を受けにくい入り江である。湾の前面には、フッヂャビシ（クジラ干瀬）とホカマビジと名づけられたヒシが防波堤のように露頭し円弧を描くように大きく湾入する。台地側には最も古い泊と伝承されるトゥマイヌアガイヌヒダ（南の前泊）とトゥマイヌイーヌヒダ（北の前泊）という狭小な浜がある。この後背地はオハルズウタキの聖域の一部になっているが、古い住居跡がある。

ミジュンマの鬼伝承は、東のマイバイトゥガイから東に集中する。松居は前泊から鬼について「鬼のことをウニャという。マズムヌの一種である。池間島にはウニャヌヤーという洞窟がある。その前を人が通ると殺して食べていた」と鬼の正体をマジムンと考えていたことを明らかにしている（同 66～67）。伊良波はマイバイトゥガイの洞窟は死産児や10日未満で死んだ子どもを捨てたところと記述し（同a 7～8）、野口もアクマの葬地として記している（同b 302）。このような特殊な葬地がこの地域に存在したことと、鬼にまつわる伝承の集中することには深い関連があると考えられる。鬼の正体を死霊であると考えていたなら、なおさらのことである。集落の前面にあって身近なミジュンマと上原台地の聖域は、民俗伝承においてあるいは信仰上でも住民の紐帯となっている重要な地域であることがわかる。

(3) 集落外の象徴物

集落外にある象徴物は、すべて北から西海岸に集中している。

ヒシヌニーヌヒダ

集落からナガタ道を抜けた北にある小さな入り江である。奥まった中に小さな露岩が一つありヒシヌニーと呼ばれる。リーフの根という意味で魔物が座る石もあり、ここも幽霊船が入るという。背後のアダン林はスムランミ（スムラ嶺）で、スムラウタキを祀っている。林が繁茂して確認できないが、漂着死体を神として祀ったという（伊良波b 62～64、170～171）。

仲松弥秀は雨乞い行事を行う浜としてニンラ浜をあげる。この浜に行くには「途中の左方にユビ田地域跡」と記述するが（仲松ノートc）、この道はナガタの道に一致する。このため、ニンラ浜はスムラ浜と同じ浜の別称と考えられる。ここにはニンラウタキのあったことも記録している。雨乞いはニンラの拝所で

写真66　**ヒシヌニーヌヒダの入り江**（汀線にはヒシヌニーと呼ばれる露頭する岩がある）

写真67　**ティンカイヌーインツ**（周囲の丘陵と変わらない荒地である。しかし島の人にとって最も恐れられた場所でもある）

は海を背に拝し、浜に下りて平石（砂の中）を中にして神女たちが舞ったというが、ここに述べる砂の中の平石とはヒシヌニー岩のことであろう。

ティンカイヌーインツ

スムラ嶺の東の地域をさす。ティンカイヌーインツは天に昇る道の意味であるが、もちろん可視的にこのような道があるわけではない。伊良波は、「人が死ぬとその魂は、この聖域の石を踏み台にして天へ昇ってゆくと考えられた。アラガミ（荒神）がおわすアラドゥクル（荒所）として、畏怖の念を禁じ得ない聖域である」とする（a 45～46）。ここはヒサイスゥクとも呼ばれ、現地は小高い丘があり周囲は岩塊が絶壁をなしている。この地域は特に恐怖の地域であるとされるものの、葬式や死者儀礼でここを訪れることはないという。死後世界観だけが強調された世界ともいえる。松居はティンカイヌーイミは2か所あり、ひとつはオハルズウタキの神木、あとはこの地域で死者が天に上る以外に、正月に訪れた祖先神もこの所から上るという（同 190）。

アウダウヌヒダ

この浜はフナクスより少し北の狭い入り江になった浜である。松居は前泊からこの浜のことを聴取している。祖先は死者の正月といわれる1月15日から島に帰ってくるが、「アウダウには13日ぐらいから14日までに西のほうから船に乗った祖先神たちが集まってきて、アウダウに錨を下ろし、14日の夜には島に上陸して、その晩から15日の明け方に各家を訪れて子孫のお供えしたお供え物の餅を受け取って、16日には前の浜から向かいのヌブイダツというところに渡る。それから、東側の海岸べりを海沿いに歩いて、ふたたびアウダウに戻り、15日の夕方持ってきたお供えものを積んで、太陽の沈むころに西のほうのカマノユー（あの世）に向かって出発する。そしてあの世でご馳走を向こうにいる先祖神に渡して一緒にお正月をする」という（同 223〜224)。

「それで島の人たちはアウダウには近寄りたがらないし、泳いだこともない。ヤナムンを見たという話がたくさんあり、どこからともなく船が着いて、何者かがおかしな声を立てながら下りてくる」ともいう（同 224)。ヤナムンはここでは祖先と考えられているのである。また別の箇所では、「1月5日に島の反対の南側に下りてくる。ムイクスの南側の小高い丘のところだ。ナナンミというところで、ンミシは地名でンミは嶺のこと。天界から降りてきて、また自分たちの世界、地の下、海の下のカマノユにはいるわけだ。ここは浜でもなく入り江でもない。船を使わずに天から直接下りてくる」という伝承をもつ浜である（同 217〜218)。

アダンニー（フミナカ、ウイラジャー、海の座）

ユークイのとき拝される祭場で、現在は島を周遊する道路から入ることになる。この地点は少し触れたが、祭場はほぼ海岸段丘近くに位置する。祭場への道を入ると最奥部は20m四方が広場となり、その中央には直径5〜6mの大きさで白砂が盛られ、これがウイラジャーである。香炉や線香の類は一切見られない。祈願の神女はこの白砂に上るというがその痕跡は見られなかった。

松居はナイカニ神の祈願所とされ、島人の人生は天界の神々によって審議・決定されるが、その帳簿を天界の神々から受け取って、それに基づいてバカバウ神とともに、人々の運命や生死を執行する神であるという（同 198）。このためもあるのか、神女たちがユークイでアダンニーに行くと、死んだ人やこれから死ぬという人の魂がやってきて、どうか助けて欲しいと懇願するという（同 268）。

写真68　アダンニーにいたる参道（モクマオウの大木が植えられている）

フドゥーラ

北東海岸のフナクスに近い岩場である。切り立った断崖があり、フドゥーラの岩鼻という鯨の顔面のような断崖が海に向かって突き出ている。ここも魔物が船を着けるところと伝承されている。

写真69　中央は浜から運ばれた砂盛（これ以外にはなにもない簡素な祭場を作っている）

以上が集落の外の主として北から東北海岸の小さな入り江や岩、海食崖に対する信仰と伝承である。伊良波は一括してアラドゥクルであるといい、死者にまつわることや悪魔にかかわる船が係留する入り江などであ

写真70　フドゥーラの風景（海に突き出た印象的な岩塊）

る。したがって日常的には近寄らない場所であり、身の毛もよだつほどに恐い所と観念された。ところが死者にかかわる場所であっても、その場所での儀礼を行うということはないのである。

9．集落の境界性を示す年中行事

(1) スマフサラ

野口は「別称をカイルガマともいう。遭難者の漂着とそれに伴う疫病を防止する願い。豚を殺し、骨を縄に8か所しばりつけて、村の入口に当たるところの上にさげる。池間ではウイバラ、東、中、西の4か所にかける。ユークィンマ達が、「ヤマグーイダシバ」（怪物出ろ）と叫びながら村中を走り回るが、その人に見られると死ぬといって戸を閉める」と説明する（同b 241）。

伊良波は「カイ（カエ）ルガマともいう。スマフサラは旧暦11月に行われる悪魔祓いの行事である。豚を屠殺し、肉は細切れにして各家庭に配分し、骨は護符として、ナカマゴシ（仲間越）、ヒャーンツ（速道—ヒャーンツガマともいう）、ヤマッシ（山後）、十字路近くのイスンミ（石嶺—イスンミガマヌンツ）などの空中に縄を張ってぶら下げる。これらの4か所の界隈にはシーヤー（岩屋）らしき洞窟があった。近年、護符として豚骨をぶら下げるアラドゥクル（荒所）に、池間唯一の信号灯が設置された地域が加えられた。ユークインマは、悪魔祓い用のダキフヌハー（浜木綿の葉）の手草で疫病神や異臭を振り払うように、ヤマグー、イダシバ（ヤマグを出せよ）を連唱し、島中を駆けまわる。この場合、ユークインマに出会った人は死ぬといわれたが、俗信であろう」と縄を掛ける地点に詳しいが（同a 38〜40)、縄を掛ける数に変動のあることが分かる。両者とも地図上の地点については判明しない。伊良波からの教示によりスマフサラの行われた現地の検討を試みた。

(2) 豚を殺す地点

豚を殺す地点は前記したワーニートゥガイである。オハルズウタキに近く、

写真71　ワーニートゥガイ（中央の岩で火が焚かれた跡を確認できた。ここで全ての作業が行われたかは不詳である）

海岸側の岩塊が畳重としている一画があてられた。2か所に岩の焼けた跡が確認された。ここでどのような作業が行われたのか詳細は不祥である。この地域はオハルズウタキの聖域内である。

（3）縄を掛ける地点（図22）

写真72　ヒャーンツ（シマフサラで縄の掛けられる№2地点である。バリナウダキを切り通した道を横断する）

①ティーカミの地点（写真60・61）。ここは前記したようにオハルズウタキの入口に当たり、聖域に対しての防御を表したのだろう。

②ヒャーンツ（仲間越）の地点。早く歩く道の意味で、かつてカツオ加工工場などが建っていた地区への降り道になり、バリナウダキを貫通する切通しになっている。この断層崖には魔物が出没した洞窟があるという。

③ムッドウマイの地点。島を一周する環状道路の交差点である。伊良波は新しく加えられた地点であるという(3)。

④イスンミ（石嶺、またはヤマッシ—山後）の地点。池間と前里の境界道が通

写真73　イスンミの地点（№4で集落の北を限る岩山とそこを切り通した道は池間大通り）

過する。縄が掛けられるのは集落への下り坂となる頂点の付近で、両側は岩の露出した切通しになっている。この地点はまた集落の北を限るところと観念されたのであろう。十字路は縄が掛けられる地点の外側になり、道そのものもこの地点で屈曲する。

⑤タヌイの地点。④の地点の西の道である。この地点も集落の北を限る場所で、集落には下り坂の頂上部を呈する。

以上で縄の掛けられた地点を俯瞰すると、①は聖域の入口であるが、それ以外は集落の北、東を限る地点が示されていることは明らかである。④は北から集落に入る正面口にあたる地点で、十字路は縄を掛ける外側にある。

神女たちはスマフサラの時、悪魔払いのダキフヌハー（浜木綿の葉）をもって島中を駆け巡ったというが、久高島で報告されたハンザァナシーやハリガユーハーの神女たちの、島を払いながらの道行きに共通する。池間島でも島を巡る道順があったものと思われるが確認できない。

新里幸昭はシマフサラ（新里はシマウサラとする）について詳細な報告をしている。「ツカサンマと51歳から55歳までのユークインマが参加する。朝 7 時にはオハルズに行き、祈願をする。そこから出てワーニトゥガイに行く。そこでは自治会長と 2、3 名の男性が豚をつぶし料理を作る。それまで、神女たちは持参した弁当を食べている。豚料理は神女たち各自のお碗に入れて祈願する。ワーニー願いをして、ヤマクスに行って願いをする。そこから引き返しティーカミズで願いをする。そして、ナガバタキ（長畑、ヒャンンツカマの左側の地名）で、北側に向かって祈る。次にイスンミガマに行って祈願をする。そこの山でダキフ（葦）を取ってティビラガニーに行って願う。そしてオハルズに戻るのである。その時ダキフを持って行く。オハルズに行きながら、持っている道具を各自家に置いていく。オハルズの横からナカニーに出てヤマクスでハマカッヂャ（浜葛）を取り、それを鉢巻にしたり帯にしたりする。そして、ヤマクスから悪いものを追い払うように、ティビラガニーまで走る。ハマカッヂャとダキフを海に投げ捨てる」のである（同b 42）。

新里の報告した地名を確認すると、ナガバタキ、ティビブラガニーなどは不明であるが、ティーカミズ、イスンミガマ、ティビラガニーは、それぞれ上記の①ティーカミ、②ヒャーンツ、④イスンミに相当する地点であることがわかる。新里の調査した当時の縄を掛ける地点と、それ以降では新たに2か所が増えていることになる。また、ダキフ（葦）とハマカッヂャ（浜葛）は、それぞれイスンミガマとヤマクスで採取されて鉢巻と帯に使用された。最終的には、ヤマクスからティビラガニーまで走って海に捨てたという。ティビラガニーの地点は不明であるが、いずれもオハルズの聖域内にあたるところから、この北の海岸であることが推定される。つまり、ダキフやハマカッヂャに魔物を付着させて、これらと共に捨てるところにシマフサラの儀礼は完結するのであろう。聖域での豚の屠殺や、悪霊が付着したものを捨てることなどは特異なものである。

(4) スマフサラの道具を捨てた地点

ヒサマブーは前里集落から離れた狭隘な入り江であり、伊良波はこの地域はアラドゥクルといわれて、スマフサラで使用したマーニ（クロツグ）の葉やダキフ（ハマユウ）を投げ捨てたと報告する（同b 76～77）。集落の境界を示す地点のひとつである。

10. 浜での行事・儀礼

ミジュンマ（水浜）

ミジュンマについては前記した。

マツヌブーヒダ

ミジュンマヒダに隣接する浜で、3月3日のサニツで浜下りが行われた（伊良波b 87）。

ナカマグスヌヒダ（仲間越）

バリナウダキの東側にある浜で、かつてのナカドゥマイ（仲泊）である。

ヒダガンニガイ　豚とタコを供える。ニガイをしていると竜宮から船に乗ったウキイトゥイヌカミ（竜宮の神に仕える神）が、供物を貰いにくるのが見えるという（沖縄民俗 48～49）。浜で生きた豚を殺して炊いて、みんなで肉を分けて、頭を海に流して竜宮の神に捧げる（松居 298）。

スゥーンブー（ワーニートゥガイ—オハルズウタキの前の浜）

ムスヌヌン（虫払い）　ネズミを捕ってきて、小さい船を板で作って箱に乗せ、小さい伝馬船でお嶽の前の浜から、男 2 人が漕ぎ出して300m離れた所に行き捨てて帰る（野口b 226、沖縄民俗 49）。

トゥマイガンニガイ　オハルズウタキの前にある、かつて泊への祈願（野口b 239 内容不明）。

ニンラ浜（スムラ浜）

雨乞い—ニンラの拝所は海辺の上、海を背に拝し、浜に下りて平石（砂の中）を中にして円陣で神女達が舞ったという（仲松ノートc）。

以上が浜で行われた行事と儀礼の内容である。浜のもつ聖・俗の側面からどこの浜で行ったのかみると、海難事故にまつわる祈願や払いは、ほぼミジュンマとナカマグスヌヒダで行われた。サーイニガイ（島外で亡くなり魂を島に呼び寄せる願い）は、亡くなった方向にあたる浜が重要であるため、聖なる浜といわれる東の浜で行われることもある（松居 300、308）。しかし、聖なる浜の具体的な儀礼やそれにまつわる神話などもなく、あくまでも一般論的な観念の世界の区分という意味合いが濃厚である。

虫送りの行事で注目されるのは、沖合い300m先の特定されるところまで行くが、湾口に当たるところにはホカマビジとフッヂャビジがあり、この岩礁が虫を流す地点であったと考えられる。野口は男2人が害虫を捨てて浜に帰ると、「神願いに参加したばあさん達は待ち構えていて、その男たちに海水をかけたり、船をひっくり返したり、砂をかけたり、最後にはこの2人を引き倒したりして、砂をこすりつけたり、時には性器をつまんだりして行事を終える。このように乱暴しないと害虫は死なない」という特異な行動を報告した（同b 226）。

岡本恵昭は池間島の虫送りについて少し違った観察を報告している。「害虫送りをムスムルンといい、旧暦4月に日を取って行う。当日インギヨウンマ以上の司たちが、ねずみを取ってくる。当日、大主ウタキで神願いし、ねずみは袋に入れられて大主ウタキの木の枝に吊るされている。ねずみは区長の手作りのヤシの葉で作った小舟に乗せられて、島のウイピトウ（老人）達の手で大主ウタキ前の浜より沖まで泳いでいって流してもらう。ウイピトウが浜に戻るとハマカズラにて、身体を洗い清めさせる」という（同470）。この報告では、害虫はオハルズウタキの木に吊るされていることがまず特異である。そしてウタキの前の浜から泳いでいくのであり、これが本来の姿であろう。しかし、野口が報告した船や男たちに対する乱暴は報告していない。それに代わってハマカズラで払いを行うのである。

11. 池間島の生死観念

ここまで、池間島の自然環境と密接に結びついた集落の暮らしと、そこから起因した集落内・外の観念、および信仰といったものを軸として分析をおこなった。そして、島の中央にあって、1/3ほどの面積を占めた入り江の存在と、陸地側の神道原と池間原は、観念の上では二項対立的な存在であった。このような島に暮らす人々の生死観念とはどのようなものであったのか、出産儀礼と葬送儀礼の側面から検討を試みる。

(1) 出産儀礼

野口と伊良波は概略的であるが、出産から3年ほどの間の儀礼について報告している。

産室でのこと

①産室はシラヤー、ッファナスヤー（子生ます屋）、アカツヤー（赤血屋）、スディヤー（巣出屋、孵屋）ともいわれた。古い時代には海岸のシーヤー（岩屋）のシルンナグ（白い砂）の上に子を産んだという話を聞いたことがある（伊良波a 37、b 24）。②お産のあった家をシラヤー（シラは産室のことで、シラウマツは10日間燃やす木のこと）、またはッファナスヤー、アカツヤーと呼ぶ（野口b 278）。③アカツヤーの人、見舞いに行った人は、漁やカツオ工場には出ない（同b 278）。④新築して3年までの家の人は産家には入らない。もし入れば自宅に帰らないでよそに泊る（同b 278）。⑤他の家はみな家の入口に十字に組んだ5寸ぐらいの木をかける。これをアディ、アジという。産室の入口にはアディをかけ、シラウマツを10日間燃やす（同b 278）。⑥シラヤーの入口にかける悪魔よけの呪具。10数センチの長さのススキや竹を用意して×形に組み、ナスッヴァ（生まれる子）の健康と成長を祝い魔除けの印とする。アディはシラヤフ（産の忌み）のトゥカンティ（十日満・十日目）まではずさない（伊良波a 8〜9）。

シラヅン

子が生後3日目にはじめて着る白い着物。その日まで生児は、家族の古着などにくるまれておかれ、3日目にシラユー（産湯）に入ってからシラヅンを着せられた（伊良波a 36）。

トゥカンティ（10日目）

①トゥカンティとは10日に満ちるの意。サウズビャリ（魔が晴れる）ともいう。初めて外に出て太陽を拝ませる。10日目とは限らず良い日に行う（野口b

279)。②めでたい人生儀礼でありながらも、不浄なるアカツヤー（赤い血の家）としての因習もあり、そこでこの産の忌明けをサウズバリ（不浄晴れ）ともいう。トゥカンティの朝、日の出前にイダスウヤ（出す親、生児を産室から外に出す祖）が身を整えて笑顔でやってくる。トゥカンティの儀礼は、日の出とともに執り行われる（伊良波b 124〜125)。③トゥカンティまでは太陽を子どもに見せない（松居 115)。④新生児はこの世に生まれたら、ニノハンマティダ、ティダガナス、先祖神の認知を経てこの世の者となる。ヤラビナーを得ることによって守護神を獲得して、およそ3か月後に人間として出発する（同 124〜125)。

ヤラビマスムイ（1年目）

①生まれてから次にくる宮古節（ミヤークヅツ）にはマスムイといって、自分の父方のムトゥに登録を行う（野口b 284〜285)。②ヤラビマスムイは幼児のために元（ムトゥ）の神に酒を供えるということである。去年のミャークヅツから今年のミャークヅツまでの間に生まれた子供を元（ムトゥ）の神に報告する。そのために2日目は未明に該当の家の人が、元泊井（ムトゥドゥマイカー）の水を汲んできてその子に浴びさせる。これを巣で水浴びという。その後、家族の者はムトゥヤーに神酒を持ってくる（前泊a 15〜18)。

サラタティ・ユーイ（3年目の祝い）

はじめて男女別の髪形になる（野口b 285)。

以上が産育儀礼である。出産では屋敷内の裏座が当てられたが、浜での出産は古いかたちの可能性を示唆するもので、臨時的な産屋のあったことが想定される。この浜は現在の池間漁港のある地区で、埋め立てにより白浜とアクマッシヒダは消滅したという。出産のあった家はアディにより閉じられたが、もとより集落のほかの家屋も同様の処置がとられた。現象的には葬送儀礼の時と同じ動きである。アディは×字に組まれた木のことであり、多和田真淳は魔除けとしての用例を列挙している（野口 165〜186)。

新生児は生後2日間は古着を着せてようやく3日目に産着を着せた。これは久高島でも同様のことが報告されている（比嘉康雄 下b 387〜388)。10日目が出産の節目と観念されたようで、この日にアディは取り払われた。この節目を魔が晴れる、あるいは不浄晴れと呼ばれるのは象徴的である。

ミヤークヅツの祭礼が行われる3日間の中間日に、ムトゥ神に対して新生児を報告するが、これに先立ってスディ水を浴びせる儀礼がある。通有的には出産後の産水を使う儀礼である。池間島では産水とはいわないでスディ水と呼称する。スディは若返る意味に使用されることからすると異質である。そこには、誕生から1年間（正確にはミヤークヅツの間）の新生児に対する、その後の社会的な人間として認知された関係が示されるのだろう。

(2) 新生児の死亡時の扱い

①誕生後2週間くらいまでに死んだ子はakuma（アクマ）と呼んで、自然の洞穴に捨てるか、海辺の墓の砂地の洞穴に入れる。葬儀は何もしない。大正年間の末ごろまでは親類の男の人が斧、包丁など鋭利な刃物で、ずたずたに切って「2度とこんな形で生まれてくるな」といいながらイーヌブー（北の入江）の洞穴に捨てていた（野口a 207）。②死産の子やトゥカンティ未満にあの世に旅立つ子を、アクマガマ、あるいはアクマと呼んだ。アクマガマは陽没以降に、衣類や布切れなどにくるまれて、人目を避けて、スキンマ（崎浜）北方の人里離れたッスゥキ（白木）地域やマイバイトゥガイ（前南崎）やンナトゥ（港）西海岸のアクマッシヒダ（アクマを捨てる浜）などの小洞窟に捨てられた（伊良波a 7〜8）。③ッファナスヒダ。この地名は、この砂浜で命の誕生のあったことを意味している。砂浜のその砂をウブスナ（産砂）という。妊婦はタカラガイ（子安貝）を握りしめて出産したという俗信があった（伊良波b 24）。④松居友は前泊からアクマに関する観念とその処置を丹念に聴取している。a.アクマはいわゆる悪魔と違って悪い意味ではない。生まれて同時に死んだので残念に思ってアクマという。子どもが生まれて2歳ぐらいまでに亡くなると、アクマとかアクマガマという。ガマというのは可愛いという意味。命そのものが短すぎたという観点から残念だ、いたわしいという意味の言葉だ。ずたずたに引き裂いたというのも聞かない。アクマが祟るという考えもない（松居 110）。

b.死産児が浜の砂に埋められた場所は、内浦の南のマエガーハマで、村から近い東の浜だ。砂に埋められた死産児は、生まれて間もなく死んだ嬰児のことであり、ある程度大きくなった子どもは埋めずに自然洞窟においた。埋葬方法も場所も異なっている。死産児は墓には入れない。葬る場所は主に内浦のマエガーハマという浜で、掘って砂の中に埋めた。埋める時間は人知れずの時間、即ち夜だった（同 112）。c.子どもの場合は、東の浜の近くの自然にできた岩の穴に入れたりした。この場所は海で死んだ人を入れた洞窟と同じ場所で、こうした場所のことをアクマバカとかアクマアナと呼んでいる（同 113）。d.トゥカンティの前に死んだ子どもはアクマさ。アクマは仕方なく浜に行って埋める。夜でも夕方でも朝早くでもいい。これは神の国に行って生まれ変わるという意味。死んだらヨワノクニ、アオジャヌスマに行って生まれ変わるという意味で浜に埋めたそうだ（同 115）。e.葬式をしないということは、先祖神の国に送らないということで、死後祖先と一緒にならないことを意味している。これはアクマを人間として見ていないということである（同 115）。f.死んだ子の魂が東に帰るのは、太陽が東から出るからだ。浜に埋めた子の魂は東の方に帰っていく。そうしてまたこの世にすぐ戻ってくる。だから死産児の次に生まれた子供は、死んだ子どもの生まれ変わりと考えた（松居 116）。g.アクマは死んだらヨワノクニ、アオジャヌスマに行って生まれ変わるといって浜に埋めた。アクマの場合とトゥカンティ以後になくなった子どもの場合は意味が違う。その場合はお墓に持っていくのだから、祖先神のところに行って祖先神の中から生まれ変わってこ

写真74　ミズハマ湾に突き出た岬の先端が新生児を葬ったというマイバイトゥガイ（上方の岬）

いという。この場合は家族だけで葬式をする。10歳以下の子どもは抱いてお墓に入れるが、10歳以上は棺桶に入れて2人で担いでいく（同127）。

以上、子どもが死亡したときの処置や観念などである。新生児が10日の内に死亡した場合とそれ以後とでは、処置の方法に違いがあり、死産児や10日以前での死亡は葬式をするとはいわない。アクマを捨てるとか浜に埋める行為に結びつく。この観念の基本には、葬式とは祖先神の所に行くことであり、人間以前の状態で死んだアクマは、東の浜に埋めてアガイという太陽が生まれる場所に帰り、またそこから再生するという観念である。

墓に持って行った（葬式をしたという意味）子どもは、祖先神の中から生まれ変わるとされた。つまり、子どもの生まれ変わりには2種類あり、アクマは東のアガイから再生し、トゥカンティ（生まれてから10日）を過ぎて死亡した子どもは、祖先神の中から再生するという構図である。ここにはミヤークヅツで子どもに対して産水を浴びせることを、スディ水を浴びせるということに関連して、子どもはすべからく生まれ変わった状態であると認識された。

死亡した新生児をアクマまたはアクマガマと呼び、特定の浜に埋めたり洞窟に捨てたことは、伊良部島佐良浜や国仲でも報告されている（伊良部村史1363）。高嶺美和子は「十日ンテまでに死ぬ生児はアクマガマといわれ、もっとも嫌われる。通常の葬儀はされないで、ボロやムシロに包まれて、人が寝静まった深夜に大主神社の裏側のアクマステ、ウホガー（アクマを捨てる大きな洞穴）に投げ込まれるか、或いは人知れず埋葬されるか、人の踏み入らない崖などに捨てられる」とさらに詳しい（同91、98〜99）。伊良部島は早くから宮古島や多良間島からの移住地になっていたが、アクマガマの風習が残った佐良浜は、17〜18世紀にかけて池間島からの移住先になった地域である。ここでも同様の慣行がおこなわれたことを考慮に入れると、池間島のアクマガマに対する処置は、少なくとも王府時代まで遡る民俗であることを示唆する。

(3) 死者儀礼

葬送儀礼の民俗誌は多くの事例はなく断片的である。

集落の動き

葬式の時にウキというものがある。死者が出て墓へ持っていく場合、通りに面した家では門の所の石垣に茅をさして魔除けをするが、この茅のことをウキと呼んでいる（野口b 122）。

喪家の動き

①湯灌することを「スデ水浴びし」といって、スデ水を汲んできて、年の相のあった親族の人から湯灌を始める（酒井 402）。②棺桶はないからアダンの葉を編んだもので蓆を作り、竹を薄く切って編んだもので死体を包んで、「薪山のほう」島の北西のアダン林の中に置いてきた。そのときウダイという海に持っていく煙草入れを枕にしたという。ウダイを枕にしたのは死者の魂が旅立つ時には海を渡るからと考えたからである（松居 90）。③霊魂と家族・親族の別離の時は、神と人との別れと呼ばれて非常に早くやってきて、その後は漠然とした祖霊化し個性は失われていく（野口b 299）。④死後 9 日はこの日を持って葬い終り（同a 210）。⑤死後およそ 9 日間は死者の霊は中間の状態にあり、墓と家を往復すると考えられた。9 日目にカンストバカーイが行われた（松居 101）。⑥死後 3 カ月目の祝いをカンナイユーイという。神になった祝い。死者の魂はカンストバカーイ、クヌカ、カンナイユーイを経て神へと変容する（同 105）。⑦死後 3 年の命日では、昔はヤマといって色々な木を持ってきて部屋に置く習慣があった。そうすると邪魔になって死者が家に入らないという（同 106）。⑧洗骨が終わった人は、葬った墓にはいなくて祖先墓に行っている。骨は祖先墓に持って行き、それと同時に本人も向こうに行く。そこ

写真75　ムトゥドゥマイカー（元泊井）

はこの世と同じ世界だ（松居 90）。

葬送儀礼に対する集落と喪家の動きは、具体的には以上の事例に留まっている。死者が発生すれば屋敷が閉じられるという動きはあるものの、それがどのくらいの期間行なわれるのか、あるいはウタキなどの聖地に対する処置なども不明である。葬式そのものがどのような手順、道具立てであるのかも事例の報告はない。しかし、死者に対する沐浴をスディ水浴びしといわれるのは注意される。新生児がミヤークヅツの時に所属するムトゥで新たに登録されるのに先立って、スディ水を浴びせるヤラビマス儀礼がある。そして死者や新生児に対して、水を汲む井戸は共通していてムトゥドゥマイカー（元泊井）である。(4)

（4）死に対する観念

①死者が出ると太陽に当ててはならない（野口a 208）。

②肉体から離れたマブイに死を自覚させる場が、葬儀と引導渡しである。あんたはもう亡くなったから、あの世に行って皆（あの世の祖先たち）の前に神になってくれよという（松居 76）。

③人が死ぬとイーヌヤー（西の屋）へ行くという。西の方角は死者の国。伝承によると、ナガンミから灯台南西部のヒサイスゥク方面をさす（伊良波 b105）。

池間島の死後世界観で注意されるのは、死者は 9 日目あるいは 3 か月にしてカミになると観念される。このことについて、仲松は 3 か月目のカミとなることを、ミッツガカンナイビューイ（3 か月が神成り日）ということを聴取している。そして、葬式が済んだ翌日からは墓参りをすることはないという（同 49〜50）。

（5）死後の観念

①あの世のことを、グショウ、ジョウド、カマノユー、ハイヌスマ、アガイヌマス、ジーヌスタンカイ、インヌスクンカイ、ニッラ、リュウキュウ、アオジャヌスマという。グショウ、ジョウド、ヨワ、トコヨは沖縄方言にとって

は外来語で、比較的古い呼び方は、カマノユー（あの世)、ジーヌシタ（地の下)、インヌスゥク（海の底)、ニッラ（根の国）であるという（松居 73、157～158)。

②人が死ぬと霊魂は北の部落の天に昇る道イーズマヌティンカイヌーインツというところから天に昇る。その付近は恐ろしい所とされる（野口b 299)。

③ティンカイヌーインツと呼ばれる場所は2か所あり、一つは御嶽の神木、もう一つは北の岬にある小高い丘である。徳正さんは御嶽の神木からはナナムイの神々が天界に昇り、北の岬からは正月に先祖神を始めとする一般の神が昇るという（松居 190)。

④ティンカイヌーインツ（天に昇る道）は北西部海岸の聖域。人が死ぬとその魂は、この聖域の石を踏み台にして天へ昇ってゆくと考えられた。アラガミがおわすアラドゥクルとして、畏怖の念を禁じえない聖域である（伊良波a45～46、b175～176)。

⑤昔の年よりたちは、あの世は地面の下にあるといった。死者を墓に入れるとき、地面の底の世界に歩いていきなさいといった。人が死んだら歩いていって、お墓の前に坂があってそこから降りていったら先祖の住んでいるあの世にいける。あの世は土の下にあって、土の下を歩いていったらあの世に出る（松居 134～135)。

⑥お婆さんから聞いたという、足の下はグショウと覚えなさいよ、という。大地も海もこの世のすべての底はグショウに繋がっている（同 142)。

⑦下の国のことを池間ではジーヌスクという。地の下の島の世界に行く。こういったのは、あの世とこの世は昼と夜が反対だといった（松居 143)。

⑧あの世の性格を示す言葉、アオジャヌスマ（青い座の島）はあの世の一番古い呼び方で、どのように使われたか。例えば浜に行って死産児を埋めたとき、アオジャヌクニに行ってまた生まれ変わってくるといった（同 158)。

⑨地の下の世界といっても地中ではない。そこに行く道は美しくきれいな道で、アオジャヌスマでもこの世と同じように太陽はめぐり昼と夜はある。その世界に入るためには、太陽と同様に地または海を抜けなければならない

（同 159）。

⑩島の北にアウダウと呼ばれる青い深みがあって、あの世へ行く船の碇泊場所であるとされる（同 160）。

⑪池間では死亡すると、生レシジカイヨウ（生まれ変わってこいよう）といって泣く（酒井 405）。

（6）ダビワー

①50歳以上になって死ぬとダビワーといって豚を殺す（野口a 208）。

②昔は50歳以上の人が亡くなると炊いて食べたという。50歳以下の場合は異常死と考えて食べなかった（松居 91）。

③豚で行われるダビワー。会葬者が食べるのは肉の部分である。肋骨などと耳の一部、鼻、舌、足、内臓などの一部も切り取られて、骨と一緒に捧げられる。このような儀礼はあの世での再生である。豚の骨は浜から海に戻される。ダビワーは死者の再生にあると理解できる（同 95）。

（7）異常死の扱い

①異常死は忌み嫌われた。正常な死とは、家の中で衰えたりして死んで行くことである。怪我による死人、水死人、他村での死者をキガズン（kigazun）という。この場合は墓に持って行かない（野口 a 207～208）。

②死人の場合きれいに眠る人もあるが、ヤナムンのようにねむる場合があるという。安らかに死ぬのはよいが、良い死に方をしなかった人、恨みや心残りを持って死んだ魂は、この世への未練や執着心が強く、あの世に行けなかったり、この世に戻ってきたりする。時には生きている者の命をねらうこともあるが、化け物とはこういう醜い霊のこと（松居 56～57）。

③墓に入れずに入り江の側の洞窟に置いた。特定の洞窟に入れたのは、当たり前の死に方をしていないから祖先が嫌う。洗骨の後に祖先墓に入れた（同 106）。

④異常死が嫌われたのは、死の背後に異常な力が働いていると考えたから。異

常な力とはヤナムンやマズムヌであるが、祖先神であると考えられている場合が多い。罪や恨みを抱いて死んだものの魂が、やがてヤナムンやマズムヌとして現われ、この世のものの命を奪おうとする（同107）。

⑤ヤナムンやマズムヌは、西のニッラから訪れると考えられてきた。それは死者の世界である。ヤナムンとかマズムヌは死者の魂である場合が多い。死者の魂はマウカンと呼ばれる祖先神であるが、人間を怨み命を取ろうとする企ての時には化け物となる（同297）。

⑥アウグムイバタには自然洞窟があり、異常死した死者はここに置かれる（同112）。

(8) タナバタ

お墓へ行って水を上げる。墓のそばのカメに水を入れる。この日は朝早く各家において祖母か嫁か娘かいずれも女が、墓の近くの井戸からタナバタヌミズを汲み、その場で先祖の神に祈りながら家族全員椀一杯ずつ水を流す。もっとも霊魂がこの時に戻ってくるというような観念はない（野口b 198）。

以上が死者儀礼と死後の考え方である。ここで注意されるのは、死者儀礼そのものは具体的な事例に乏しいにもかかわらず、死後世界観は豊かであるという対照性である。葬送儀礼の事例の乏しさは、報告者が把握しきれていないという可能性もあるが、むしろ葬式の道具立てや葬列、あるいは悪霊払いという側面が当初から乏しかったことも考えられる。このことは、葬式の終わった後は墓には行かなかったということと関連するものと考えられる。ところが、死者がどのようにしてカミになるのかという死後世界観は具体的であり、豊かであるという点である。まず、死について良い死に方と悪い死に方があるという。これは久高島でも言われたが、ほぼ同じような観念であり、異常死の場合はヤナムンやマズムヌといわれる悪霊になる原因であり、葬式の対象ではなく入り江に面した洞窟に置かれたのである。

良い死に方をした死者は、ティンカイヌーインミにある石を踏み台にして天に昇ると観念した。墓地は入り江の横穴などであった事にも関連するように、あの世を地下世界にあるシマを想定し、アオジャヌスマは現世と同じであると考えたようである。

(9) 墓　地

池間島の墓地は、島の西北の一帯と入り江の浜および崖と西側一帯である。[(5)] 野口は地図を作成してその分布を示している（同b 302〜303)。墓の分類は、①アクマ（幼児の死者)、②キガズン（旅先や事故での死者)、③フヅカサ（神女）の経験者、④戦死者である。図中分類のミャーカ（またはハカ）横穴と露天の墓とされるのは一般の墓をいう。テラは③に該当する。

分布の特徴

死に方には正常な死に方と異常な死に方があり、さらに幼児の死があった。特別なものとして、フヅカサと呼ばれる最高神女の死も墓は別にされた。墓地はこの死に方と分布が密接に関係して場所を違えた。現在の墓地はフンミ墓地と呼ばれる大嶺一帯をさす。以前の墓地についてその分布の違いを摘出する。

正常死の墓　①島の西北のアダン林。②フルバカと呼ばれる墓穴が入り江の海岸崖に掘られている。③共同墓地の東北300mぐらいにアウグムイバタというところがあり洞窟がある。死んだらそこに行って、そこから生まれ変わる。

異常死の墓　①墓に入れずに入り江の浜の洞窟に置いた。②アウグムイバタには洞窟があり異常死した死者はここに置かれた。

幼児死の墓　アクマはアウグムイという浜辺の奥や洞窟に葬った。死産児を埋めた浜は内浦の南のマエガーハマ、子どもは東の浜の洞穴に入れた。アクマバカ、アクマアナという。

以上の証言と分布を対照すると、正常死の墓は主として島の西北部のイキズー（池地)、ナガタ（長田）に集中し、このほかはアウグムイバタ（青籠端）である。異常死とされる死人は当初は墓には埋葬されない。入り江の西岸のアウグムイバタにある洞窟に放置されて、洗骨の時期にようやく墓に移された。幼児の死者であるアクマは、島の北西ッスゥキ（白木）嶺の東側崖面にある洞窟と、マイバイトゥガイ（前南崎）および入り江西海岸のアクマッシヒダ（アクマを捨てる浜）などの洞窟に捨てられたのである。

墓地に対する観念

①家から出た死者は歩いて墓に行くという。墓の入口はたいがい南から西に向かっている。これはあの世に向かう道が、南西から西のほうにあると考えられている。それはイー、イリと呼ばれる方位で、太陽の沈む方位を意味している（松居 78）。

②フルバカと呼ばれる古い墓穴は、内浦の海岸端の崖に掘られているが、土の崖を掘ると横穴の元に掘り出した土が斜めに積もり坂になる。この坂をヨワノイヤサカ即ちあの世に向かう坂と呼ぶ。ここがあの世とこの世の境界であるとされる（同 135）。

③昔は洞窟が墓地だった。洞窟はあの世の境。底知れぬ洞窟もニッラとかニッリャヌスマという言葉を使う。池間島ではここがニッラだという場所が入り江にある。入り江の海岸端に大きな洞窟みたいなのが二つあって、墓地の北のアウグムイというところの少し南だ。そこをニッリャヌスマとかニッリャヌスクと呼んでいた。洞窟を抜けるとニッラだったという話もある（同 148）。

④共同墓地の北東側300mぐらいのところに、アウグムイバタという場所がある。人間は死んだらそこに行って、そこからまた生まれ変わってくるといわれている。人は死ぬとアウグムイに行き、生まれるのはアウグムイから生まれてくる。アウグムイそのものがあの世の入口であり出口だ。アウは青い、グムイは部落のかたまりという意味だ（同 160～161）。

以上が墓地に対する考え方であり、注目されるのは崖を横穴に掘る時に出た土が斜めの坂になる、あるいは墓の入口の石を積んだり壊したりしているうちに坂になるが、この坂をヨワノイヤサカと呼んでいることである。『古事記』神話のヨモツヒラサカに通じる観念が窺われる。つまりこの坂を境界点として、向こう側が黄泉の国、あの世であると理解され、ただ単なる墓地としての理解には留まらないのである。その坂を越えた地点がニッラ、ニッラヌスマ（根の島）あるいはアオジャヌスマ（青い座の島）という、他界の名称で語られる。

(10) イーヌブー（アウグムイ）

池間島の中央にあった広大な入り江をさす。島の北に当たるフナクスは、元は外海に繋がっていたといわれ、砂丘の形成によりに塞がり南が湾口として残ったようである。昭和 8 年（1933）池間漁港の整備によって入り江の北を除いて陸地化が促進された。

入り江の西は墓になったことでアラドゥクル（荒所）として恐れられ、独特の観念が生み出された。

①内浦の奥の青くなった深みのことで、潜れば底につくというから、底なしの深みではない。それにもかかわらずアウグムイが恐ろしい場所とされた理由は、この深みがあの世に繋がっていると考えた（松居 111）。

②死者はアウグムイを抜けてあの世に行く。この世に生まれるのもアウグムイからやってくる。アウグムイの下には島があり、アオジャヌスマと呼ばれている。そこは死者の島であると同時に命の生まれる場所である（同 112）。

③アウグムイは入り江の西側で昔は入り江だった。人間は死んだらそこに行って、そこからまた生まれ変わってくるといわれている（同 149）。

④アウグムイは青い集落の意味でアウグムイの下にはアオジャヌスマと呼ぶ島があるという（同 149）。

以上、松居が前泊から聴取したアウグムイに対する観念である。ここは死者が通過してあの世に行く場所として、さらに生命の再生する場所とも観念されたのである。

12. 小　結

池間島はかつて、島の中央部に広大な入り江を有して陸地部を二分し、集落を一方（池間原）に偏在させ日常生活の場とした。このような自然環境を有する島は、南島の中でも特異であり、島に暮らす人々に強い心的、物質的影響を与えたことも想像できる。それゆえ、これまで島の民俗事例を信仰や死後世界観を軸にして検討したが、これは入り江―イーヌブー―が存在して生活の中に生きていた時代の民俗とその観念であるといえる。現在では干拓されて、墓地も入り江の崖を利用することはなくなり、もはや生活と結びついた場所であると観念される対象ではなくなった。このような自然環境の大きな変化は、人々の生死観念にも変化を迫ることになるだろう。池間島の民俗と生死観念、信仰を軸として事例をみたがまとめてみたい。

(1) 集落（屋敷）の内から外を観念する

出産儀礼

シラヤー（産室）が設けられると、入口にはススキや竹で×字形に作ったアディが掛けられた。新生児が誕生するとその家は閉鎖状態になり、新築した家では帰ることを許されないで他家に泊まったという。これらは誕生と同時に屋敷全体が強く忌避される状態に入ったことを示すものである。しかし、死を契機にしてヤナムンやマズムヌといわれる悪霊が発生し、あるいは寄り付くと具体的であるのに対して、新生児の誕生ではこのような具体性は乏しい。新生児の生命の不安定性をヤナムンから保護するため屋敷を閉鎖するのであろう。誕生から3日間は祖父母の古着を着せられて過ごすが、その期間がトゥカンティであり、サウズビャリ（魔が晴れる）と表現されることに関連するのであろう。

新生児はニノハンマティダ、ティダガナス（太陽神）、祖先神とそれぞれの神の認知をへてこの世の者となり、3か月後に人間として出発するという。またミヤークヅツでのヤラビマスムイ儀礼は、ムトゥドゥマイカーの水によってスディ（再生）る状態になり、このことにより始めて集落の住民としてムトゥの神に認知され保護の対象になるのである（松居 124～125）。

葬送儀礼

葬式の具体的な儀礼についてほとんど報告されていない。これに対して死についての観念あるいは死後の観念は、松居によって前泊から丹念に聴取された。その中には200年も前の考え方が含まれるという（松居 143）。死者の霊は、死後9日間は家と墓を行き来するが、これ以後はカミになるという。このような観念から、葬式の後の儀礼はほとんど発達しなかったのではないか。タナバタにおいても、基本的には祖霊が帰ってくるという観念はないという。

このように死者儀礼に乏しいのに対して、死後の世界観は具体的であり、これは新生児の死に際しても現れる。生死観念で特徴的なのは、新生児が10日以前に死亡したときや死産児の扱いである（2年で亡くなる場合ともいわれる）。アクマと独特の呼称で（この語感には通有の悪魔とは違うことに注意される）、通常の墓地には葬らない。捨てるという表現が使われる。議論はあるが遺体の処理には独特の方法も報告された。これには、アクマは人間になる以前の状態で亡くなったという前提がある。人間として認知されない以上、新生児の生まれる以前の世界が観念され、そこに帰すという意味で墓以外の浜などに埋めるか、あるいは放置された。生まれる以前の世界は、アガイと呼ばれる清らかで神々が住み、アクマはアガイに帰るという。

これと対になる死の観念が、正常な死を迎えた祖先たちの住む世界である。この世界は、現世とはすべて逆の世界であるという。墓を通して地中から地の底に至って、ジーヌスクという地の下の島の世界が観念された。祖先たちもこの死の世界から生まれ変わるという。

このように、死後の世界を地下世界と観念する一方で、ティンカイヌーインツという死後世界も観念した。島の北には天に昇る道と踏み台があるといわれる。このティンカイヌーインツでは死者儀礼はなく、あくまでも観念の世界として人々の理念を構成する。死者の赴く世界が相反するかのように天と地下世界を措定したが、これは太陽の運行する循環と関係するのかもしれない。基本的にはどのような死であっても（正常な死、アクマと呼ばれる死、異常死）いずれはこの循環に乗って島に再生すると観念したのである。このような再生観念は、ミヤークヅツにおける新生児の扱いにも現われているといってよい。なによりも新生児に浴びせる水を、スディ水と表現することに表出している。

(2) 集落の外からくるもの

神の寄りくる浜

ミズハマ（水浜）とオハルズウタキの前の入り江であるスゥーンブー周辺に

集中する。ミズハマはミヤークヅツの中心祭場であり、そこに隣接するナッヴァは、祭りのとき薪を満載した船が着き、スゥーンブーにはマハエ（真南風）の吹く日に、五穀を満載した船が入り江に入るという。ユーをもたらす神は南から来るという意識が濃厚である。

魔物の寄りくる浜

ミズハマとスゥーンブーはまた、ムスヌヌン（虫払い）で虫を流す行事が行われた。島の西にはヒシヌニーヌヒダがあり、この入り江には幽霊船が入り、ヒシヌニー岩には魔物が座るといわれ、北東海岸に突き出たフドゥーラも魔物の船が着岸する岩であるという。

祖先神の寄りくる浜

アウダウ浜は島の北に位置する。正月には祖先神が船を着ける浜で、3日間滞在し同じ浜から帰るという。カンツバイ（神道原）の東海岸のヤマト浜は、祖先神ではないが、島外で亡くなった人の魂を迎える浜である。本来は亡くなった方向の浜で儀礼が行われた。またアウグムイバタ（青籠端）は、自然洞窟を利用した墓がある。このため、ここには死者の行くアオジャヌスマという島の存在を観念した。

以上のように、池間島の各所には神が豊穣をもたらす浜や魔物の寄り来る浜、あるいは祖先の船が接岸する浜などが観念され、そこには豊穣な精神世界を垣間見せる。しかし、これは観念的な世界観が表出しているだけで、具体的な儀礼を伴うことはほとんどない。観念世界が先行した結果なのか、あるいはかつて儀礼が伴っていたのか判断が難しい。

アラドゥクル（荒所）

伊良波は神のおわす聖域とも考えた。島の四方八方にアラドゥクルはある。不思議なことにその地域（海岸も）は身の毛もよだつほどに怖く、駆け出す子供もいたという。拝所やウタキ以外にも荒れ果てた墓地、洞窟、はては雑木の生い茂る小山、集落の近隣でありながら人気のない岩場、石垣の曲がり角、アダンが一本立っている地など、ありとあらゆる所をアラドゥクルとして例示する。このアラドゥクルという観念は池間島独特の表現である。

スマフサラ

池間島では神女の主宰する儀礼として2007年まで行われた。これは島に寄り付く魔物や、疫病の侵入を防ぐための儀礼として特定の場所に縄が掛けられた。縄を掛ける地点は、集落への重要な入口であり、同時にこの儀礼を通して集落の内・外という境界を具体的に示したのである。池間島の場合は、集落を限る断層崖が東と北にあり、ここを切通しとして道が作られた。この地点が必然的に出入り口となるわけで、このような地点でスマフサラは行われた。

また、犠牲獣を屠ることそのものが重要な儀礼であった。これが行われたのはオハルズウタキの正面入り口の近くの岩場である。聖域内にあたるが、多良間島や竹富島でも犠牲獣を屠る場所は、拝所にもなっている井戸やウタキの傍であった。単なる屠殺以上の観念が伴うのであろうが、明確な説明は聞かれない。

(3) 池間島の空間認識と集落のグランドデザイン

池間島は幾度か述べたように、島の中央部にイーヌブーと呼ばれる入り江が広大な面積を占めた。ここは人々にとって生活上も信仰においても、世界観の形成の上では大きく影響した場所であったと考えられる。東の陸域に当たるカンツバイ（神道原）は、現在に至るまでも家を建てることはなかったが、この地域を強く忌避する具体的なことは聞かれない。この地の神域としての説明は忘れられたのであろうか。

島の北部一帯の未開の地はアラドゥクルであり、魔物や祖霊神にかかわる地であるとも観念された。しかし、この言葉にはどこか曖昧模糊として捉えどころがない。アラドゥクルの神としての実態をあらわにしない、祀られる以前のプリミティブな神観念なのである。

集落は入り江の西の池間原の先端部に形成された。地形的には南北方向のジャランミ（皿嶺）からフンミ（大嶺）へと続く断層崖を東の限りとし、西は平行するようにッスゥキンミ（白木嶺）からタカンミ（高嶺）に続く微高地を限りとした空間である。また、この間にあっても、北を限るのはやはり岩山であ

写真76　聖地の一画に立つ上げ枡ムトゥ（左）**と真謝ムトゥ**（右）（ミヤークヅツの時に開かれる。当地は池間島の草分けの集落跡もある重要な場所）

ったようで、ここを切通しとして集落への入口が設定されたと考えられる。

信仰的紐帯であるオハルズウタキは、集落を外れたところに広大な聖域を占めた。ここには聖域に入る地点に神が守護し、神事の行われるとき以外の入域を禁じ、普段は立ち入らない神聖性を保持した。以上のように、島を生活空間と聖域、アラドゥクルというように、生活領域を三分割する空間構成を基本的な理念として集落が形成されたと考えられる[(6)]。

注

(1)　池間島における世界観を表現した象徴物の記述と位置は、伊良波盛男氏の現地への案内と調査の蓄積に負うところが大きい。

(2)　宮古島市史編纂室に明治期の地籍図が保存されているが完全には揃っていない。

(3)　この地点はムッドゥマイヒダ（元泊浜）と呼ばれる古い入り江であり、集落の入り口という観点では重要な地点のひとつであった。この付近でも以前からスマフサラの縄が掛けられた可能性は捨てきれない。

(4)　前泊徳正は、死者に浴びせる水を西にあるシニミズガーで汲むという（松居83）。この井戸は特定できなかった。

(5)　池間島のイーヌブーにある伝統的な墓地は、草木が繁茂して近寄れなかった。最近では畑の一画に据え置き型の墓が普及している。

(6)　本永清は池間島の空間領域を分析して、ティン（天界）とミャーク（地界）、ニズラ（地下界）を観念するとし、「人間はティンにいる神々によって生命を授与され、この世に生まれる。この世に生まれた人間は、ミャークである一定期間楽しく生きた後、いずれ死ぬことになる。そして死ぬと今度はさらにニズラへ降りて行く」という世界観を見い出した（同b 93）。

第４章　多良間島の民俗から

１．島の自然環境

多良間島は、宮古諸島の一画にあり、宮古島から南に約60㎞、石垣島からは北東に約70㎞の距離でほぼ中間点に位置する。行政的には水納島と多良間島の２島で多良間村を構成する。以下は多良間島について扱っている。

(1) 陸域の自然環境

多良間島の陸域は、東西にやや細長い楕円形を呈する低島であり、東西5,750m、南北4,250m、面積約20㎢で、島の主軸をほぼ南北に置く。矢崎清貫によると、島の大部分は隆起サンゴ礁石灰岩で、字仲筋の丘陵地や集落域は、石灰岩および石灰岩が風化した砂土壌であるという（同a 1～10）。島の最高点（34.4m）のある丘陵部は、北の一画を占めるものの、全域は平均10mほどの平坦な地形を呈している。河川はなく、水利は天水と井戸水が利用された。稲作は一部の

写真77　昭和47年の航空写真（集落は北に偏して、放射状に伸びた道も印象的である。白く光る海域はサンゴ礁が海面近くにあるイノー）

写真78　遠見台から集落方向を遠望

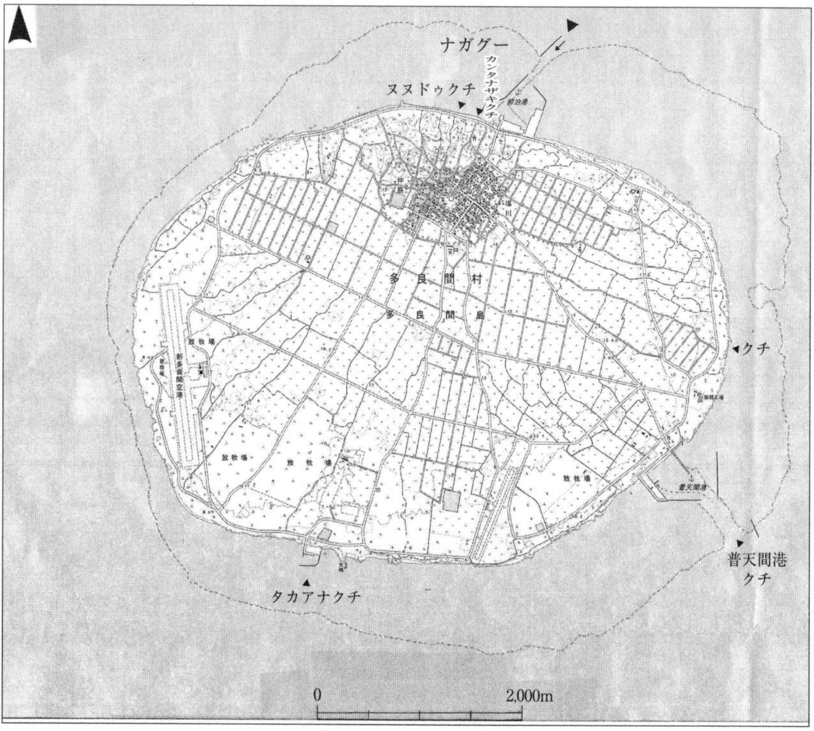

図23　クチの位置

地域で陸稲の栽培が行われていたというが、現在は畑作のみである。[1]

集落は北部に集住する形態である。伝承によれば島の各所に小規模な集落があったようで、これらを統一した首長の存在も語られて、抱護林という集落を囲った樹林帯の中に集約されたといわれる。

（2）海域の自然環境

多良間島は北約７㎞に水納島があるだけで、周囲は海に囲繞された孤島の環境下にある。島を取り巻くサンゴ礁は、西では海岸から250ｍほどの地点、南・北・西側では750～1,000ｍの地点で、島を全周するほど発達する。海岸の地形は、北では浜が発達して長く延び、後背地には砂丘堤も存在する。これは北風が卓越していることを示すものである。これに対して、東西から南への海岸線は、石灰岩の露岩が海に突出し、その間に狭小な浜が交互に点在する。周辺の海底地形を見ると、島の周囲は水深30ｍの島棚とよばれる地形が広がり、さらに水納島から北には、水深７ｍのヤビ瀬が存在する（海上保安庁b 35～36）。これは多良間島の周囲10㎞程度の範囲は、海洋環境が比較的おだやかな海であることを示している。

多良間村史（以下、村史）はサンゴ礁内の環境について、「浜はパマで潮が引く時水面に現われる珊瑚礁群をピシ（干瀬）といい、珊瑚礁表面の落ち窪んだ部分で潮が引いても海水をたたえている所をクムリ゜、ピシの突端部に割り込んでいる所をバダという。また、ピシのない広い部分で潮が引いても海水を湛えている所をイヌーという。そしてピシ、クムリ゜、イヌー、バダとその周囲は恰好の漁場である」という。また、別の観点から、「網漁に最適な場所をアム゜ナ、イカ釣りに最適なバダはイカバダ、タコの隠れている場所をアディクという。礁嶺の外はプカ（外）であり深い海につながる。日常的な利用はイヌーに限られてくるが、もちろん漁の種類によってはプカも利用されることはいうまでもない」という（同a 52～53）。集落から北の海岸までは近く、イノー内での日常的な利用のあったことを物語る。サンゴ礁の外洋側をプカ（外）と表現するのは、これまでみてきた地域に共通する。ちなみに沿岸海域での漁による漁獲物は、現在でも島内で消費されるのが一般的で、漁業を専門とする漁師は2～3人に留まる。

2．クチと浜

クチはフッツと呼ばれる。前泊港には蔵元に入った公用（琉球王府の公用船）のクチであるヌヌドゥと村人が使用したクチのカンタナザキの2か所がある。東回りにニスミッジと、ミツジトゥブリ間のクチ、普天間港前面のクチ、南の現在漁港のあるタカアナのクチがある。西にもクチはあったが特定できないという。以上の6か所のクチが島の周囲に認められ、現在は3か所が港として整備されている。外洋で行う漁は、季節や潮の流れによって出漁するクチを替えるという。

(1) 浜の神―トゥブリー

多良間島を上空からみると、扇の骨組みを見るように集落が北に偏在し、そこから海岸に向けて放射状に道が浜まで続き、途切れるところには神がまつられている。村史は、シャキィ゜ジャキィ゜ヌカム゜（岬々の神）、あるいはトゥブリヌカム゜（海岸の神）と表現する（同a 227）。同一の神であるとの説と別神であるとするが、いずれにせよこの神は、島の周囲の海岸に祠や香炉を置いて、漁や漁労中の安全を祈る神であるとも、海への昇降口の意であるという（村

写真79　パナリトゥブリ（海に突き出た先端に小さな祠が祀られている）

の歴史散歩 1)。

村史には、46か所にのぼる多数のトゥブリの名称を記載する。すべては、集落からの道が延びた浜や、小さな岩礁の露頭のある地点であるとする。いくつかのトゥブリを確認したが、1 か所を除いては木製の標柱が立てられているばかりであった。名称の中には、～バマのように浜の名称を当てているもの（ナガバマ、タカシバマ、ススゥキバマ、クバマ、カナバマ、バシャクバマ、ンガーバマ）なども確認できる。

堂前亮平は池間島の海岸・浜・岬などの地名を127か所記載したが（同 27～34)、多良間島のトゥブリのように、集落からの道の終点という機能的な繋がりはなく、神がいるとの観念もない。多数の海岸地名が付けられた背景には、日常生活の利便のための名称であることには違いない。しかし、その海岸と集落が神を介して有機的に繋がっているという点では、多良間島の事例は特徴的であるといえる[(2)]。

(2) 浜と干瀬の伝承

北海岸の伝承

(1)猫に助けられた話（梗概、以下同じ）

多良間の仲筋の天川部落でウキナーヤーの祖先にウプヤーのウプシュという力持ちがいた。そのころはキーズ山の大きい猫に島中の人たちが邪魔されて困っていた。ウプシュは猫退治に行ったが、だんだん押されてとうとうパタキズの浜まで来てしまった。浜の神様に「どうぞ助けてください」と拝んでいると、香炉の傍から子猫が出てきた。そして大きい猫に飛びついて殺してしまった。そのころから、ウキナー家はこの浜の神様にインウプナカの拝みをするようになった。(多良間村の民話〈以下、村の民話〉46～47)。

(2)隠れ着物という話は、マズムヌが着ている着物で、人間にはその正体は見られないという。その隠れ着物を手に入れた人間が悪巧みをしてマズムヌを怒らせた。人間とマズムヌの闘いが始まった。天川の道路の横の溝を越えると、ますます北へ北へと押されて墓まで行った。里之子墓の入口にソトバがあったので、それをマズムヌに投げるとヤシガニになった。そこで人間は大きなモモタマナの木に縛り付けておいた。翌朝、見に行くとモモタマナの木を引き抜いて、島を掘り割って海として逃げてしまった。その掘り起こした海が現在のナガグーの西側の水イヌーになっている。（同69～72）

⑴、⑵ともに北海岸の浜と礁湖にまつわる伝承話で、⑴は浜にいるパタキズの神である。これについては後述したい。⑵はマズムヌが北の海岸まできて退治され、その結果ナカグーという礁湖と水路ができた由来譚である。北の海にはマズムヌを退治する要素があると観念された。

南海岸の伝承

⑴トゥンディ家の先祖は、ナカシャラ（仲皿）海のマズムヌと友達になって漁に行ったりしていた。数日の後マズムヌの機嫌をとるため家に泊めたが、マズムヌは「あのスダは私をだまして馬鹿にしている」と怒った。トゥンディ家の先祖はこのマズムヌに魂をとられ、マズムヌはかず火を出しながらナカシャラの大子の住家に帰ったという。（同 38～39）

⑵クールクの神の話

昔、クールクといって絶世の美女がいた。これを見た若者たちは気絶して死んでしまう人が多かった。このままでは大変だと、守姉はシャカマディの海にクールクを誘い出した。これはどうしたものかと思案にくれていると、天から鉄の鉤が下りてきてクールクを持ち上げた。それから後は、シャカマディの海は恐れ多いので、石や漂流物は家に持ち帰らないそうだ。（同 203）

⑴はマズムヌと漁に行ったのが南の海になっている。マズムヌの出没するの

は北ばかりではなく南海岸とも観念されていた。(2)は少し異質な話であるが、天の神との関係性があると考えられた。

3．多良間島の創成神話

多良間島の創成神話は、内容の異なる3種類が伝承されている（梗概す）。

(1)昔、多良間島に津波が上がって全滅してしまい、誰もいなくなってしまった。天の神は、こんなことではいかんと、天から卵を7個持ってきて、ソゥガ井泉の上に置いて、鳥のようにそれを抱いて温めていたが、20日ばかりになると黒くなって、卵を腐らせてしまって孵化しなかった。それで、天の神はこれではいかんと思って、もう一度卵を7個持ってきて、フタツ井泉の上でまたそれを抱いて座っていると、男女7名が孵化した。そこでその7名に天から夫婦にする女や男を下ろしてもらうと、娘や青年たちを夫婦にしてフタツ井泉村の村建てをすると、7組の夫婦が子供を産んで大勢になってフタツ井泉村は栄えた。（ゆがたい 205～207）

(2)昔、この家の娘は豊見親が出かけられてくると、その娘は庭で太陽に向かって寝ていたらしいよ。これを見た豊見親は、「おや、不思議なことだ。太陽の光が差し込んでいるから、きっと子どもを授かったに違いない。恐れ多いことだ」と思いあまり通われなくなった。胸に太陽、背中には月の形のある子が生まれた。この子が七つ、八つのころ死んでしまったので、葬式をしようと悲しんで集まった人が子どもを囲んでいた。すると子どもは大きなくしゃみをして目を開けたそうです。「私は死んでいないよ。天の父から相談のため呼び出され、父の教えを受けてきたのだ」といった。子どものいう天からの話とは、多良間島は野蛮な生活だったので、天からタバコを一つ持ってきて、それを少しずつみんなに分け、島建てをして人を増やしたそうです。（村の民話 193～194）

⑶大昔、ブナゼーという兄妹があった。ある日、畑に出て仕事をしていると、南のほうから突然大きな波が押し寄せてきた。これを見た２人は、あわててウイネーツヅという丘に駆け上り、波にさらわれようとするところを、シュガリガギィ゜ナにしがみついて、ようやく難を逃れた。周囲を見ると家や村も波にさらわれてしまって、助かったのは兄妹２人だけであった。そこで２人は夫婦の契りを結び、村の再建をはかった。最初に生まれたのは、ポウ（へび）とバカギィ゜サ（とかげ）であった。次にアズカリ゜（シャコガイ）とブー（苧麻）を産み、その後に人間が生まれた。こうして、島はしだいに元の姿にかえったという。（村史c 28〜29）

⑴と⑶は津波によって村が崩壊するがその後の物語として、⑴は天の神による卵生説話として語られ、⑶は兄妹始祖による島の再建が語られた。ここには産育儀礼にかかわる伝承も伝えられているので後述したい。⑵は太陽神の精によって妊娠した女が子どもを出産する。この話は多良間神社の西にある安里家（屋号カム゜ダトゥ[3]）に伝えられた。後半部分の意味が不明瞭になっているが、異伝によると男子が生まれたら船乗りになり、女が生まれたら司に育てて御嶽の神様を信仰するという由来譚である。

４．集落の立地と変遷

（1）遺跡の分布と宇増呂

集落の北、前泊の添道遺跡は多良間島で唯一の先史時代の（下田原式土器期〜3,500年前）遺跡である。その他はほぼ中〜近世あるいは近世の遺跡とされる。分布状況は、①字塩川集落の西一帯と、②字仲筋の土原遺跡一帯に二分される。①では塩川御嶽遺跡やナーラディ山遺跡、パリ゜マガー遺跡などいくつかの遺跡が確認され、集落跡のあったことが推定される。②でもアマガー遺跡、土原ウガム゜遺跡などあり、ここからは土器、陶器のほか開元通宝など中国の古銭も採集されている。

山本正昭は集落跡で確認される陶磁器は、中国製の小形のものを中心として、その時期は14世紀後半から16世紀前半であるという（山本 99〜106）。その多くは多良間神社や土原遺跡が中心になり、後に多良間島主となる土原豊見親の中心地に一致することを示唆する。現在の集落に収斂するまでは、遺跡分布の示すように小規模な集落が点在した可能性が考えられる。集落についての伝承は、字塩川の西にあったというパリ゜マ村、仲筋のアマガー周辺のアマガー村、空港の近くで島の西南端にあたるフタッガー村で、いずれも井戸を中心とした遺跡である。パリ゜マ村とアマガー村は遺物も散布して集落跡の可能性が考えられる。

集落が現在のように集住化するのは、アマガー村の宇増呂（後の土原豊見親）による統一であるとする。この人物は宮古島にあった仲宗根豊見親が、1500年に八重山に出兵てオヤケアカハチと覇権を競った時、仲宗根軍の一軍として参戦したことで多良間島主になったと伝えられる。この戦が契機となって、それまで島内で群雄割拠状態にあった集落を一つに統合したとされる（村史c 24〜25）。

(2)　ウプメーカ

字仲筋東筋里にウプメーカと呼ばれる石積み墓がある。集落内に立地してメーカはミヤーカのことで、地上に石を積んだ墓をさす。ウプメーカは前記した豊原豊見親とその夫人を埋葬していると伝える。

墓域全体は羨道部も含めて約 1mの石積み壁が周囲を囲む。墓域内は中央で2 区画（東一 1 区、西一 2 区と仮称する）に分けている。墓の形態や石積み壁の接合状況を見ると、1 区が最初に作られたことは明らかである。墓への入口から羨道がつき、奥には 1 区に対しての門を設けて、2 区は開口する門をもたない。石積み壁は東西約15.5m、南北約 8 〜8.7mである。1 区の墓域が広く墓は家形であるのに対して、2 区は箱型の石積み墓である。1 区の石積みは、基壇に相当する部分が 2 段に積まれて、その上部は棺を覆う側壁と屋根である。屋根までの高さは基壇を含めて約 2mである。屋根は東西方向に流れる切り妻

写真80　ウプメーカーの宇増呂墓と小さな門（右）

写真81　同墓（基壇の上は板石で構成される）

型で、板状に加工した石材を8枚で構成する。北小口部分には墓碑があり、「四時康熙四□天七月八日土原豊宮霊位　末孫　春　敬白」と読まれている（歴史散歩8）。春は土原豊見親を元祖とする一族を指し、碑はこれに繋がる一門によって建てられた。2区の石積み墓は、幅約2.2m、奥行き約3.4mである。高さは側壁となる部分で約90㎝である。天上部は自然石で覆う。こちらの石積みの北小口部にも墓碑があり、「土原豊宮内室」とある。ウプメーカの築造時期は、1500年ごろとされるものの未調査である。島の歴史的な英雄であり、沖縄では通有的にはウタキなどの信仰の対象になるところであるが、聖地であるような痕跡は見受けられない。現在は歴史的な文化財のひとつである。

(3)　集落を囲うポーグ（抱護林）

ポーグは集落を暴風雨から守る森林帯として南に現存している。正確には西南隅と東南隅はそれぞれ北方向に少し延びる。東西の幅は約950m、幅は約8.4m

写真82　フクギを中心に植樹されている集落北に残るポーグ（ポーグに沿う道路は外側道路）

である。フクギの大木が横2列に植わり、樹間にはテリハボク、モクタチバナ、イヌマキ、アカテツ、タブノキ、リュウキュウコクタンなどの中～低木が植栽されている。1800年代の琉球王府による農林政策によるもので、沖縄各地の農村部に植林されたが、戦後になって急速に消滅した。沖縄県報告（以下「県報告」）は、集落の北東（字塩川の白嶺山）から南西（字仲筋のトカパナ山）にかけて抱護林はあるものの、西は隅部が観察される程度でかつてポーグが植えられていた跡は道路になり、その痕跡は北東隅のシュガーガーまで約750mの距離である。北列と東については手がかりがなく集落の四周を囲っていたかどうかは判断できない（同d 89）。

県報告は下抱護林の存在を指摘するものの、下抱護道という存在は確認できなかった。聞き取り調査では、現在のポーグから約300m南に整備された東西道がこれに当たり、この樹林帯は東西方向の直線状の並木であっただろうという。つまり南は二重の森林帯であったことが窺われる。

(4) 集落内の区画と構造

多良間島の集落は前記したように、前泊港から砂丘堤を隔てた300m内側に集住する。巨視的に見ると道路で区画された方形区画を基本とする。前泊港から道を一本西に隔てた、南北道であるナカドゥマリ゜道が字界となり、西は字仲筋、東は字塩川である。中央部には道を隔てて小学校、役場など公共機関が集中する。両字はさらに四等分され、字仲筋は北から土原、天川、宮良、津川、字塩川は北から嶺間、大道、吉川、大木である。伝承にあるように、宇増呂によって散在していた集落が一つにまとめられたことは大いにありうるが、これが直ちに現在見られる集落景観であったとは考えられない。集落の資料は昭和53年現在の地番図を基本とし（村史a 付図）、字内のそれぞれの区界は波平勇夫を参照した（同 30）。

（5）集落の屋敷地割り

坂本磐雄は集落の区画について分類するが、それに基づいて各区の屋敷区画の特徴を分析する（同 97）。字仲筋では天川区─11区画、土原区─ 7 区画、宮良区─ 6 区画、津川区─10区画の合計34区画である。字塩川では嶺間区─12区画、大道区─17区画、吉川区─17区画、大木区─16区画の合計96区画あり、字塩川の区画は62、字仲筋は34で塩川は仲筋の倍近い区画数である。

（6）区画の分類と特徴

坂本は集落の区画を、1 区画型（A1）、1 区画型の内部を四等分した田の字型（A2）、横長区画で 1 列型（B1）、同 2 列型（B2）、縦長区画で 1 列型（C1）、同2列型（C2）、これら以外に分類される型（D）に分類したが、この結果、字塩川ではB1とB2が卓越する。これは多良間集落全体の区画の印象が方形区画であると感じる大きな要素になっている。これに対して字仲筋はA、B、Cどの区画もほぼ同一の数であり、Aでも整った区画は少ない。字仲筋に比較して字塩川の区画は整った印象を与える。また、両字ともDにあたるその他の区画が多い。

（7）D型屋敷割り

D型の屋敷区画は、主として区画の中央に一つの屋敷構えがあるタイプで、屋敷から道路に出るための長い通路が確保されることになる。これは久高島の屋敷割りでも見受けられた区画である。字仲筋には 1 区画内に 1 か所のタイプが 8 か所あるのに対して、字塩川では 1 区画内に 1 か所が 8 区画、1 区画内に

図24　字塩川の屋敷区画とスマフシャラ祭場（多良間村史編集委員会1993に加筆）

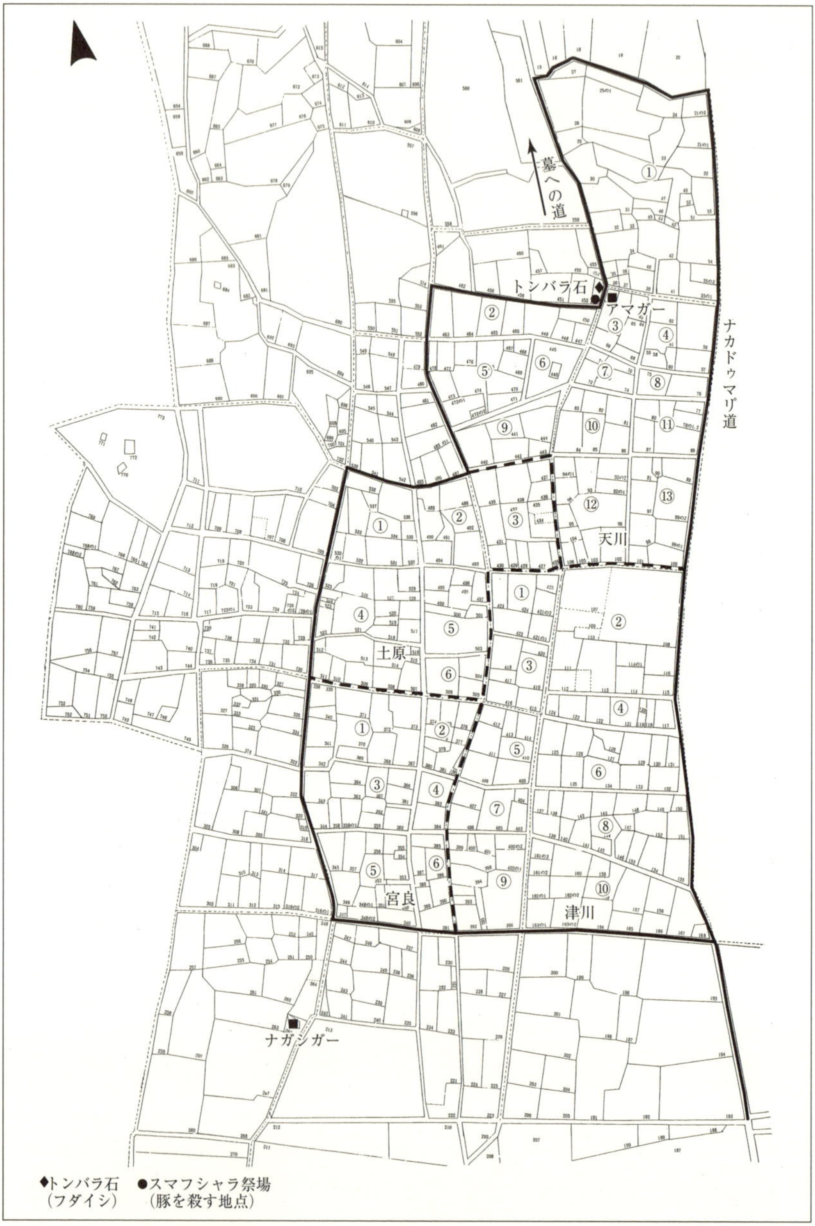

図25　字仲筋の屋敷区画とスマフシャラ祭場（多良間村史編集委員会1993に加筆）

2か所あるのが1区画である。屋敷までの通路の開口方向は、南に開口するものは7、東開口は5、北開口は3、西開口は2である。天川1と吉川10は南と東に各々開口する通路を持つ。このD型の中央部にある屋敷は、比較的広い占地を示している。どのような歴史的過程で発生したのかは不明な点も多いが、字塩川大道の10はティラヤマウガム゜、字仲筋宮良1はウイグスクカニドゥヌヌカウルトよばれる拝所である。

字塩川大木の区画12の222-2地は、屋号トゥム゜ディヤーである。下野栄高は、トゥム゜ディとは出るという意味があり、村のはずれに出た家であると解説する（同14）。これ以上の付記はなく憶測に過ぎないが、村のはずれの場所に屋移りしたことで屋号が改められたのだろう。この地点は波平の区割りラインとは一致せず（同30）、むしろ2区画内側に入っていて、現在では村のはずれの位置にはなっていない。ところが、ちょうど大木区の区画12の南を限る道に沿っていて、これより南には屋敷区画はない状況を示している（同97）。つまり大木区の外れに当たる場所で、この屋号の家のある地点は、集落の南を限る時期があったのである。

5．集落内・外の道

集落内の道は巨視的に見れば碁盤目状で、四周を方形に囲繞する道の存在を確認できる。まさに都市計画のような配置をみることができる。ただ土原区だけは丘陵の存在で方形の外周道にはなっていない。

(1) 道の上・下観念

名嘉真義勝、死者供養の3日解を解説する中で、「死者の使用していたものは一切放置してあるので、この日身内の女2人と男の子ども1人とが病床のムシロ、毛布、蚊帳や沐浴に使用したタライ等を海に洗いに行く。その時男の子どもが道端から、ヤラブの小枝を折って持ち、これを砂浜にさすと、女の人たちはシターリ（風下・西側）から通って洗濯を済まし、帰りはワーラ（風上・

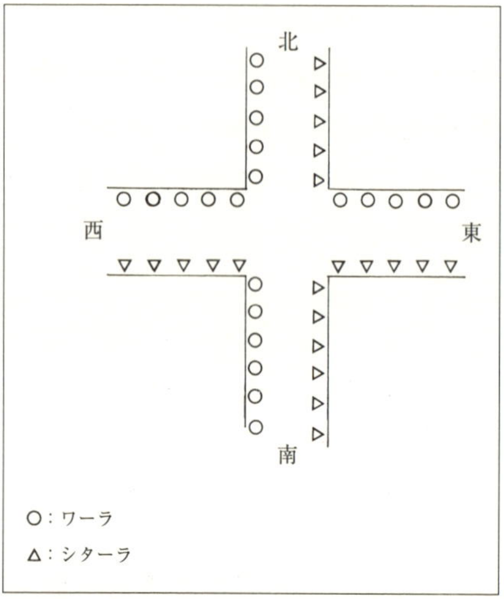

図26　道の上下観念（比嘉1982bに加筆）

東側）から上がって別の道を通って帰った」と報告する（同a 131）。これによると、道にはシターリ（スターディ）とワーラの区別があった。

比嘉政夫は道の上を［wa:ra］、下を［sita:ra］として、「村の人はこの上と下を次のように使い分けている。村には人々の信仰を集めているウタキと呼ばれる聖域が数か所あるが、これらの御嶽に参詣する時、人々は積極的に上に寄って道を通るという。また、墓参りの帰途や、葬式の列の場合は道の下をとおるべきであり、葬列に出会った人々は上の方に寄ってそれを見送る。さらにこの島で最大の祭りであるスツウプナカの際に神々に供える物を運ぶ時は上を通り、それに行きあう人々は下に立ってそれに敬意を示すという。旧盆の行事の最終日、先祖の霊を送る儀礼に用いた供え物、線香の残りなどは、必ず道の下に棄てるのである」と述べて、上は東・南、下は西・北であり、これに対応して聖と俗あるいは生と死、不浄などが対立概念として観念されるという（同b 215～219）。

中山麻紀は8日目に出産で使用した道具を洗いに行く時、行きは西を通り帰りは東を通る。西はスターリといって悪いものとされ、東はワーラといい良いものとされたことを報告する（同 78）。

山田悟朗はダビィ（葬式）をする際、80年、90年ぐらいたくさん生きた人の場合は、祝いの意を込めて東を遠回りして行き、若死や病気で死んだ場合は西を通って行くとも言う（同 87）。比嘉が報告したことに通じる事例である。いずれも、道を使用する内容あるいは行きと帰りによって、道の西寄り（俗的）と東（聖的）寄りに分けて歩くということが行われた。このような道の使い分けの事例は特異である。

(2) 集落外に延びる道とトゥブリ

集落外に延びる道は、放射状に規則正しく海岸まで延びて、海岸に出た地点にはトゥブリと呼ばれる神が観念された[(2)]。池間島などのように海岸の浜や岬には、詳細な名前が付されるが、それに伴って神が常在すると説明するのは多良間島の特徴である。ただトゥブリに対して名称は付されるが、これが直ちに神名であるとは言われない。

昭和57年の国土基本図は、島内の道路整備がまだ進捗していない時期の制作で、集落外に出る道は全体で29本を数える（この中には途中で分岐する道も含まれる）。基本的にはすべての道に名称が付されていたと考えられるが、県報告付図は32本の道に対しての名称を記載する（同d 141）。道の名称とトゥブリ名を対応させる（多良間ガイドマップ[(4)]）。ただ県報告の道名称は、トゥブリ名と照合すると2か所で齟齬を起こしている。道の番号は前泊港を№1として時計回りである。トゥブリは基幹道から派生した小道にも存在する。

№1.シュドウ（シュルドウ）道―ヌヌドウトゥブリ（以下トゥブリは略す）。№2.ススウム゜ニ道―ススゥム゜ニ。№3. 名称なし―ンガーバマ。№4.パナリ道―アバリマ、バシャクバマ、アガリ゜バル、ウカバ、ナカバマ、ギィ゜スィバリナ、パナリのトゥブリが浜にあり、6本の枝道が浜まで延びている。なお、パナリ道そのものが廃道になった。№5.アパリナ道―クバマ。№6.アガリパル道。途中でアパリナ道に合流する。№7.名称なし。№8.名称なし。№9.シュガーウタキ道。ウタキから南北に分岐する。北道はクバナ道。南道はウガンバル道。また途中で分岐して北道―ブーギィ゜とススゥキバマである。南道―ニスミッジ。№10.普天間ウタキ、普天間港への道である。途中で3本に分岐する。北道はミツジ道でこれがさらに2本に分岐する。北道―ミツジ。南道―パイミツジ。中央道はアカウバル道―ウイフフェーマ。南道はブエーマ道―フフェーマ。№11. №12.は廃道。№13.の道は6本の分岐道がある。このうち東からフタッジ道―フタッジ。タニガー道―タニガー。ウイドゥマリ道はさらに分岐する。東道―ウドゥルタマ。中道―ウェダマーリ゜。西道―ケーシャリ゜。サカマデ道―シャカマディ。№14.多良間中学校の西を通る道である。幹線道はタカーナ

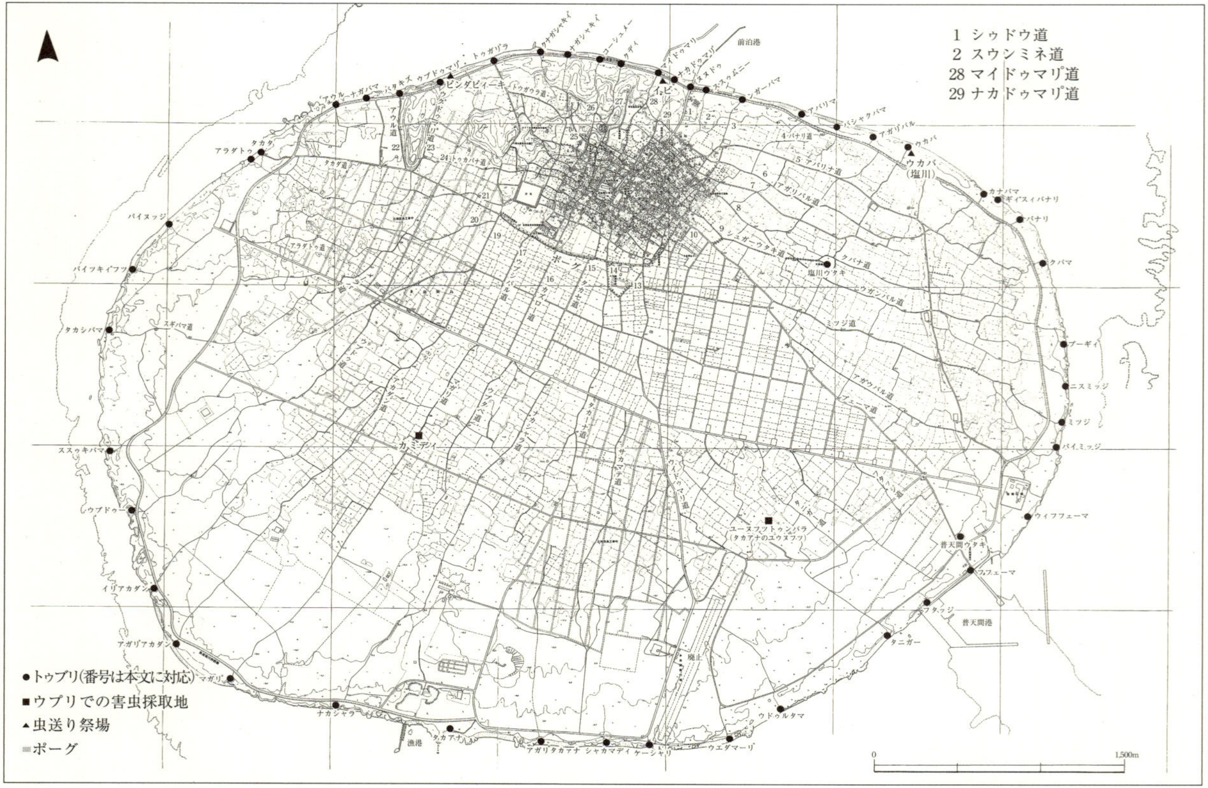

図27　浜への道とトゥブリ、ウプリの害虫採取地と祭場（沖縄県教委1991に加筆）

道。途中で分岐して東道―アガリ゜タカァナ。西道―タカァナ(イリ゜タカーナ)№15.タカセ道。途中で道の名称はナカシャラ道―ナカシャラ。№16.カズロー道。トゥブリはない。№17.ウプシバル道。途中で道はマガリ道―マガリ゜。№18.集落を出る付近の名称は不明。集落を出たところは廃道。途中で分岐して、東道はアカダン道―アガリ゜アカダン。西道―イリ゜アカダン。№19.ポーグの西南隅から出る道である。途中で分岐し東道はウプドゥ道―ウプドゥー。西道―ススゥキバマ。№20.の道は№19. からすぐに西南に分岐する道で、途中でさらに分岐する。南道はメーラバ道でこの道はさらに分岐する。南道はスギバマ道―ススゥキバマ。北道―タカシパマ。アラダトゥ道―パイヌツジ、パイツキィ゜フツの 2 か所。№21.西に出る道である。タカダ道―アラダトゥ、タカタの 2 か所。№22. №23.タカダ道の途中に山があり裾部を取り巻いて道がそれぞれある。№22.は西道でアウル道―アウル、ナガバマ、パタキズの 3 か所がある。№23.ウプドゥマリ゜道―ウプドゥマリ゜。№24.字仲筋の中央付近から西に出る道。トウカパナ道でタカダ道に接続する。№25.トゥカパナ道から北に延びる道でトゥカウラ道―トゥガリ゜ラ。この道は途中で分岐する。西道―クナガシャキィ゜。東道―ナガシャキィ゜。№26.集落の字仲筋区の西を限る道の延長にあたる。名称不明。北道―マーシュメー。№27.字仲筋から山道を通って海岸に出る道で名称不明。次はクナガシャギのトゥブリがあり、北道―クディ。№28.マイドゥマリ道―マイドゥマリ。№29.ナカドゥマリ゜道―ナカドゥマリ゜。以上である。

この中にはトゥブリがあるものの、道が繋がらないという地点もいくつか存在する。集落から外に延びる道は集落内の道へと繋がるが、そこに付された道の名称は、集落に出る地点を起点としているものが多い。したがって西、北はポーグが出口の起点となり、北は集落の北端の東西道、西は№25.の南北ラインが起点になっている。№13. №14.はポーグから内に入った集落の北を限る東西道が起点である。集落内の道の名称は調査例がない。

(3) 旧道について

現在の船舶が入る港は、東にある普天間港である。しかし、ここは開港が新しく1968年のことで、それまでは主として集落の北にある前泊港であった。港に木製の桟橋が整備されたのは1927年である。それまでは、小形の船は浜に直接船を接岸させたようで、王府から派遣されて貢納品を積む大型船は、リーフの内側にあるナガグーという離れ岩に接岸した。集落から北の前泊までの主要な道は、№28.のマイドゥマリ゜道である。現在では重要視されていないが、沿道には宮古方面の海上交通を監視した宮古遠見台と、運上ウタキ、泊ウタキという重要なウタキがある。

(4) 原(畑)

集落の外には原もしくは畑が存在する。いうまでもなく耕作地であり、多良間島は古来より水田は存在しなかったといわれるからすべて畑地である。[(3)] 上記したように、集落から放射状に出た道は、海岸への通路であると同時に原や畑地への道でもあった。このため原の形状は縦長の三角形を呈し、海岸周囲の防潮林帯を除くすべてに原の名称が付されている。琉球大学報告(以下、琉大報告)は40の原名称を記載した。これは島の耕作地すべてが把握され、管理されていたことを示すものである。琉球王府の課税対象は畑作物であったことを考慮すれば当然の帰結といえ、海からの生産物は副次的な位置づけでしかなかった。島には畑地にまつわる神の伝承が豊かである。

パルマッツー(畑祭り)由来

昔は、多良間島ではまず一人前になったら、粟の上納を一人につき精米した俵を三斗入りを 1 俵として、それを 3 俵ずつ納めていたらしいので、これが豊かに稔って納めたりしていた。それが済めば安心して残りは家族も食べようと思っていたけれど、ある年から収穫しようとしたら、全部なくなっていてね、何者かがきて刈り取ったのか、盗まれてばかりいた。それから同じことがいく年か続いた後、「このようなざまではどうしようも

写真83　畑の中心に挿されたフー（カヤなどの葉先を結んだもの）

ない。このままでは他人と同じようなことはできない」と夜中に畑に行って見張っていると、そこに見えたのは山羊のようでもあり、何とも言いようのない初めて見る動物が集まってきた。粟を全部刈り取って担いで逃げていくので、「こら、こんちきしょう」とその中の一匹を捕らえて、「なんということだ。人間が毎日苦労して育て上げたものを、しかも真夜中にきやがるとは」というと、その動物がいうことには、「私たちも本当はこんな難儀なことはしたくないよ。だけど、君たちは自分だけの働き、自分だけの力で粟を作っていると思っているに違いない。そのことを竜宮の神、山の神みんなで相談して、このままではいけないので、知恵を与えなければならないと、それを気づかせるために竜宮の神様の使いできたのだ。そこで、君たちが感謝の気持ちを捧げてくれることだ」という。そこで御礼とはどのようなものだと動物に聞くと、「君たちは物のお初をお供えしたことはないが、そんなことではいけない」というので、「では、御礼とはどんなことをすれば良いのか」と聞くと、「一俵を三斗とし、その三俵を畑の真中の石盛りの上に、お神酒と俵を三俵お供えしなさい。こうお供えすると竜宮の神様、山の神様も受け取って、毎年、毎年君達は豊作に恵まれるのだよ。このことを気づかせるため私たちがきたんだよ。君たちさえそうすれば私たちもこんな難儀はしないですむよ」とその動物がいう。「しかし、私たちには、こんなたくさんの三斗の三俵といえば九斗だし、これだけのものはこの畑からはとれないし、どうすればいいのだ。それよりは、作らんほうがいいのでは」というと、その動物が教えるには、「何と馬鹿な。かたつむりの殻の一つを一斗として、その三つを一俵として、三俵をお供えし、お神酒も君が飲むぐらい供えれば、それが竜宮の神、山の神への感謝になるので、そうさえすれば、君達は安心して毎年、毎年粟を豊作していけるのだよ」と教えたので、それから後はかたつむりの殻で計った一つを一斗として、一俵に三つ入れてお供えするようになってからは、また最初のころのように豊作することができたそうです。(村民話 179～181)

パルマッツーにはいくつかの異伝があり広く知られた話である。この中で畑の神が竜宮神と結びついているのは特異である。5、6 月ごろにパルマッツー（畑祭り）として畑の神に感謝する儀礼は、畑の真中に線香と供え物をして、南方向に向いて拝み、所有するすべての畑を回ってパツ（供え物の各品から摘み取ったもの）を置いて帰るという（村史a 257）。

9 月のマッツーも畑の神にかかわる儀礼で、ウガンプトゥキから 9 日目に行われる。この日は竜宮の神が畑を回って種を播くといわれ、前日の午後から畑仕事を休むという（同 259)。ウガンプトゥキは豊作を感謝する儀礼であるが、その年の耕作の終了を示しているといえる。9 日後のマッツーは耕作始めの意味があり、この時の竜宮神は、象徴的に耕作にかかわる神の存在として新たな年がはじまることを示唆している。

(5) 神　道

集落内で日常的に神道として意識される道は聴取できなかった。また祭祀儀礼においても同様である。以下の屋敷内の神道は特殊な事例である。[(5)]

屋敷内の神道

①字塩川360の屋敷は、大道区にあり区画全体は横長型で、敷地の西に寄って家屋が建ち、周囲はブロック塀が巡っている。門は北の東西道路を出入り口として開口する。東は空屋敷で畑地である。さらにその東の374-3は別の宅

地である。この東の塀に沿って南に入る小道があり、この奥には祠が設置されている。友利さんに確認したところ、30～40年前に祠が祀られ神の通路が友利さんの塀で塞がれているといわれたという。そこで、現在では屋

写真84　屋敷を囲うブロック塀の一部を開口して神道としている（奥に祠が見える）

敷の東と西を限る塀の2か所に幅約1mほどの開口部を作り、祠から東への小道が開通することになった。

②字塩川293の屋敷で大道区にあり区画全体は横長型である。屋敷の出入り口は南に開口して周囲はブロック塀が囲繞する。屋敷の北東隅の一画に祠が祀られ、東から拝するようになっている。祠には南東隅の塀を1mの幅で開口部を設けて、敷地内には塀に沿って幅約30cmの道とフクギが植わり、これが神道であるという。祠の周囲も樹木が植えられて聖域としての空間が保たれている。この祠の由来を尋ねると、自家の祖先を祀るものではなく、流れついた人の魂を哀れに思って祀ったという。

以上が個人の屋敷地内にある神道の事例である。①は直接屋敷地内に祀られているものがなくても、神道としての通路だけが設置された。これに対して②は屋敷地内に祠のある事例である。

(6) 葬式道

墓地は集落の北西丘陵地に集中する。ところが葬式に伴って使用される道は特別意識されない。字仲筋の場合は必ずフダイシを通過して、さらに運城ウタキの前を通過しなければならない。ところが、ウタキの前を通ることに対して

忌避される観念はないという。字塩川の場合は、嶺間ウタキの前を通過することは避けられほかの道をとるという。前者の場合は必要上のことが優先された結果であろう。これは裏返せばウタキという最も神聖な場所にもかかわらず、強い規制は働いていない現状を反映しているともいえる。

6．ウタキ・拝所

(1) ウタキ

信仰で中心的な施設は、ウタキとよばれる広い森を有する聖地である。ここでは中心的なウタキと認識されたものはなく、字ごとに近くのウタキを祭祀するという。また、クサテとオソイというような関係性も観念されることはない[(6)]。里神あるいはウガン（御願所）とよばれるカミは、シャトゥガン、コール、ゴールとも呼ばれ、集落内に50余の祠や香炉が置かれているという。祭祀集団には血縁関係はないものの、何らかの縁のある人々によって祭祀され、また山の神や畑の神、海の神などの自然神、井戸神、鍛冶神、島建ての神なども祀られている。この中で特異なのは、鍛冶神や島建ての神など他の事例であれば、住民全体のウタキとして祭祀される存在であろうが、多良間においてはそのようではない。ウタキには女性の神女組織（ウプツカシャ、トゥムヅカシャ）があり、それを補佐する男神役（ニシャイガッサ）がいて、この神役たちによって祭祀が実修される（村史a 163）。これに対して里神にはこのような祭祀組織は報告されない。

ウタキは、運城ウタキ、泊ウタキ、嶺間ウタキ、塩川ウタキ、普天間ウタキの5か所である。多良間神社は明治35年に建立された。分布の特長は運城ウタキと泊ウタキは、土原豊見親が創設したという伝承があり、マイドゥマリ（前泊道）という旧港にいたる道沿いに位置する。運城ウタキは島守りの神、泊ウタキは船守りの神とされた。嶺間ウタキはナカドゥマリ゜道と集落の北を限る道の交差点を東に入った地点にある。小高い丘（ム゜ニマツヅ）にあり、嶺間按司の屋敷跡であるといわれている。塩川ウタキは字塩川大道区から約900m

東の地点にある。大岩が飛んできて霊石として祀り始めたという。普天間ウタキは字塩川から東海岸に出たところに祀られている。このウタキだけは漂着伝承を持ち、沖縄本島の普天満権現を信心していた人が、この島に漂着したが自分だけが助かったことでこの神を勧請したという。

以上のようにウタキの分布は、普天間ウタキのように浜の近くに祭祀場があるほかは、集落に接近した場所であってもその内側には位置しない。里神は集落の内・外にかかわらず分布する。

これらのウタキは由来譚が豊かである。村史によりその概要を摘出したい（同b 209〜268）。

運城ウタキ・泊ウタキ

仲筋村の村主に平屋西という人がいた。男の子が生まれたのでオソロ（後の土原豊見親）と名付けた。オソロは幼少より信仰心が厚く天道に礼拝を怠らなかった。運城と泊の地にたくさんの竹や木を植えて神嶽とした。まもなく島守りの神が運城嶽に降り、船守りの神が泊嶽に降りた。その後、村中の人々は厚く両嶽を信仰するようになった（同b 216〜220）。

嶺間ウタキ

昔、島に嶺間按司という者がいた。按司は宮古に行くことを常にしていた。ある日、宮古からの帰りに遭難して大きな陸地に船は乗り上げた。岸のほうでは大勢の男女が愉快そうに踊りを楽しんでいた。それは普通の人間ではなく神様のようであった。按司は岸に向かって礼拝し、「船が無事に故郷に帰ったならば、毎年必ずお祭りします。どうぞ助けてください」と言い終ると、たちまち出帆して3日で多良間島に帰ることができた。深く神様に感謝して約束した神舞いをしようとしたが、踊りに用いる道具がない。按司は浜に出て神に願ったところ、たちまち鷲の尾羽、五色の珠、色どりされた櫛や花鼓などが神棚崎に流れついた。ありがたく頂いて神舞いの踊りをして遊んだという。この遊びを「神名遊び」という（同b 211〜213）。

塩川ウタキ

昔、波利真村にパリ゜マタマダラという男がいた。パリ゜マにある自分の畑を

写真85　塩川ウタキ

写真86　ウタキに伝承された鳥が運んだトンバラ

耕していると、カム゜ナマバルの方から白鳥の大群が大きなトンバラ（岩）を運んできて、タマダラが耕している畑に落とした。タマダラは不思議に思い、どこのどういう方ですかと聞くと、白鳥は天神の使いだという。タマダラは白鳥に畑に置くよういった。白鳥は喜んで、それではお前の名を今後はパリ゜マ大殿に改めなさいといい、トンバラはそのまま置いて飛び去った。そこでタマダラは名をパリ゜マ大殿に改め、トンバラの前に拝所を建てて信仰するようになった（同b 209～211）。

以上3か所のウタキ由来である。運城・泊ウタキは後の多良間を統合したというオソロ、塩川ウタキではパリ゜マ按司という有力な人物が語られる。しかし、後にこの両者が有力なムトゥ（元家）となってウタキ祭祀を継承・主導したという痕跡はみられない。

7．集落の内・外を画する象徴物

多良間島は南西諸島のなかにあっても水納島が見えるだけの孤島である。北部には嶺あるいは山と称される、小高い丘陵がわずかにあるだけで平坦な地形を呈し、俯瞰的に見ると、集落は島のやや北に偏った平坦地を占地して、碁盤目状の道を通している。現代の都市計画の視点に立っても、日常的な機能は集落内に集約され、外は生産地域と墓地、聖地などが集落から延びた道によって繋がる。これは明らかに集落の内と外とを意識した村づくりである。海で隔絶された島にありながら、集落内と外という意識はどこからくるのであろうか。

(1) 集落外の山をめぐる伝承

⑴三角山の猫

トウカパナ山の三角山には、日が悪いときには、大きな山猫が出てきて、人間に襲いかかることがあったらしい。漁に行く時も畑に行く時も、どうしてもこの道を通らなければならない場合がある。猫の話は村中に広がって、この道をあまり通わない方が良いという話が出たりした。ビンキヤーのお爺さんが連れのものと一緒に、旧暦10月1日の晩に、海に高いざりのため、この三角山の道を通ったらしい。そこで大きな猫が道の真中に目を電燈のように輝かせて座っていた。「この奴はやっぱり出てきやがったな。今晩こそやっつけてしまえば、この道も安全になるだろう」とうしろの方に、ススキの束の松明をいっぱい担いだ弟に、「ススキの束の半分を積み上げて燃やせ。早く炎を上げろ」と言いつけると、火は昼のように炎を上げて燃え出した。こんな明るい時は、猫の目は不自由ではっきりとは見えないそうだ。長い三股銛を振り上げてかかったところ、なんと銛の柄の上に飛び乗ったそうだ。こんな時は人間の眉毛は逆立ちして、一匹の猫でも何匹かに増えて見えるそうなので、手ぬぐいで鉢巻して、眉毛を押さえてやっと猫を殺すことができた。猫を近くのガジマルの大きな枝にぶら下げて漁に出た。陸に上がってぶら下げた大猫の死体は見えなかった。それからというもの、三角山の通りも恐ろしいことはなくなった。(村民話 44～45)

図28　ポーグ、ウタキとスマフシャラ、ウプリの地点

⑵猫に助けられた話

多良間の仲筋の天川部落で、ウキナーヤーの先祖にウプヤーのウプシュウという力持ちの人がいたそうだ。そのころはキーズ山のでっかい猫に島中の人たちが邪魔されて非常に困っていたようだ。集団を組んで征伐に行ってもあの奴にやられた。どうしようかと困っていると、ウプシュウは、「自分がやっつける」と出かけていった。猫にかかって行ったけれどもなかなか勝てないで、だんだんに押され押されてとうとうパタキズの浜まで来てしまった。どうしてもこれ以上には頑張れそうもないので、パタキズの浜の神様に向かって、「どうぞ助けてください。必ずお礼はお供えします」と拝んでいると、香炉のそばから子猫が出てきた。おやっと見ていると、子猫はものすごいうなり声をたててかかっていき、それででっかい猫はおじけづいた。子猫は一気に飛びついて喉に噛みついて殺してしまった。（同 46～47）

以上、多良間では山をどのように観念していたかという事例を示した。村史には山の神（ヤマヌカム゜）の項目があり、山林の中には名も知れない自然神に対して香炉が置かれるという。悪日に山の中で人魂が泣くときは、木を盗伐した人の魂が山の神に懲らしめられるという伝承も報告する。多良間では山の存在はあくまでも山の神のレベルであり、そこに住んでいた猫は山の神の化身であったのが、忘却されて退治される対象になったのだろう（村史a 231）。池間島のアラドゥクル（荒所）のように、怖くて近づかないものではなかったが、神山をアラヤマと表現することがあるという。荒山でありここにはアラドゥクルにも通底するものがある。

（2）ポーグ

ポーグ（抱護林）は前記したように、琉球王府による林野政策の一環として沖縄の各地域に導入されたものである。[7] したがって、それは政治的な産物でしかないが、多良間にとっては村の内と外を強く観念させる樹林帯であった。このことを端的に語る話が「骨の化けものと牛」である。

ある晩、漁に行った男が潮の引くまでは、しばらく岩陰に待つことにした。ところが、そばを見ると人の骨があるのでそれを拾って、自分のすねと較べてみると、自分のすねより短かったので、「何だつまらん。俺のすねより短いじゃないか。大した者じゃなかったわい。なげてやれ」と遠くへ投げたそうだ。

やがて大漁して上がってくると、高さが二丈ぐらいのお化けが立ちふさがって、「よくも貴様は俺をけなしたな。さぁこい果し合いだ」といった。人間は脳みそを叩かれたみたいに、クツワムシのようにぶるぶる震え上がり、「今は待ってくれ」と言いながら、網と魚を大きな牡牛の背中に放り投げて、その上に飛び乗ってつなぎ場から網を引きむしって、「さあ、かわいい牛よ、ぼくのお守りになって家まで急いでくれ」と言った。牛は帰り道をまっすぐ行くつもりで、また引っ返して横道にそれそうになった。すぐ前には背の高い化け物がいて何回もかかってきたので、人間は、「今は待て、あちらで果し合いするから」といいながら、村の近くのフシュマタギトゥンバラまできた。それでもしつこくついて来てじゃまをした。

人間はお化けが非常に怖がる鶏の鳴き声を待ちかねながら、ようやく抱護林までくると、やっと安心してフダヤーまできたところで、牛の尻をなでながら、「さあ、この奴をやっつけるのは今だ」とはやし立て、お化けと戦わせて自分は家に帰り、翌日そこに来て見ると、牛はとうとうお化けにやられて死んでいたそうだ。(村民話 40～41)

この話はしつこく化け物に追いかけられた男が、ポーグまで来てようやく安堵したことが語られる。この男にとってポーグの外は化け物の跳梁する世界、内側は化け物の入れない世界であると強く観念したのである。フダヤーは字仲筋の津川区の南にある、ポーグに沿う広場でスツウプナカの祭場のひとつである。この話にあるフシュマタギトゥンバラといわれた岩は現存していない。

写真87　ポーグの内側にあるフダヤー

比嘉はポーグについて、「このポウグの外側に多くの農地があるが、多良間の人々の観念ではこのポウグの外側は、他界につながる世界であり、ときにはさまざまな精霊や神々が住む世界であるという。そのような観念は、ポウグの内側をシマの中、外側をシマの外とするとらえ方や、かつて死者の亡骸を墓まで運ぶのに用いた「ガン」と呼ぶ独特の形をした輿状の道具は、決してこのポウグの外、シマの外には出さないという慣行、あるいは農耕儀礼上の物忌みの日などに人々は、シマの外側にある農地には行かないという行為などに表れている」として、模式的にシマウチとシマフカ（外）に区分し、その境界にポーグの存在する世界観を示した（同c 249〜252）。我謝徳政は「ポーグを境として部落外をムラフカと称しここを不浄の地とする考えが強く、葬儀でさえもここ（ムラフツ）を境として一歩たりともガンを出さず、また内側をヤスク、ムラウチと称し、塵、魚類の廃物、その他一切捨てずどんな遠くからでもわざわざ境界付近まで持ってきて捨てる」ということを報告した（同95）[8]。

ムラフカあるいはシマフカは、海洋環境で触れたようにサンゴ礁の外側（外洋側）をプカと呼んだことに共通する。フカは集落の外をさし、サンゴ礁の外側をさす二重の言葉として使用された。ポーグの外は魔物や妖怪などが出没する世界であり、さらに暴風から島を守る役割以上に、日常生活の中で集落の内・外を視覚的に示す役割をもつのである。

(3) フダイシ

比嘉は「仲筋字からそのパカヤマ（墓山）に入ろうとするあたりにアマカー（天川）とよばれる井戸がある。その近くにトンバラという自然岩のある場所があり、そこにフダイシと名付けられた石がある。この石は死者が後生に飛び込むときの踏み石であるとされる」と報告した（同b 221〜222）。フダイシのあるのは、字仲筋のアマガーのある地区である。マイドゥマリ道の起点にあたる地点で、T字路になり東から来た道はこのフダイシでぶつかる。自然石の高さは5mほどあり、ガジュマルや草が生い茂り、マイドゥマリ道に入ると墓地に繋がる。岩上の木や草は刈ってはならないとされ、自然に任せて生い茂っている。しかし、葬式の時にはこの地点での儀礼はないという。

フダイシの元に香炉が置かれている。村史は里神が祀られ立秋（7月7日）に字行事として豚を料理して、疫病予防の祈願をするという（同b 264〜265）。ここはシマクサラシで豚が調理される場所でもあり、この地点の持つ特異性がある。後述する。

酒井卯作は沖永良部島のヒージイシを説明して、「奄美群島沖永良部島瀬利覚には、墓はハカマタとハジロマタの2か所にあったという。この墓の手前に越石（ヒージィイシ）という30cm角、1cmぐらいの石があった。この石はあの世とこの世の境の石であった。危篤の病人の魂呼いするとき、病人の魂がこの石を越したらもう戻らず、越していなかったら戻るという」（同b 351）。フダイシも沖永良部島の越石も墓の入口にあり、集落域である現世との境界地点であることを

写真88　集落の内・外の境界にあるフダイシ（右は墓地にいたる。左の石積みはアマガー）

示す象徴物であるといえる。

8．集落の境界性を示す年中行事

(1) スマフシャラ

村史には「アキィ゜バライ゜（秋祓い）」とも表記され、縄に下げられた豚をスマフシャリワー、その縄をスマフシャリンナという（同a 257）。縄はカヤの根のほうを長めに出した左綯いの縄である。字単位で行う行事で村の出入口と門口に縄を掛けたが、現在では集落の入り口だけになっている。行事当日の記録をまとめた[9]。

スマフシャラ調査記

期　日　スマフシャラは立秋の日と決まっている行事である。字仲筋と字塩川に別れて行われる。調査は2007年８月７日。

準備の場　字仲筋はアマガー、字塩川はシュガーガーの近辺である。犠牲獣である豚が殺され、縄の調整と準備も同地で行われた。

屠殺場所　見学はできなかったが、当日の朝７時30分ごろにアマガーとシュガーガーの近くにおいて豚が殺された。字塩川の祭場であるシュガーガーに駆けつけたが、すでに解体場（個人経営の屠殺場）に搬出されていた。

以前はシュガーガーの入口右側にある福木に吊るして殺したといい、この木以外では殺さない特別な木

写真89　字仲筋のスマフシャラでは、この石に綱を結び豚が殺される

写真90　字仲筋の調理場風景

である。字仲筋のアマガーではフダイシに隣接した高さ約30～40㎝の三角錐状の石に縛りつけるという。この石の名称は伝えられていない。側溝が流れて溝の蓋には血が付着していた。ここでは血を土地に流すことを強調した。豚を殺す時は特別な唱えごとはなく、使用する豚は雄雌どちらでもかまわないという。今回は生後1年ぐらいの雄豚で60kg以上あった。

豚の解体　かつては祭場で屠殺して解体と調理も行っていたようであるが、水の便と衛生面から、島の養豚業者のところで、両字からそれぞれ1頭が解体された。これには16名ほどの参加者があり2時間ほどで終了した。血は鍋1杯に採取され通有的には血も縄につけるが、多良間では料理に使うだけである。このほかの部位は、三枚肉と骨付きのばら肉、内臓に分けられた。このため、一部の肉は行事に使われるが、大部分は夕方からの村人全員参加の共食にまわされた。

字塩川での見学　午前中は準備に当てられた。シュガーガーと周辺は草刈や掃除がされ、行事に当たるのは字長、長老たちと行事の中心をになう区長、前区長、実行委員たちである。全員男性で、女性の参加は最後までなかった。主たる準備は豚の調理と調整、縄をなうことである。縄ないは長老たちが行い、調理とそのほかの雑用は実行委員を中心とした人たちの分担であった。

豚の調理　豚肉の調理は茹でることと味付けで、午前11時30分ごろに終了した。心臓や頭など特定部位に対する特異な食性というものはなく、内臓や血なども肉と一緒に煮て、最終的には中身汁として食された。

縄綯い　縄の材料はカヤである。字長が10日ほど前から準備したという。縄をなうにはちょうど良い柔らかさになっていた。6人が作業にあたり12mほどのものを12本用意するという。ない方は左縄というが実際は右巻きの縄である。作業は12時前にすべて終わった。

写真91　字塩川の豚を殺す地点（正面のフクギに縛る）

縄掛け　縄掛け地点と順序は決まっていて、両字ではほぼ同時刻に出発するという。最初の地点はタカーナ道のポーグが切れる地点で（多良間中学校の南）、早く着いた字が掛けることになり縄を掛けるのは区長に限られる。

写真92　字塩川での縄を掛けるところ

当日は2時30分にシュガーガーを出発した。出発に際しては儀礼のようなことはしなかった。ポーグ道に沿って集落の南の方にある中学校の前に行く。ここが縄を最初に掛ける地点であるが、すでに仲筋によって掛けられていた。次に大木公民館に行きここから開始された。縄の中央には豚の肉片を挟んだが、血は塗られていない。縄の端に適当な石を結わえて、道を跨ぐように道そばの木と電柱に投げ上げた。木の根元には線香、酒、塩、豚の三枚肉を供えて参加者による祈願があった。「村の中にヤーナムン（悪霊や病魔）が入らないように。1年間無病で健康に暮らせますように。

写真93　木の根元での祈願

豊年でありますように見守ってください」という。このあと縄はそのまま放置され、酒と豚肉は下げてその場で共食である。

字塩川の縄を掛ける地点は、南から北にかけてはほぼポーグの道に沿うラインで、集落から外に出る道に掛けられた。また、北の東西ラインもシュガーガーから西に延びる道で、これが集落の北を限る道と認識されているようである。しかし、地図で確認するとすべての道に掛けられたわけではない。午後4時ごろ最終地点であるナカドゥマリ゜道にはいった。この道は南北道で塩川と仲筋の字界ラインの道でもある。ここもすでに字仲筋によって掛けられていた。あたり一帯は丘陵地になり樹木も繁っている。縄の掛けられているのは、浜側からの上り坂の頂上付近である。道路上の中央に塩が撒かれて祈られたことが分かる。その後、小一時間両字合同の休憩を兼ねた直会が催された。出席者は字仲筋7名、字塩川5名である。

字仲筋の縄掛け地点は9か所を確認したが、2008年に改めて確認したところ13か所あり、南はポーグに沿って、西から北にかけては山に入っていく地点に掛けられた。マイドゥマリ゜道ではかなり浜に出た地点である。また、どうしたことかアマガー周辺部、とくにフダイシのある地点には掛けられていない。

〔まとめ〕 ①縄を掛けた地点は全体で22か所であった。②最終地点であるナカドゥマリ゜道で休憩していると、浜側から一台の車両が進入してきた。しかし、坂道に差し掛かるところで引き返していった。参加者によると、ここから集落に入るのを遠慮して、おそらく縄の掛かっていない地点まで迂回しただろうという。住民にもこの行事の内容がよく理解されていることを示唆した出来事であった。③豚の血はこの儀礼にとって重要な要素にもかかわらず縄には塗布していない。沖縄本島のシマクサラシは、血をつけることを最も重要視することからすれば異質である。④縄掛けの最終地点であるナカドゥマリ゜道は、南北道で字を分ける重要な道であるが、南のポーグとの交点にあたる地点では縄は掛けられていない。同一の道で南北の出入口に掛けられていないのである。⑤豚を屠殺した場所は、字塩川では前記したようにシュガーガーの傍らに立つ木のところで、字仲筋ではアマガーの敷地から、道を隔てた自然石に縛って屠殺した。つまり屠殺は特定された場所なのである。字仲筋の場合、屠殺地点に隣接してフダイシがある。フダイシは死者がこの石から後生にジャンプするといわれ、スマフシャラの行われる日には、「ツカサが供え物をして村の人々の魂がグショーヤマにゆかないよう、バカヤマの悪いものが村の中に入らないよう、塞いでくださいとトンバラの神に祈った」といい（比嘉b 222）、かつては神女による祈願があったのである。字塩川の場合も、シュガーガーそのものが集落の北東隅に位置して、集落の北を限る道の外側にあたる。スマフシャラにおける集落の内・外の観念がこのようなところにも表出しているといえる。

9．浜の聖と俗

浜とその前面に広がる海域は、一面では陸域と海域の接点であるという以上の意味を持つ場所でもある。これは俗なる物を流して清浄な状態に逆転させる、いわば聖と俗を逆転させる場とも考えられた。このような装置でもある浜で行われる民俗行事は、聖と俗をどのように観念したかを視覚化してくれる。そのひとつとして、現在も継続しているウプリ（虫送り）を観察した。この行事はイビといわれる拝所を中心として行われる村全体の祭祀である。

(1) ウプリ

ウプリ（虫送り）は2007年４月12日（旧暦２月25日）に行われた[(9)]。しかし、いくつかの儀礼の部分はすでに失われている。村史（a 254～255：引用に付した番号は筆者）により補足する。

ピィ゜はヌムヌショウズともいうが、かつては旧2月中の「丙《ひのえ》・午《うま》」「丙《ひのえ》・卯《う》」「丙《ひのえ》・子《ね》」の3回行なわれた。害虫よけの行事であり、農民や牛馬の謹慎の日でもある。①この日は朝早くから畑に行く村はずれの出入り口で火を燃やしておく。これは、この日畑仕事をしてはいけないということを告げるための火であった。②午前9時ごろになると、牛馬を全部北の浜辺に出し、えさをやらずに3時間ほど砂浜につないでおいた。③両字の実行委員は祈願に使う虫舟を用意する。そして、仲筋字はカミディ（亀出）、塩川字はタニガーのユウヌフツというところまで行って、そこで害虫を数匹とる。香を焚いて虫を寄らせてくださいと祈ると、虫はどこからともなく集まるという。取ってきた害虫は、用意してあった小舟にのせ、イビ（拝所）の前において、この虫とともにすべての害虫が死に絶えますように祈願する。その後で虫舟に帆をつけ、両字各1人の実行委員が海中に捨てに行く。④虫を捨てに行く時は、他の人々は帽子をとり、煙草も吸わない。これも謹慎の意味である。⑤この日はアラタミ（人数改め）といって、字に常備されている各戸の名簿に基づいた人員点呼も行われた。

以上である。③以外は今日では行われていない。また最近まで両字での虫取りと送りが行なわれたが、今は仲筋だけである（塩川は行事全般の参加のみ）。[10]

写真94　ウプリの第一祭場であるイビの拝所

害虫を捕る地点

害虫を捕る地点は決まっている。通有的にはどこでもよいとするところが多いが、この点、多良間は特異である。

字仲筋はマガリ地区にあるカミディという

ところで、ポーグからウプシバル―マガリ道を西南に約1,400mの地点である。現在は農道が整備され、南に向かって走ると道が二股に分岐する。この分岐した中は草が生い茂り、荒れるに任せるといった状況で、中ほどに巨岩が露頭してアダンが覆っている。荒れた草地が虫を取る場所であるという。ここには農神であるカミディマス神がいると伝承されている。

写真95　字仲筋の虫取り地点カミディ
（道が分岐した中の荒地）

写真96　字塩川の虫取り地点タカアナのユウヌフツの地点（牧草地の中にある荒地）

字塩川はタカアナのユウヌフツ（またはユーヌフツトゥンバラ）という。ウイドゥマリ道から分岐してタニガートゥブリへの道の途中にある。タカアナと称され、現場は牧草畑の畔に当たる所が自然に任せた荒地で草が生え放題になっている。この中に自然石の露頭が確認でき、カミディの状況と同じである。しかし、ここに農神がいるとの伝承は聞かれない。

以上が害虫を捕らえる場所である。共通するのは両地点とも巨大な露岩があり、周囲は雑木や草の生い茂る景観を見せる。ここは決して草刈などは行わないということである。信仰の対象にはなっていないものの、農神がいる聖地として観念されていることは違いない。そうであるからこそ、農道整備でもわざわざそこを迂回させたのである。

虫を乗せる船

船を作る作業は祭祀の中心的な祭場であるイビの拝所である。船は２艘作られた。字仲筋の浜と前泊港から流すことになる。船の材料はイビの周辺に植わっているヤローギ（テリハボクの木）で、Ｙ字になった枝を 1mほど採取し、葉のついた先端を縛って、中央は虫を包んだ葉を乗せるように作られた。そして枝元には重石になるサンゴ石が結わえられた。

当日採取された虫の種類は不明。ビッヴリ゜ガッサ（クワズイモ）の葉に包んで、船の中央に結びつけて完了である。この後、イビの前で虫送りの祈願がニシャイガッサ（二才頭）によって行われた。害虫をこの島から追い出して、今年の農作物が被害を受けず、立派に収穫できるようにとの内容である。

洞窟での祈願と虫送り—字仲筋—

午前９時を過ぎるとイビの拝所での祈願が済み、字仲筋の祭場に移動した。祭場はウプドゥマリ゜ドゥブリの海岸に降りた地点である。海岸段丘にはピンダピィーキ（ヤギの穴）と呼ばれる小規模な洞窟がある。普段はヤギに草を食ます場所であるという。この洞窟には神がいるというが名前は不明である。この前で虫を乗せた船と供物を前にしてイビの拝所と同じような祈願があった。

写真97　イビの拝所前で作られた２艘の虫船（テリハボクの二股に分かれたところに、虫を包んだものが縛られている）

虫を沈める

ピンダピィーキでの祈願の後、浜から男2人が虫船を持って海に入っていった。目的地はイノーにある特定の岩で、カミナカと称される三角錐状の転石が400mほどの距離にある。周辺にも似たような岩がいくつもあるが、虫を沈める岩は決まっているという。この日は膝ぐらいまでの深さであったが、カミナカ岩に近づくにつれて水が胸を越すほどになった。ひとりが潜って岩の根元に船を沈めて終了である。わざわざこのようにするのは、浜から船を流すとまた戻ってくることもあるからという。また悪天候の時は小船を出して岩に近づくという。この後は浜とイビの前で参会者による直会が行われた。

写真98　海中を歩いて行く青年と虫船

写真99　上方左の岩がカミナカと称される虫を沈める地点

字塩川の虫送り祭場

現在ではこの祭場で虫送りは行われていない。ウカバと呼ばれる深い洞窟があり、その入口で祈願を行った後にイノーまで歩いて船を沈めたという。しかし、イノー内には離れ岩はなく目印となるものも見当たらない。

写真100　字塩川のウカバの洞窟

村史はウカバの洞窟のことを、「古くから地域で耕作する農民たちからは、忌み嫌われたカムヤマ（神の山）として恐れられていた。薪取りや牛馬・山羊の草刈をするにも遠慮されていただけに、雑木がよく繁茂して昼でも暗く原始林化し、陰気くさい所であった。素朴な香炉が海岸近くの雑木の繁茂した中の洞窟の前にある」とする（同b 234）。両字で行っていたときは、火を焚いてその煙を合図にして沈めたという。以上多良間島のウプリを見学したが特徴的な所見を記す。

①両字ともに虫を取る場所が決まっていて、仲筋では農神がいると観念されている。2 か所とも巨岩の露頭が見られ、草木は生い茂るに任せている。不可侵的な場所と認識されているのである。

②虫送りの祈願は、最初はイビの拝所で行われるが、ここは象徴的な聖地であって、両字の祭場は、海岸近くの洞窟の前で行われることになる。

③洞窟の前の浜からは、イノーの特定の沈める地点まで歩いていく。字仲筋ではカミナカの特定の岩の根元に沈めるのである。沖縄における虫送りは、通有的には浜から流すことが普通である。この点からすると特異である。

岡本恵昭は宮古地域の虫送りを報告するが、その中で注目されるのは来間島のもので、「来間島のムスヌンは特に珍しい儀礼がある。南の浜のムスヌンバーで、3 名の特定のトイの人が泳いで潜り、海の底に沈めおく（納める）という行事がある。ムスヌンバマより30mほど離れた所に龍宮のジーと呼ばれる海底の洞穴があるという、そこにシャコ貝（ギラ、ニゴウ）に害虫を殺して入れ、

写真101　竜宮の居所と観念されるイノー

そのまま海に潜って置いてくるという。ムスヌンとは、ムスをのみ込むという意味で、海底にのみ込ませて送り出すことである（下略)」という[11]（同46～48)。新里幸昭は狩俣の虫送りについて、「ムシッソーイ（虫掃除)。神女の一行が四元《むとぅ》をまわり、前の浜（アカグ）につくまでの間に、日取り主、アーグ主、部落長や会計は、芭蕉の舟を造り、ねずみ、バッタ、蝸牛、ナメクジなどの害虫を捕らえて前の浜に持って行く。部落民がすべて参加する。芭蕉の葉の舟に捕らえてある害虫を乗せ、神女たちが呪文を唱え、前もって雇ってある人に前離り岩の沖まで泳いで流してもらう」という（同a 497)。

これらの事例の特徴は、虫を乗せた船を沖にある特定の離れ岩まで泳いで沈めるところにある。しかも来間島では、沈める岩の根元には洞窟があり、竜宮の入口であるといい、虫の送られる場所まで特定している。これを参考にすると、多良間島の両字の祭場は洞窟であるところから、虫を送るところを竜宮と観念したのだろう[12]。

多良間島のスツウプナカ（節祭）は、農耕祭事では最も盛大な行事である。虫送りとは直接的には関係しないが、由来伝承の内容には注意すべき点を含んでいる。

ウイグスクカンドゥヌは、島の農業の指導者であった。働き者で広い面積の粟畑を持っていた。ところで、ある年、粟の刈り入れに出てみると、昨日まで穂垂れて稔っていた粟が、一夜のうちに何者かに盗まれてしまった。その年ばかりでなく、このようなことが2、3年も続いたので、カンドゥヌは、もう我慢できないと畑に寝泊りして、犯人の現われるのを待ち構えていた。すると刈り入れ時期の夜半、犯人らしいものが畑に入り込んできた。近寄ってみると人間ではない。四足の黒い動物が数頭、粟穂を食いあらそうとしているところであった。カンドゥヌは怒って、用意してあった棒を振り回しながら、その動物の中に飛び込んでいった。しかし、動物たちはいち早く彼に気づいて逃げ出した。

カンドゥヌが追っかけると北の海に出て、ナガグーというサンゴ礁の上を沖のほうへ走り、白波の砕けている所で足を止めた。そして1頭がカンドゥヌに向かい次のように言ったのである。「俺たちは竜宮の神の使いだ。お前は作物を作ることは上手だが、その作物を見守って、育ててくれている神々への感謝を知らない。順調な収穫を望むなら、毎年収穫後の初のものを供えて、竜宮の神や諸神に感謝するがよい」といい終わると、動物たちは海に飛び込み消えてしまった。(村史a 177)

この伝承話は粟の収穫を竜宮神に感謝することの由来譚である。注目されるのは、この竜宮神の使いが北の海のナガグーで姿を消したとされることにある。村史付載の民俗地図には、ナガグーはマエドゥマリ゜の浜からサンゴ礁嶺(干瀬)にかけてのイノー内の地名であることが確認できる。このことから、虫送りの最終地点として、北の沖合いにある虫を沈める岩と、陸上側の洞窟は繋がり、そこが竜宮であると観念した蓋然性が浮かび上がる。おそらく害虫は最終的には竜宮に送られると考えたのだろう。

(2) 浜の聖と俗

次に浜と産育儀礼と葬送儀礼の関係についてみる。資料は特別断らない限り村史aである。

産育儀礼と浜

①4 日目のショウズバリで命名である。この日は早朝、家族の 1 人が海に出て波打ち際から、ナグラシ（白い細長い小石）を20個ほど拾ってくる。このナグラシと畑から採ってきたムﾟナジュウ（ニラ）を鍋に入れて炊く。命名がすむとこの汁を薬指で赤子になめさせる（119）。②8 日目ヨウカヌショウズバリで干潮時を見計らって、産婦はユリーから離れ、近親者 2 人と男の子 1 人が産室で使用した一切の物を持ち出し、海に行って洗い清める。その際、男の子が道中道端から木の枝を折って持ち、それを浜の砂の上に突刺す。すると女の人たちはその木の枝の右側を通って海水のあるところで洗濯し、帰りは反対側を通って異なった道から家に帰った（120）。

葬送儀礼と浜

①沐浴した死者には体中の湿りを拭くために古着を着せてそのすそで体を拭く。この古着をユスブリﾟギィﾟンという。この古着はミィﾟカドゥキィﾟ（3 日解）のときに海岸に捨てる（127）。②墓に納棺した 2 人の者は浜辺に行って体を洗い清める。このとき葬送に使ったタイマツを持って行き、浜に降りるところに置いて体を清める前には下手（南か西）から、清めた後は上手（東か北）から上がる（132）。③ミィﾟカドキィﾟ（3 日解）は死者の使用したものは一切放置してあるので、この日、身内の女 2 人と男の子ども1 人とが病床のむしろ、衣類、沐浴に使用したタライ等を海に洗いに行く。そのとき男の子どもが道端から木の小枝を折って持ち、これを砂浜にさすと、女たちはスターラ（下、浜の西側）を通って洗濯を済ませ、帰りはワーラ（上、浜の東側）から上って別の道を通って帰った（133）。

以上が浜での聖俗にかかわる儀礼である。すべての項目でどこの浜で行われたことか不詳である。確認したころ特定された浜はないとのことであり、家から近い前泊の浜へ行ったという。ここで注目されるのは、産後 8 日目の掃除と葬式当日の浜行き、および 3 日解の掃除の動き方である。墓内に入った人は、浜には下手から降りて、上がりは上手からあがるという。あるいは産後 8 日目と葬送 3 日解では浜に棒が立てられ、浜に降りるときは下手から、浜から上がる時は上手からあがる。また家に帰る時は道を異にするという。浜で葬式にかかわった人は自身の体を洗うことや、産室、葬式に使用した物の掃除を行う前後の行動は一致する。これは行き帰りの道を違えることもこれに繋がる。少なくとも、浜に立てられた木の枝なりタイマツによって、浜は聖と俗の空間に分けられたのである。

久高島では、特定の井戸（ミガー）が産後のソージと称して、井戸水で部屋を拭き、この後にお祝いの客を迎え入れた（比嘉康雄 下b 390～391）。同じ井戸水は葬式後の家掃除にも使われた。多良間島でも久高島に共通するソージの観念が確認される。

10. 多良間島の生死観念

(1) 出産儀礼

出産に伴ってその家での聖俗にかかわる動きと集落の動きがどのようなものであるか考えてみたい。

①産室の入口に2mぐらいの縄をショウズンナ（精進縄）として張り巡らす（村史a 117)。②出産のある家をシラヤーという。シラヤーではススキの茎をヤドゥといって出入り口と台所の軒にさす。4日目に取り除いた（同a 119)。③産室の火は産後8日目までは絶やさなかった。またその間火種は外には出さなかった（同a 118)。④産湯は井戸水や雨水を使用した。特別な井戸はない。産湯は人の通るところや不浄な場所に捨ててはならない（同a 118)。⑤胎盤はイ゜ザという。イ゜ザはアズカリ゜グー（シャコ貝）に入れて、かまどの後方の軒下に埋めた（同a 118)。⑥命名式のあとでワーラ（上手―東）の出入り口から庭に出て、ウプティダガナス（太陽）を拝ませた（同a 120)。⑦八日目ヨウカヌショウズバリは精進明けの意である。産婦はユリー（地炉）から離れ、近親者2人と男の子1人が産室で使用した一切の物を持ち出し、海に行って洗い清める。その際、男の子が道中道端から木の枝を折って持ち、それを浜の砂の上に突刺す。すると女の人たちはその木の枝の右側を通って海水のある所で洗

濯し、帰りは反対側を通って異なった道から家に帰る。ショウズンナ、ヤドゥをこの日に焼却した（同a 120）。⑧この日は出産で使用した道具などを海や井戸へいって洗い清める。近所のいつも行っている井戸へいった。その場所へ行く時は西側の道を、帰るときは東側の道を通って帰る。西はスターリ（スターラ）といって悪いものとされ、東はワーラといい良いものとされた（中山78）。⑨生まれた赤子はファナシガコウといって着物の古いもので8日目までくるまってやった（名嘉真a 117）。

(2) 新生児の死亡

①死産が続いた時は遺体をマニ（クロツグ）の毛で腕を縛って踏ませて埋葬した（村史a 119）。②出産と同時に生まれた子供から3人続いて死ぬと、その3人目の赤子を墓道の人が良く通る三叉路に手を古縄で縛って埋葬した（名嘉真a 117）。③小学校を出ない幼児や死産の子はシガ（ウディ）に入れる。シガとは墓庭の横の砂岩壁を墓の入口より小さく穿ったところである（村史a 132）。

以上のように、産室入口には魔除けとしてのフーを挿すのに対して、そのほかの集落全体としてはどのような対処があったか不明である。新生児にとっては4日目がひとつの節目であり、この期間は人間としての扱いは完全ではなかったことが窺える。8日目になってはじめて新生児や産婦、産屋そのものが特別な状態から、ヨウカヌショウズバリを経過することによって日常性を取り戻したと考えられる。

死産児に関して名嘉真は、墓への道で人が良く通る三叉路に、死産児の手を古縄で縛って埋葬したことを報告するが、これはマイドゥマリ゜道のことであろう。三叉路とはどこか。葬式において一般の参列者が引き返すという地点を、ナキユタと呼ぶ三叉路がある。ここは墓地の入口として境界観念の強く表われた地点であり、この辺りに埋められた可能性が考えられる。胎盤の処理についてもシャコガイに入れたと報告するが、以下はこれに関連する話である。

多良間島で聴取されたブナジェ姉弟の島造りにまつわる伝承である。前半は津波によって 2 人が生き残り、その後に夫婦になって再び島が栄えたという。後半の出産の話である。

夫婦事を始めたら妊娠したので、どんな子が生れるだろうかと楽しみにしていると、蛙やトカゲやらがたくさん生まれて、すぐに畑に向かって逃げて行った。2 回目を妊娠して生まれたのは、あっちこっちつぎはぎだらけの汚いボロ着物を生んだ。これは変わったものだと洗って片付けておいた。今度は姉弟が天に向かって手を合わせ、人間の子を産ませてくださいとお願いした。3 回目には、海にいる大きなシャコ貝が生まれた。4 回目には芭蕉の糸と竹の割れたものを生んだ。その後、5 回目にやっと女の子が生れた。竹の割れたものでへその緒を切り、芭蕉の糸で切ったへその緒を縛った。

この子が生まれた時の産後はシャコ貝に入れた。また、ボロ着はその子どもを水浴びさせて拭き、オシメに使った（下略)。(遠藤a 66～67)

新生児が生まれる前に、お産に必要なものがすべてこの妊娠によってもたらされた。ことに、ボロ着が実際の民俗でも新生児に 8 日間着せられることに対応し、胎盤はシャコ貝に入れて処理されることなど、産育における民俗事象と伝承話の対応が鮮明である。

(3) 墓　地

集落の北にある墓地は、パカヤマ（墓山）あるいはグショーヤマ（後生山）と呼ばれ、丘陵地の字仲筋前泊、トリホグ、ヨライ、西原に集中する。川副裕一郎は字塩川の墓地はかつて島の南方にあったが、墓参の利便を考えて現在の墓山に移動したことを報告する（同 98)。

墓葬形式は丘陵を構成する石灰岩を掘りこんだ横穴式墓である。道路面からかなり降りることになり、墓口の前面には墓庭と石積みアーチ門を持つ。1500 年代からのものといわれるが、基準となるような墓の調査は行われていない。

共同墓を基本として、門中墓や個人墓は少ないようである。墓山にある61基すべての墓地は、名称と所有者が判明している（村史a 137〜140）。

写真102　岩盤を掘りぬいて作られた墓地（正面の門を入ると墓庭と墓室の入口がある）

(4) フダイシとナキユタ、ガン屋

葬式あるいは墓地にかかわるものとして、前記したフダイシとナキユタ、ガン屋がある。フダイシは字仲筋のアマガーに隣接した巨岩で、マイドゥマリ道から墓地に行く入り口にあり、死者が後生に飛び込むときの踏み石であるという（比嘉a 159）。この地点が墓地への入口となる。ここから北は屋敷区画がなく、集落の内・外ということを視覚的に意識させる。ナキユタはマイドゥマリ道を北に

写真103　右の草地がナキユタと呼ばれる地点
（向こう側の森は墓地）

写真104　字塩川のガン屋

進んで墓地地域に入った三叉路の一画である。北西の角地は現在でも草地として残存している。川副は「葬式の時女が涙を流すところだという。涙を流すとき女は3人一組となり、悲しみの最も強い人を中に置いて、外側の2人が衣類で中の人の涙を隠した」という（同 101）。今回の調査では、葬列に参会した人のうち、喪家や親戚以外の一般参列者はここで見送り、墓地までは行かないことを聴取できた。久高島の事例でも一般の参列者は集落の外れる地点まで行ったが、墓地までは行かなかった。ガン屋は2か所あり、字仲筋のガン屋はマイドゥマリ゜道を墓地区域に入った地点である。字塩川のガン屋はナカドゥマリ道を集落の北に行くと慰霊塔があり、この交差点の北東隅近くの荒地の中である。小規模な建屋で普段は草や木で覆われて目立たない。いずれも建物の立つところは集落の外側にあたる。

(5) 葬送儀礼

葬式当日の集落の動き

葬列の通る道に面している家は、門に物干し竿を横に置く。門の石垣にはフー（マニやススキの葉を結んだもの）を挿し、ガンが通るとそのフーをガンに投げつけた（村史a 131）。

喪家の動き

①死者の家の四隅にはフーを挿し、これは三日解きの日に除いた（村史a 128）。②湯灌の水はそのまま床下に流すが、残りの水は人の通らないところに捨てる（同a 127）。③湯灌した死者の体を拭くために古着を着せる。この古着をユスブリ゜ギィ゜ンという。ミィ゜カドゥキィ゜（三日解き）に海岸に捨てた（同a 127）。④墓の中に納める十二合進物台には、茶、タバコ、ダークやタオルを乗せる。収穫したままの穀物と、精製した穀物も入れる（同a 128～129）。⑤納棺した2人の者は、浜辺に行って体を洗い清める。このとき葬送に使ったタイマツを持って行き、浜に降りるところに置き、体を清める前には下手（南か西）から、清めた後は上手（東か北）から上がる（同a 132）。⑥龕に乗せる年齢は7歳以上の者である（名嘉真a 130）。⑦葬式当日に家の四隅に挿したフーを取

り除き、マパリ゜に突き刺さった落ち葉とともに門外にすてた（村史a 133）。⑧水甕の水はこぼして洗う。これをミズウブ（水産）という（同a 133）。

葬式当夜の儀礼

沖縄本島などで行われた、魔物を追い払うというような儀礼は報告されていない。

葬式３日目—ミィ゜カドキィ゜（三日解き）—

葬式の3日目に各種の儀礼が行われる。総称してカギシャナリ゜（きれいになるの意、家内・外の掃除）であるとされる。

①身内の女2人と男の子ども1人が、病床のむしろ、衣類、沐浴に使用したタライなどを海に洗いに行く。そのとき男の子が道端から木の枝を折って持ち、これを砂浜に挿すと、女たちはスターラ（下、浜の西）を通って洗濯を済ませ、帰りはワーラ（上、浜の東）から上がって別の道から帰った。木はヤラブである（名嘉真a 131）。②葬家では身内の男がバマリ゜（銛）を持って、家の子方向の隅から落ち葉を突付きながら寅のほうを回り、午の方から申の方を回り、ここから門に出て塵や落ち葉を捨てる（村史a 133）。③門の外から土を少量持ってきて水甕の下に置き、さらに水甕の下の土を少量とって門外の土を取った所に置く。これをツツガイ（土替え）という（村史a 133）。

33年忌

最後の年忌である。当日は豚を殺して、頭、足、内臓など各部分から少しずつとって供える。故人は天上の仏に昇格するといわれ、位牌の文字を消し、仏壇の上であるが、ほかの位牌の横に香炉を設けてまつる。このように昇格した先祖のことをウブダテという。家族はユタをたのんできて、故人に今日からは天の星となり、子孫を守り助けてくださいと告げさせた（村誌285〜286、村史a 235では位牌を焼くという）。

以上、葬送儀礼に伴って喪家や集落がどのような動きをとるか事例を示した。葬式当日と3日目に集中し、屋敷の掃除と称して興味ある儀礼が行われた。そのひとつは故人の持ち物や葬式に使用したものを洗濯するのに、浜に降りるための特別な通路を設定する必要があったのである。洗濯の後、家に帰るにも行きとは別の道が選択されたが、往路に通った道の悪霊が、再び付着する可能性があると考えたのであろう。浜での洗濯は聖・不浄の区別がみられたが、産育儀礼でも同じようなことがあって、ここに産育と葬送儀礼の共通する観念を見ることができる。

植松明石はミィ゜カドキィ゜について、「ミカドキには死者は生者でないことが確かめられたのであり、その結果この世の家は清められ、死者の所有物が処分されてしまい、死者の家の更新がはかられ、死者の返るべきこの世の場所はなくなってしまったことが示される」とした（同a 402）。ミィ゜カドキィ゜は、死者との決別とそれまで負の状態に置かれていた家を清浄に戻すために、屋敷の四隅から落ち葉や塵が取り除かれ、あるいは葬式当日に立てられたフーを門外に捨てた事にも現れている。落ち葉や塵などは、死の発生によって悪霊が付着したと観念したのだろう。興味深いのは、水甕の水が取り替えられ（ミズウブ）、さらに甕の底の土も入れ替えた（ツツガイ）という。酒井によると「ミズウブは水産がただしく、おそらく産水で死者の魂も水の取替えによって新しい生へ転換するという考えがあった」とする（同b 402）。

土の入れ替えに注目すると、沖縄本島東村（東村史 392〜393）や石垣市川平では（名嘉真b 50〜51）、故人が生前寝ていたところの床板を剥いで、その下の土を取ることが行われた。石垣市登野城では（宮城文 471〜472）、寝床の畳の間からごみを取って墓地内に埋めたという。

(7) 不慮の死

自殺者の葬式は捨て墓に葬る。龕には乗せるが、旗は用意しない。村外から遺骨が届いた場合、まず桟橋か飛行場方面の海岸に行ってトゥブリィ゜アッチャイ（竜宮の神への案内）をする。「今日は○○の遺骨や位牌が生まれ島に帰りますので、お許しくださいまして、お通しください」と申し上げ、お供えした花米を散布しながら墓まで魂を先導する（村史a 132）。

豊富な資料とはいえないが、島外から遺骨などの入る時にトゥブリの神に許しを得る祈願が行われたのは、トゥブリが島の入口の神としての性格を有することを示唆する事例である。「事故死や自殺者が葬られたスティ墓は、無縁仏が葬られている墓で宮古遠見台のすぐ近くに位置する。急な坂を上らねばならず、また墓石もないので今日でお参りしていた人がいるとは考えにくい。スティ墓に葬られた人は宮古から来た人が多かった。これが宮古墓ともいう理由であるが、島外から来た人で多良間に身寄りがない人たちがスティ墓に葬られたという」という報告もある（川副 100）。

捨て墓に葬るということは本来的には正式な葬儀ではなく、島内の者であっても墓にもどされる機会はなかった。この根底にはどのような死があったのかという倫理的な基準のあったことを窺わしめる。

11. 小　結

(1) 多良間島の生死観念

永遠の生命

村史は多良間島で聴取された人間の死の起源を物語る説話を採録している（同c 29）。

昔、天の神様が若返りの水を持って行って、人間に浴びせるようにしなさいと、ゲーントゥを使いに出された。ゲーントゥは、その水を持って人間のいるところへ行く途中、畑のあぜにタギスを見つけた。ゲーントゥは、そのタギスが食べたくなって地上に降りてしまった。あぜに大事な水を置いて、タギスを食べている間に、ポーやバカギサがやってきて、水を浴びてしまった。そのため、水は少なくなって、人間は手足の指先しかつけることができなかった。そして、ポーやバカギサは何度も脱皮するこができるようになり、人間は爪ばかりが生え変わるだけになった。

しかし、天の神様は人間を気の毒に思い、永久の生命でなくとも多少若返るようにさせたいと考えた。そこで、節祭の前後、大空から若水を送るようにした。これをスツ水として浴びるのだという。（ゲーントゥ＝セッカ、ヒタキ科の鳥で春から夏にかけてチンチンと鳴きながら飛ぶ　タギス＝野いちご　ポー＝へび　バカギサ＝とかげ　節祭＝スツウプナカ、豊年祭り、この日の朝に子供にスツ水を浴びさせた）

天から人間に与えられた若水は、手違いによって蛇やトカゲが浴びてしまい、永遠の生命を得ることができなくなったという。多良間島では例示した以外にも多く聞かれた話である。この話の最後は、1 年に一度のスツウプナカ儀礼の折に、天から若水が降ってくるので、それをスデ水として浴びるようになったスツウプナカの由来譚である。それだけこの話の内容は、人間の本質的なテーマである永遠の生命の希求、あるいは生命の再生を物語るものとして、島の人々によって理解され共有されてきたのである。このことに関連して、多良間島ではウブダティということがおこなわれた。

死後の行方とウブダティ

葬送儀礼の後に行われる 9 日祭は、字塩川だけが行っているというが、餅やごちそうを持って墓前にお供えをするという。これは死人の胴体と首が分かれる日だといわれ、死人が残念がるのを慰める儀礼であると説明される。墓へはこの後もミィナンカ（37日）まで供え物をするが、死者との別離ということは 9 日目が節目である。そして死者には肉体的に再生することが絶望したことを示すことにつながる。おそらくこの時点で死者は、生家に通わなくなると観念したのである。

ウブダティは33年過ぎた祖先の位牌の名前を消してしまう。そしてウブダティになったら、仏壇に祀られている祖先より一段上の遠い別世界に神名乗りされるといわれ、これ以降は香炉によって祀られることになり、先祖一般としての扱いになるという（村史a 235）。

酒井は「33年忌の行事もウブタテと呼ぶ。年期の行事は後になって流行したものであるが、しかし死者儀礼の最終的な行事にウブという表現を用いるのは、それを契機に死者が再び生に回帰することを意味していなかったかどうか」という（同 a402）。つまり、かつては神になった時点で、現世に再生する回路があったのではないかと想定した。それがウブという言葉ではないかというのである。首肯される見解であろう。

(2) 集落の内・外観念と日常性の破れ

多良間島は北にある水納島とともに、宮古・石垣両島の中間地点にあって周囲に島影を見ることのない孤島である。島は北に丘陵地が形成され山と称されるが、ほとんどは標高10mほどの平坦地形を呈し河川もないきわめて均質な環境下にある。集落は東西・南北とも700mほどの範囲に集住して、屋敷は碁盤目状の区画の均質な宅地割りが行われている。現在は南に残存するだけであるが、以前まではポーグ（抱護林）が集落を囲繞していた。

この島では多くの神々の話や島建て神話、海の神、悪霊にまつわる物語が創作され、あるいは祭祀の起源譚として語られた。多良間島の特色のひとつといえよう。このような集落の日常とは、ポーグに囲まれた清浄な世界と観念され、日常性を破るものとして意識されたのが出産と葬送儀礼であり、外から来る疫病神であった。

(3) 集落（屋敷）の内から外を観念する

屋敷の聖性と門神

屋敷の聖性を示す事例は、出産や葬式のときに屋敷の四隅にススキを挿して聖域を示すということが行われた。出産では特に産室の入口にショウズンナが張られた。なによりも新生児の命名の後に太陽を拝ませるのに、ワーラ（上手であり東)の出入り口から庭に出たのである。ワーラという言葉が示すように、家屋や屋敷内にも聖俗の区別があったと考えられる。

門神については色々な機会に祈願が行われた（村史a 231)。スマフシャラでは門口に縄が架けられ、葬式には門のほか石垣にもススキを挿して、葬列が通過するとススキを取ってガンに投げつけたといわれる（同a 131)。

以上のように、屋敷内外において日常性を破る事態が発生すると、直ちにその対処として聖域を示し、悪霊の侵入を防止するための処置がとられた。

写真105　ウプリが無事終わった後のささやかな供宴風景
（重箱料理が各自に振舞われた）

ウプリ（虫送り）

ウプリの核心は害虫の発生を未然に防いで豊作を祈願することにあるのはいうまでもないが、ここでは害虫を捕獲する場所が決まっていることに特徴がある。2か所は共通して、巨岩の存在とそこを草木が生い茂ったままで覆い尽くしていることである。この場所は触ることのできない聖地であると観念された。両字ともにウプリの祈願は洞窟の前でおこなわれ、字仲筋ではリーフ中の特定の岩の根元に沈めることにあるが、ここは竜宮への入口であることが指摘できる。

また、かつてのウプリはその日の農作業を禁止し、人間と家畜は浜に出て行事の終了するまで厳重な物忌みが行われた。このとき、集落から一切のものを出すことにより、改めて集落内を清浄な空間に再生したのである。

(4) 集落の外からくるもの

多良間島の伝承話には、海や浜の寄り木の神、さらにはマズムンについての物語が豊富に伝承された。海や浜は日常の生活資源を得る大切な活動の場であるとともに、得体の知れないマズムンの世界であることを承知していた。

話の中には海からマズムンに追いかけられ、ポーグまで来てようやく安心したというように、抱護林は集落の外と内を明確に区分する視覚的な目印であり、外からくるものを遮断する儀礼としてスマフシャラがあった。

スマフシャラ

スマフシャラはアキィ゜バライ゜（秋払）ともいわれ、豚の肉片を縄に結んで村の入口に掛けられた。字仲筋の祭場では、神女はスマフシャラの始まる前にトンバラの神に対して、村人の魂がグショーヤマ（後生山）に行かないよう、またパカヤマ（墓山）の悪いものが村に入らないよう塞いでくださいと祈願した。トンバラは前記したように、死者が後生に飛ぶ踏み台といわれるものであった。比嘉はトンバラのある地点は、異界である後生との境界点となり、この神が境界神となって外からの悪霊を防いで、集落内の人々の魂が異界に行くことのないように見張ることも期待されたとするのである。

(5) 多良間島の空間認識と集落のグランドデザイン

我謝は「ポーグ（抱護林）を境として、部落外をムラフカと称しここを不浄の地とする考えが強く、葬式でさえもここ（ムラフツ）を境として、一歩たりともガンを出さず、また内側をヤスク、ムラウチと称し、塵、魚類の廃物、その他一切捨てずどんな遠くからでもわざわざ境界付近まで持ってきて捨てる」と記している。ここに多良間島の空間認識と集落のデザインのすべ

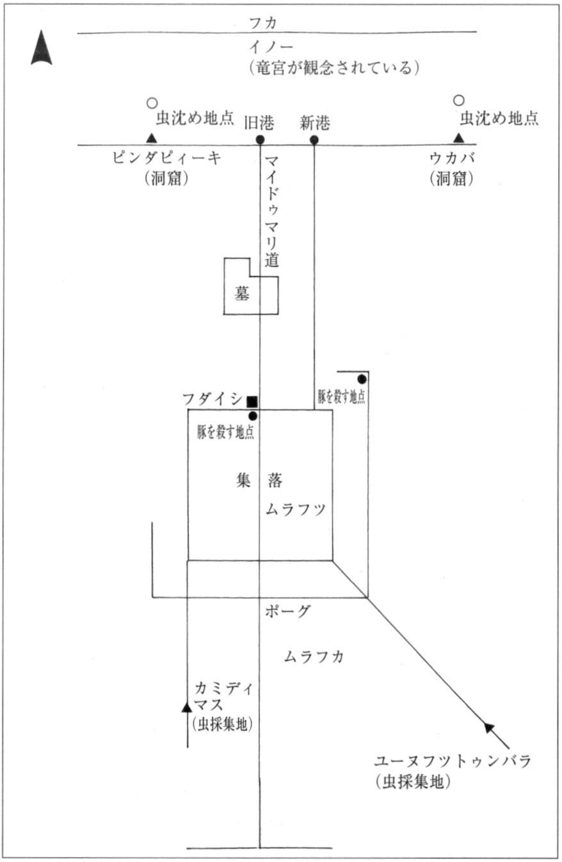

図29　集落の構成要素

てが象徴的に述べられている。ポーグは集落の内・外を区別する象徴であるとともに、その内側の清浄を保つ装置でもあった。海へは集落から放射状に延びた多数の道が通路として設定され、すべての道に対して名称が与えられた。さらに道が切れて浜に下る地点にはトゥブリの神を観念した。

島を取り巻くサンゴ礁の内側はイノーと呼ばれ、豊かな魚場であったが、そこはマジムヌが徘徊するところでもあった。村史は漁に行ったときの魔物よけの方法を記している。①三本銛か一本銛を逆さに立てる。②休み場で網をかぶる。または周囲に縄を張る。③食べ物のお初を投げる。④拳大の石3個を三角に置き、中に枯葉を燃やして煙を上げる、など色々な呪的な方法がとられた（同a 245～246）。これほどムラフカは恐ろしい地域と観念されたといえる。島を内と外に区別して、日常空間としてのシマ内をいかに清浄に保つか、そして永遠の生命の物語を儀礼化することにより、シマとしての共同体の豊穣が希求されたと考えられる。

注

(1) 垣花昇一によると一部で陸稲作りが行われ、石垣島にはタラマダーと呼ばれる地域で水稲の出作りがおこなわれたという。国土地理院発行の石垣島東北部（1/5万）には、多良間の地名が確認できる。

(2) 波照間島にも集落から浜に延びた道にウダチと呼ばれる拝所がある。しかし、これに対する信仰の内容は不詳である（沖縄県立博物館1998）。

(3) 『多良間村史』a付図屋号番号542である。

(4) トゥブリの名称と地点は、ここでは多良間島ガイドマップに従った。村史民俗篇の付図にも名称があげられ前者とは異同がある。

(5) 1は字塩川の友利家、2は同字の垣花家の事例である。

(6) クサティとオソイの関係をよく示すのは久高島の集落とフサティムイである。多良間島では、ウタキが墓である事例や霊魂が宿るとも観念されない。

(7) 琉球王府時代の政策によって、原則的には全ての集落にあったといわれる。沖縄本島の北部に位置する備瀬集落は、集落内の道の両側と屋敷を囲ったフクギ林が現存する。

(8) 比嘉政夫・我謝徳政らは、ガンを説明する中で、ポーグより外には出さないとするが、ガンはポーグの外にあるものとするのが本来の姿である。両者の説明は錯誤が生じている。

⑼　上間拡1998「年中行事について」111頁で秋払いは、現在行われていないと記述するが、誤りである。

⑽　2007年の調査以降に塩川も行事が再開された。

⑾　来間島の虫を送る地点について、岡本恵昭は30m沖合いとするが、沖縄大学沖縄学生文化協会1976『郷土』宮古来間島調査報告　第15号p.82では、「300m位沖のピシィ（海の岩穴）に泳いで入れる」とする。岡本の単純な誤りであろう。

⑿　虫送りの儀礼で、特定の場所で害虫が採取され、特定の地点で沈められるということについては、大熊亨1997に宮古島上野村野原の事例が報告されている。「野原では虫送り―ムルン旧暦３月丁丑―では、村の北東とされる位置の各家から害虫やねずみを集めて、南の外れとされる場所（ムスルンミ）で焼き殺した」と報告する。ムスルンミはパーントゥ儀礼の際に身に纏た草を捨てる場所でもある。p.104の地図のムスルンミの地点は、シマクサラシで縄を掛けた地点よりさらに南に当たる地点である。地元では悪霊や悪疫を追い払う所であり村の外にあたる（同71～133）。

第 5 章　竹富島の民俗から

1．島の自然環境

竹富島は八重山諸島にある小島である。地理的には大島である石垣島と西表島があり、この両島に挟まれるように東西約18km、南北約20kmの海域に竹富島、小浜島、黒島、新城島（上・下）が点在する。西表島の南約20kmには波照間島

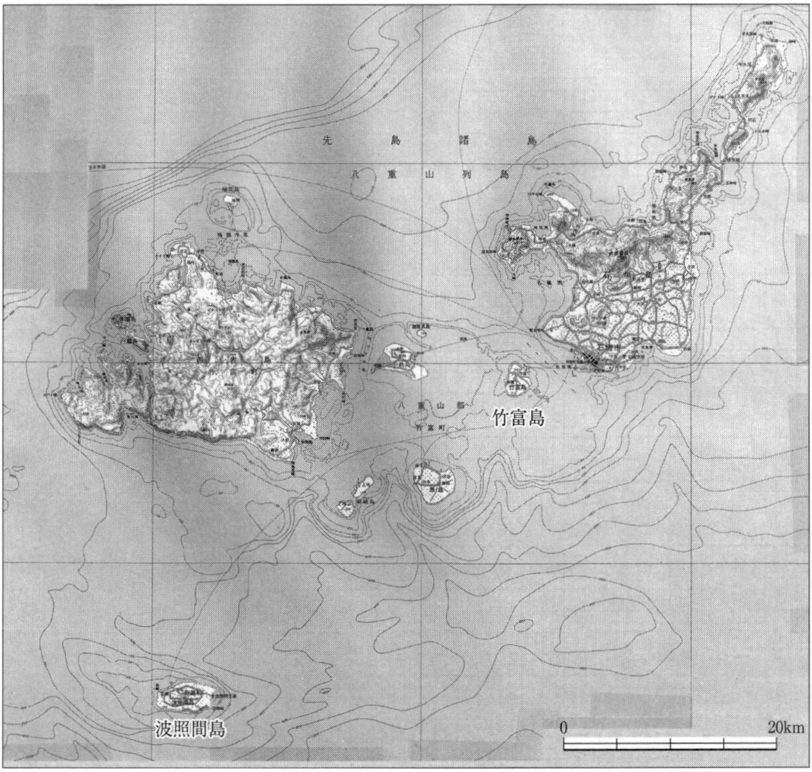

図30　八重山諸島と竹富島

があり、北約８㎞には鳩間島、さらに石垣島の西約130㎞には与那国島がある。行政上は石垣市、竹富町、与那国町の１市２町で構成される。

竹富町は竹富島、黒島、小浜島、西表島、鳩間島、新城島（上・下）、波照間島の8島で構成され、このうちの竹富町竹富島が調査地である。なお、竹富島は石垣港とは約5.4㎞の距離にあり、海上交通網によって石垣市と結ばれている。

(1) 陸域の自然環境

竹富島の地形は南北約2.5㎞、東西約3.2㎞である。南北にやや長い楕円形を呈し、東西は鳥の嘴状の岬が突き出ている。面積は約5.53㎢である。島の平均標高は10～15ｍで最高所は33.1ｍの丘陵状地形を形成する。チャートを主とする基盤岩が露出し、低平地は石灰土壌が堆積する。海抜５ｍラインはほぼ海岸線を一周して、西のコンドイ岬と東の東美崎は三角形状の砂州を形作る。15ｍラインは仲筋と東集落を区分するような地形が入る。丘陵の北裾部にはナージカー、トゥンナカーの井戸やサーラ田という水田がかつて営まれた伝承地がある。20ｍのラインは西集落の北にあるヒバン盛の地点で遠見台の築

写真106　竹富島（上方は玻座真（旧称）、下方は仲筋集落。玻座真集落からまっすぐ北上するのがミシャシ道で旧港がある）

かれた場所に当たる。このほか集落の外縁をつくるように、小規模な丘陵上の高まりが点在する。

写真107　北端の美崎から石垣島を遠望

(2) 海域の自然環境

竹富島は主島である石垣島と西表島に挟まれた海域にある。北の海峡部には東西に並列して小浜島と竹富島が位置し、南には黒島と新城島が並列する。この4島と石垣島、西表島に囲まれた海域の海底地形は、石西礁湖と呼ばれるマイナス20mから10mの水深で平坦地形を呈し、サンゴ礁の連なりが島の沖合まで発達する（町田洋ほか265）。

2．クチと浜

(1) サンゴ礁域の分類

竹富方言によるサンゴ礁の地形的特徴による分類名称を示しておきたい。[(1)]

ピー＝干潮時に干上がるサンゴ礁の沖側の縁。

グミ＝ピーの部分のサンゴの切れ目。魚が多い。

フチ・グチ・ミゾ＝サンゴ礁の切れ目、潮流があり航路や漁場に利用される。

ソイ・ハエ＝海上から突き出た岩はソイ、ハエは海上に頭を出した小さなサンゴ礁。

バタ・ユニ＝ともに砂嘴のこと、窪んでいる砂嘴はバタ。

(2) ク　チ

石垣島と西表島の海域に発達するサンゴ礁は、島々を取り囲むようにあり、

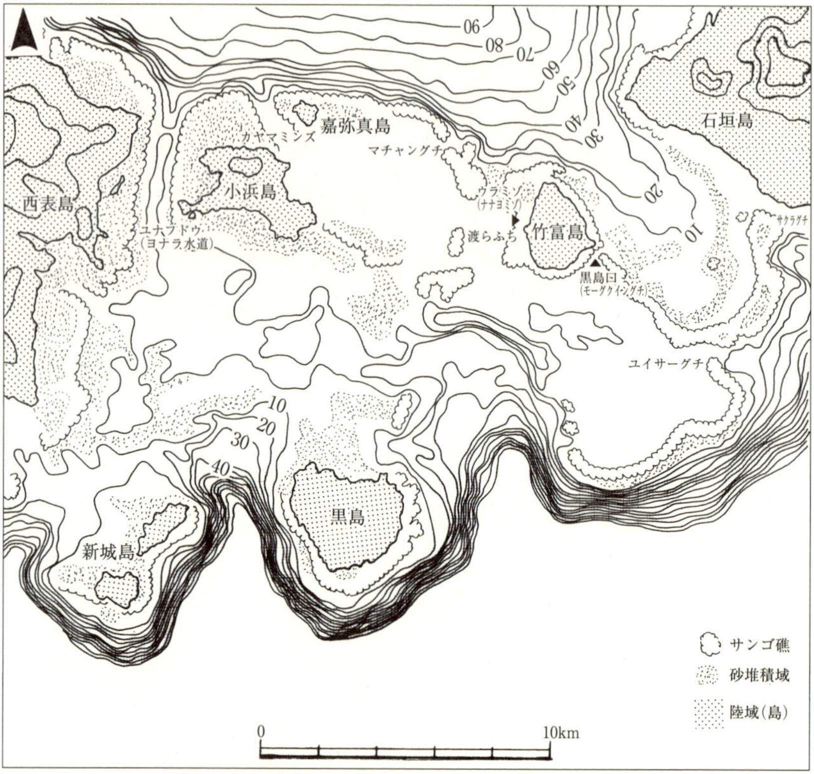

図31　石西礁湖の海底地形とクチ（木崎1975に加筆）

礁湖内への出入りはサンゴ礁の切れ目、あるいは谷地形（水道）を使っての通行である。木崎甲子郎は石垣港に入るクチとして東南から進入するサクラグチと、その西に延びるユクサンピー（アーサピー）とウマヌフワピーの交差する部分の切れるユイサーグチをあげる（同 35）。また、ユクサンピーが竹富島と交差する地点の切れ目を黒島口と標示する。北の海域では、竹富島と嘉弥真島の間にマチャングチがある。嘉弥真島と小浜島の間はカヤマミンズがあり、小浜島と西表島の間はユナラドウ、あるいは国土地理院表記はヨナラ水道という潮の流の速い切れ目がある。竹富島西近海のウラピーにもクチがあり、北からの口をナナヨミゾ、南からはウラミゾと表記する。

(3) 岬にまつわる伝承

島の東に東美崎という鳥の嘴の形をした砂浜の岬があり、聖地としての由来を物語る。

> 子の方向にある星を父星といい、午の方向にある星を母星という。ある日、母星がお産をしたいと天の大明神に申し出た。大明神は竹富島の美しい、広い南の海に降りてお産をするよう命じた。母星はその通りに竹富島の南の海に降りて、たくさんの子どもを産みおとした。すると、海の係の七竜宮神が、「自分の所有のこの海を、母星が勝手にお産の場所に使ったことは決して許せない」と、海の大蛇を使って、星の子どもを全部かみ殺させた。大蛇が食べた星の子供の骨がフンとなって、南の海岸に打ち上げられたのが星砂である。
>
> 島の東美崎の神は、星の子の骨を拾い集めて自分のそばに祀り、いつか天国に返してやろうと考えていた。そのことから、御嶽の神女は必ず、香炉の星砂を年に一度は入れ替える習慣が残っている。そして島の神女のおかげで、星の子は昇天しているので、午の方角の母星のそばに多くの子星が光っているという。(上勢頭 90～91)

(4) 浜・岬

竹富島に入る港は、島の北東方向に整備されているが、それまでは集落の北と西にあった。現在でも木製の桟橋の一部が残存する。また、琉球王府時代の蔵元はカイジ道が浜に出たところに置かれて、ここからも船の出入りがあったが、現在ではまったく使用されていない。なお、蔵元は西塘が八重山統治を任された1524年に設置され、1543年に石垣市大川に移転するまで、竹富島は八重山地域の行政上の中心であった。

浜の状況は、南が海岸の岩塊地とそれに挟まれるように狭小な浜がある以外は、砂浜が広がる。浜の名称は海岸に出る道が集落から放射状に設定されているため、道の名称と重複していることが多い。集落から北の旧港に出る道はミシャシ道であり、この道から東の浜はミシャシ浜である。東回りに竹富港から東美崎までは、ショール、ナーラサ、キトッチ浜である。浜そのものはひと続きであり、道の出た地点の浜を指すものと思われる。東美崎から南までは、アイヤル（アイフード）、シュサ、タナール、ブサシ、イルブサシ浜である。タナール浜からイルブサシ浜までは狭小な浜である。蔵元跡のあたりはシトゥフ浜、その北はカイジ浜、コンドイ岬の周辺はコンドイ浜である。ミシャシ浜から西回りでコンドイ浜までは、ユヌシャー（トウムトイ浜）がある。トウムトイ浜には漁港が整備されている。

西桟橋あたりからコンドイ岬までは、ビーチロックが発達する。小規模ながらこの石を切り出した跡が散見されるが、切り出したことも伝承されていないため、どのような用途があったのか不明である。

3．竹富島の創成神話

上勢頭は、島作りの話を記載している。

昔、天加那志大明神より人間の住む島を造ってこいと仰せ付けられた清明加那志と、山を築けと仰せ付けられた大本様の二神が天から降りてこられた。清明様は広い海の中にあった小さい岩に降りられた。その岩はアガリ＝パイザーシの岩と言われ、島の中央部の清明御嶽の東方にある。その岩を中心として付近の石や砂利や砂土を盛り上げて作られたのが竹富島である。大本様は大本山を築き、その山の上に住み、清明様は竹富島を造って島の元に住んだ。その後、大本様からの連絡で、せっかく島を造るのにそんな小さな島を造っては困る。私と協力してもっと大きな島を造ることにしようとのことで、大石垣島すなわち石垣島が造られた。それから次々と島が造られて、あわせて八つの島が造られたので、これを八重山島と呼ぶようになったといわれている。（上勢頭 6〜7）

写真108　アガリパイザーシオン

写真109　島の創成を物語るオンの中の累々とした巨岩

話に登場する大本様とは、石垣島の於茂登岳の神のことである。於茂登岳は八重山で最高峰の山である。神話で語られるアガリパイザーシは、東集落内にオン（ウタキ）として祭祀され、現状は周囲から一段高くなり、クバなどの木が繁茂する。中央には2～3mの自然石が積み重なった状態で、元に香炉が置かれている。このほかには何の施設もなく、このオンにかかわる祭祀はないものの、島作りの話は竹富島ではよく知られた話であるという。アガリパイザーシオンに堆積した自然石が島を造った中心であり、ウタキが島の中心であると観念されたといえる。このように神話の内容と現地の状況が一致することも異例である。また、島の人間の創造にまつわる神話も伝承されている。

昔々、竹富島に女神が住んでいた。この女神は竹富島の人口を栄えさせたいと思っていた。そのころ、八重山で一番徳の高い神が、石垣島のオモト山の頂上にいた。オモトテラスというその神を、各島々の神は遠い所から見上げて深く拝んでいたが、竹富の女神は自分の陰部をテラスの神に向けて平気にしていた。テラスの神は、「これは不思議なことである。女の一番大切な陰部を見せるとは、何か思うところがあるのか」と、竹富の女神に問うた。女神は、「竹富島の繁盛をお願いするために、人間の生まれる女陰をオモト大神にごらんにいれ、大神のあたたかいお手で私の陰部をなでてくだされば、人間が大繁盛する島になると思います。そこで大変失礼ながら、オモト山に女陰を向けている次第です」と答えた。オモト大神は女神の希望通り、女陰を神の手でなでおろした。それから竹富島には千人もの人間が生まれるようになったという。(同 105〜106)

石垣島と竹富島は指呼の間にあり、於茂登岳の神と竹富島の神との交感を物語る。前者は人間の住む国土としての島の創造神話であり、後者はそこに住む人間の創造と、さらに人間を増やすこと、いいかえれば人的資源の創造の物語であり、共同体としての島の繁栄の原理的な説明となる神話である。

4．集落の立地と変遷

(1) 集落の立地

現在の集落は、竹富港から南に約700mに入ったところに立地して、集落は北の玻座真村（旧名）と[(2)]、中央にある丘陵地をはさんで南の仲筋村に分かれて形成されている。集落の宅地区画や道路はいわゆる碁盤目を呈するが、南北方向の道路などは北東から南西に偏している。しかしその傾きは僅かであるので、以下においては東西南北で表記する。

高橋誠一によると、集落は古くは玻座真・仲筋・幸本・久間原・花城・はれはかの 6 村からなり立ち、「両島絵図帳」では玻座間・仲筋・はれはかの 3 村であるとする。1628年の史料では、3 村が統合されて 1 島 1 村になったという(同 229)。現在は玻座真と仲筋の 2 集落であるが、玻座真の名称は使われていない（現在は東筋、西筋)。本報告では、北の集落である玻座真は道によって東西に区分されるだけで、連続した集落景観を呈していることもあり、北の集落を玻座真と記述して、適宜東・西に細分した記述をとりたい。竹富島は集落のいわゆる島建て伝承も顕著に残る。沖縄本島などから渡ってきた首長とも呼べる人物と村名、その人物を祀ったウタキが対を成している。いわゆる六山（ムーヤマ）と呼ばれる。

写真110　展望台から集落の南を遠望する（下方に見えるのはナビンドー道）

(2) 六酋長の土地と海の配分

昔、竹富島には六ケ村の酋長がいた。その酋長たちは、屋久島、久米島、徳の島、沖縄本島から竹富島へ渡来した。島は小さい上に土地は狭くして生活に不便であるため、6人の酋長はそれぞれの領地について協議した。花城村の酋長は、少しの土地を六つに分けることは無理と思い、土地をもらうよりは広い海を多く分けてくれ、と真っ先に願い出て、東方から南方にわたる卯辰巳午の4か所をもらい、大きな海の所有者になった。

波座間村の酋長は、耕地面積をよい土地から多くといって、波座間村を中心に、美崎付近を自分のものに分けてもらい、その地で粟作につとめた。それで粟の主として尊敬されるようになった。かわりに海としては、島の子の方向にあるヒライソ、東ヌソイ、西ヌソイという、三つの大岩を分けてもらった。幸本村の酋長は、波座間王と同様よい土地を多く取ることを望んだ。フウジャヌクミを中心として西方へ耕地を分けてもらい、大豆、小豆、赤豆、下大豆などの豆類の研究を重ねたので、豆の主として尊敬された。そして、海は西の方向の一部をもらって生活した。

仲筋村の酋長は、竹富島の中央を選び、アラ道からンブフル、仲筋フウヤシキまでの耕地をもらいうけ、麦作を研究したので麦の主として尊敬された。海は戌亥の方向を2部自分の海としてもらいうけた。波利若村の酋長は、やさしい欲のない方で、5名の選び残りでよいとのことから、美崎原にある新里村の土地の一角をもらい、海は寅の方向の一部をうけて、ハイヤピーと名づけた。そして自分は6名の内一番後輩である、先輩たちの諸作物に一番大切な天の恵みである雨を祈り、島の豊作を祈念する、ということから雨の主になった。

久間原村の酋長は、よい土地より悪い石原を多く持ち、その土地に植林して人民の幸福を計ることが望みだった。そのため石の多い野原を取り、ヒシャール山、ヘーマジッタイ、クムクシマフ、カイジを所有地にし、石原に木を植え、竹富島の山林の主となって、人民から山の神として尊敬された。また海の方は未申にあるヒサラピーナノウーピーを自分のものとした。

6人の酋長は、自分の担当した職を神司に告げたので、竹富島の6人の神司はその由来から土地や海を祝詞に唱え、麦、粟、豆、山、海、雨、この六つに分かれた主の神として六つの御嶽を創立したということである。(同37〜39)

以上のように、6人の首長による島の開発と分割統治の伝承は、現在の集落の形態とはかなり異質である。しかも物語としても闘争による覇権を争った形跡はなく、この点は多良間島における闘争の伝承話とも違う。

(3) 集落遺跡

仲盛敦は現在確認される集落遺跡と、それに対応する首長、集落遺跡にあるウタキとの関係性を示した(同81)。

①玻座間村(小城盛遺跡)—根原神殿—玻座間ウタキ(ウーリヤオン)

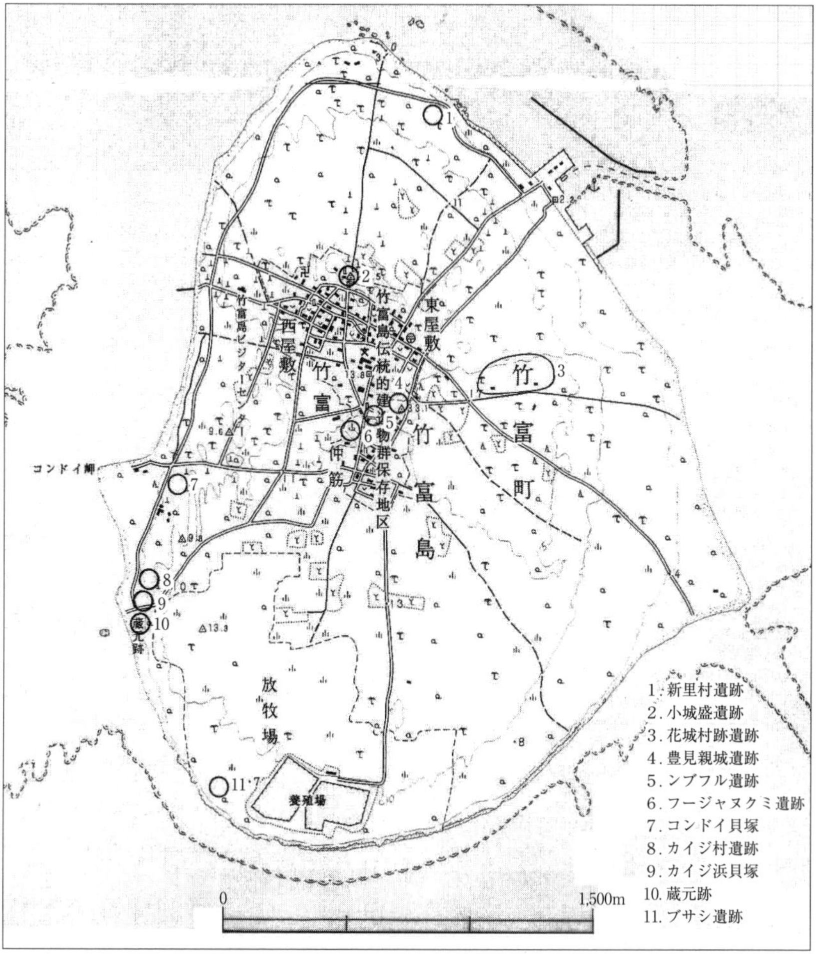

図32　竹富島の遺跡（仲盛1999に加筆）

②花城村（花城村遺跡）—他金殿—花城ウタキ（ハナクオン）

③小波本村（フージャヌクミ遺跡）—幸本節瓦（コントフシカワラ）—小波本ウタキ（コントオン）

④久間原村（花城村遺跡）—久間原発—久間原ウタキ（クマーラオン）

⑤仲筋村（ンブフル遺跡）—新志花重（アラシハナカサナリ）—仲筋ウタキ（サージオン）

⑥波利若村（花城村遺跡）—塩川殿—波利若御嶽（パイヤオン）

このうち②、③、④は14〜15世紀の村跡で、多くが住民の故地として聖地化されたことが窺われる。

⑴新里村の村建て伝承

他金殿は、はじめは島の北端にある美崎《みしゃし》の付近に新里村を建て、井戸を掘って居住していたが、将来の村の発展上この土地は悪いとのことから、島の東方に移り花城の高城という城を築き、そこの城主になって島の人々から尊敬された。（同 2）

⑵花城村の村建て伝承

竹富島の東端にある花城村を創始した他金殿の氏子の娘は、島の北にある遠い新里村へ嫁に行った。ところが新里村には泉がなく大変困っていた。その娘は嫁に行ったけれども飲料水が不自由なために里に帰ってきた。

他金殿はそのことを聞いて、パギダマ（分け前）として花城村から出かけていって、立派な泉を掘り、その娘に嫁に行った記念として与えた。それから娘も大変喜んで新里村の立派な婦人となり、新里村も繁盛したといわれている。この井戸は新里村にあるが、掘った人は花城村の人であったので、井戸の名を花城井戸と称している。（同 74）

これらの伝承により、他金殿は島の北方の美崎付近に集落を作り、後に東に移動したことが語られた。花城村から旧集落への婚姻譚もあり、旧村も依然として機能していたこともわかるのである。

新里村遺跡の調査

遺跡の中央を通る南北道を挟んで、東新里村遺跡と西新里村遺跡に区分された。前者は12〜13世紀に比定されるが、遺構の残存状態は悪い。後者は14世紀ごろの時期に比定され、石積みによる屋敷囲いの遺構が多数検出された。全体

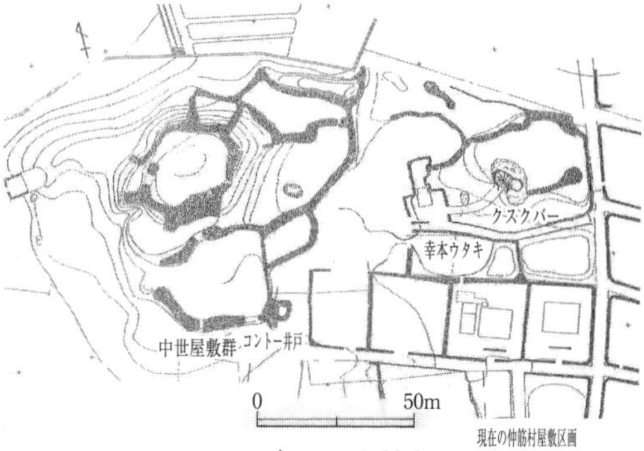

フージャヌクミ村跡

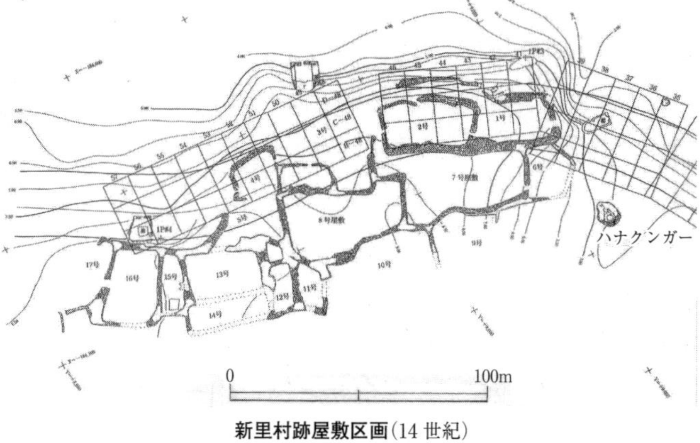

新里村跡屋敷区画(14 世紀)

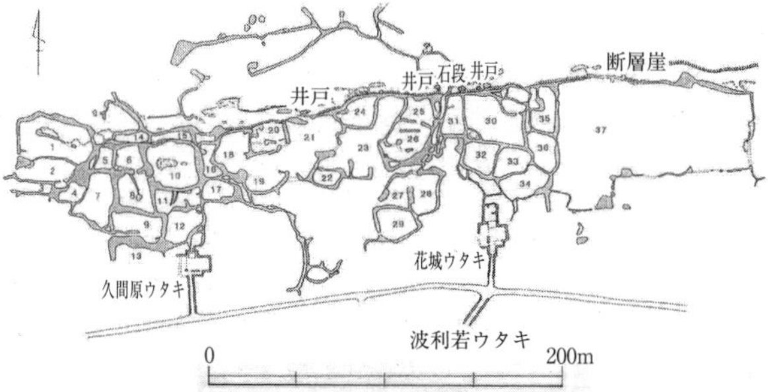

花城村跡屋敷区画(14世紀後半～15世紀)

図33　３遺跡にみる中世時期の屋敷群(上：小野1999、中：沖縄県教委1990、下：仲盛1999)

で12区画ありその特徴は、碁盤目状の道によって屋敷が結ばれるのではなく、石積みの壁の一部を通用門として開けて、ここをお互いの屋敷の出入り口としていたことが判明した。伝承で語られた井戸は、西新里村遺跡からは、南東隅にハナクンガーと呼ばれて現存している。ただ検出された遺構は全体ではないので、首長居館にあたるような屋敷区画は明らかではない（沖縄県教育委員会c 1990）。

ハナスク・クマーラ村遺跡（花城村遺跡）

集落からナーラサ道を東に行くと、途中で道に面した北に久間原ウタキと花城ウタキが隣接し、道を挟んで南には波利若ウタキがある。久間原ウタキと花城ウタキの背後に大規模な集落跡が確認され、測量と一部屋敷跡の調査が行われた。集落跡が確認された範囲は、ナーラサ道から北に約200m、東西約500mである。集落の時期は14世紀後半から15世紀であるといわれている。立地は平坦面を占地するが、北には高さ約 4mの崖（活断層）が東西方向にあり、これが屋敷を限る自然の境界になっている。

遺跡の特徴は、①道によって方格に区画されないで不整形で非均質な屋敷群である。②平坦地に出入り口はなく崖にそって 3 か所に斜めの階段が設置されている。③井戸も崖下に 4 か所開削されている。④久間原ウタキと花城ウタキの背後のそれぞれの屋敷跡とは対応しているという。小野正敏は規模の大きな屋敷は、ハナスクとクマーラの村を建てた創設者の屋敷であり、そこが後世になってウタキとして祀られるようになったと指摘し、総括的に「中世の土地の記憶、ここが我々の先祖の草分けの地である。ここには先祖の村があった、あるいは、草分け家の屋敷があった、墓があったというその土地の記憶が、後に新しい村ができた時に、それを祀る形で御嶽が作られていく」という（同 56～58）。ハナスク村遺跡は前記の新里村の伝承では、この地に移動したことを語っていて、伝承と遺跡が一致した事例である。

フージャヌクミ村遺跡

仲筋集落の北西に位置し、幸本（小波本）ウタキが遺跡内の一部にはいる。詳しい説明はないがこの遺跡の特徴として、①主たる屋敷区画は標高18mの高台にあり斜面に石垣が積まれている、②この屋敷を中心にして裾部にいくつかの屋敷が区画されている、③幸本ウタキとこれに隣接するクスクバーの丘と呼ばれる自然岩の祭場も石積みによって一体的に結ばれている。このことから、所在するのは小波本村を建てたといわれる幸本節瓦（コントフシカワラ）の屋敷と推定される。ここは現在も仲筋の屋敷地の一部に重なっていて、古琉球時代の屋敷区画とそれ以降の方形屋敷区画の変遷を見せている（小野 57～58)。

3 か所の集落遺跡の調査で判明したことは、12世紀末から13世紀の新里東遺跡では、屋敷を囲う石積みと屋敷区画はまだ出現していない可能性がある。14世紀から15世紀にかけて、ようやく屋敷区画が出現するものの、現在のような方形ではなく、不整形でありしかも道がない。石積み壁に開けられた通用門が道として使用されたと考えられている。現在のような整然とした方形区画を持つ集落は、明和大津波（1771年）以降であるといわれ、宮古・八重山地域では海岸近くにあった集落は、津波により甚大な被害を受け、その後の村の建て直しは、内陸部に移動したといわれる。

(4) 明治期の集落絵図

塙忠雄が1890年ごろに八重山の集落を村絵図として描いたもので、道、屋敷割り、井戸、ウタキ、番所、鍛冶屋、高倉などが書き込まれている。竹富島は「竹富島之内玻座真村全図」と「仲筋村之図」の 2 葉が描かれ（同 21)、図の表現は道（北浜へノ道、西浜へノ道、東浜へノ道、仲筋へノ道)、番所、遠見所、小学分校、嶽、井戸、製糖屋と「明」と記した屋敷区画（家屋の標示はなく空き地か)、畑などが分類された。また、道から屋敷までの小路を表現する屋敷区画もいくつか見られる（石垣市史編纂室a)。以下で絵図の内容を検討する。

玻座真村

道　「北浜へノ道」はミシャシ道、「西浜へノ道」はトムドイ道、「東浜へノ道」はアイヤル道が該当する。「仲筋村への道」は 2 本あり、ミシャシ道からのものと、東筋からの道である。東筋からホーシ道を経て竹富港にいたる現在の道は、絵図ではその先は畑とあるだけで浜までは描かれていない。また、ホーシ

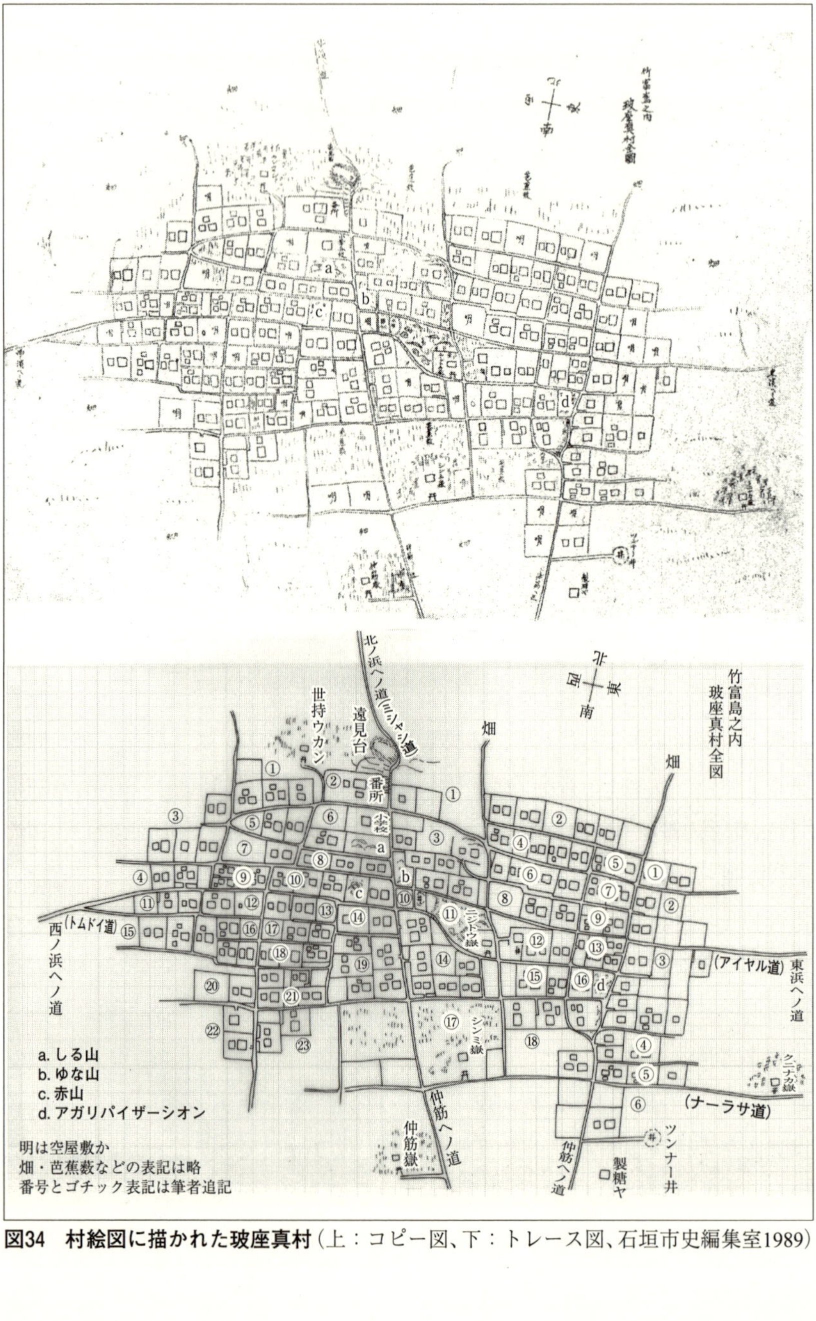

図34　村絵図に描かれた玻座真村（上：コピー図、下：トレース図、石垣市史編集室1989）

道の途上にあって、集落の外に出た所にあるスンバシャーもない。東浜に出るトムドイ道にも同様のものが現存するが描かれていない。スンバシャーは明治20年ごろにはまだ存在していないと思われる。

番　所　琉球王府時代からの末端行政に携わった建物である。ミシャシ道が集落を出る手前である。この道と北を限る東西道の交わる十字路の北西隅で、現在は公園の広場である。学校は西南隅にあり竹富民芸館の敷地である。

遠見所（火番盛、クック）　番所の北でミシャシ道が大きく蛇行して描かれ、伝承ではここもスンバシャーであるといわれる。東に大きく屈曲した道はここを頂点にして、階段状の描写がみられるが、現在も石を敷きつめた道として残存する。西塘ウタキの南の道にも階段が描かれているが、ここには石敷きは残っていない。ミシャシ道を南にとると、屋敷区画の中に混じって山の表現が3か所みられる。北はしる山、西は赤山と東はゆな山で、ナビンドー道はこの3山周辺のことをいっているのであろう。

ウタキ　世持ウタキ、西塘ウタキ、清明ウタキ、アガリパイザーシウタキ、仲筋ウタキ、国仲ウタキなどが現在地を変更することなく描かれている。清明ウタキは、集落の南にあって屋敷区画のほぼ一町分を占地する。

井　戸　集落内に2か所と、集落から少し離れてツンナー井戸が描かれている。集落内の井戸は、西塘ウタキの西にあるアラガーである。ほかの1か所も現存するが名称は不詳である。

仲筋村

道　玻真座村から南に通じた道が1本になり幸本ウタキのそばを通る。この南北道以外はほとんどない。目につくのは集落の外にある井戸に延びる道である。

ウタキ　幸本ウタキは小波本嶽と表記される。このほか集落内にウガンと表記される一画は埴山ウタキである。

井　戸　集落の北東から畑に延びる道の奥に大口井の表記の井戸がある。フーフチガーで現在は集落の中に現存する。西に延びる奥には小波本井がありコントー井戸である。また玻座真村の東から通じる道の東に仲筋井がある。現在のナージーカーで、井戸に降りるらせん状の石段が見える。現在では井戸以外は

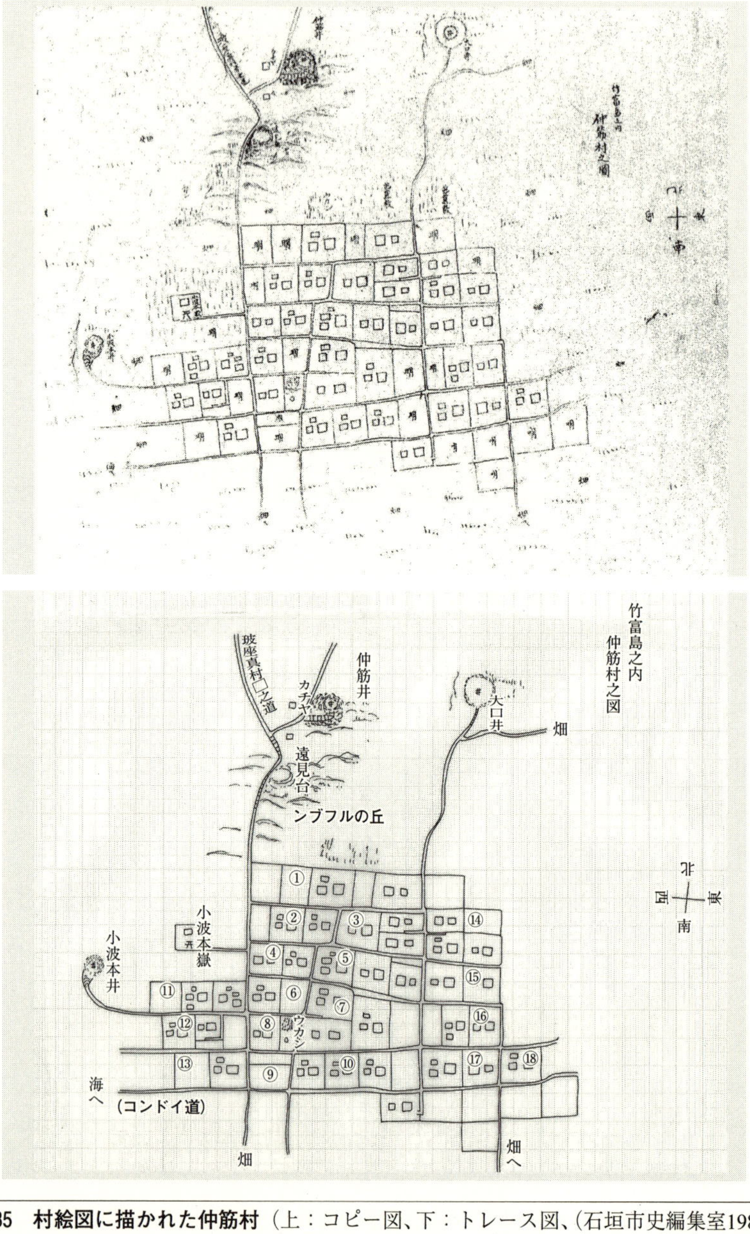

図35　村絵図に描かれた仲筋村（上：コピー図、下：トレース図、（石垣市史編集室1989）

埋められて往時の様子は窺われない。道を隔てて西には鍛冶屋の表記がある。

山　玻座真集落から2本の道が、ナージーカーあたりで一本道になり仲筋村に入る。道の東にはンブフル丘を描き、頂点をはさんで南北に階段状の表現が見られる。現在でも石畳がありこれを描いたのであろう。

明治20年代に描かれた集落の概要であるが、ほとんど変化していない。井戸はどれも使用されなくなり荒廃している。また、東西のスンバシャーは絵図には描かれていない。絵図の範囲の外になるのか、あるいは当時にあってはまだ設置されていなかったのだろうか不詳である。

(5) 集落内道と屋敷区画

検討資料としては、塙忠雄の明治20年代の絵地図と坂本磐雄の図がある（同260)。この両図に示された道や屋敷割りは、一部の区画の改変が認められるものの、明治期の集落の状況を観察することに支障はないものと思われる。

微地形的特長

玻座真集落は、平坦な地形に形成されていると見られるが、西塘ウタキ周辺は変化に富んでいたようである。このことは、集落の核となる屋敷区画を、どこに求められるかということと無関係ではない。最初に作られた屋敷地は、決して平坦ではなかった。

ミシャシ道の西において、区画9、10の北縁部から13、16、18の東縁部にかけて、西南方向に最大で3mほどの崖面を確認できる。この地区の24区画は土地が最も低く水が集中するという。玻座真集落の南にあって未利用地であったが、現在は保育所、診療所などの公共建物が建つ。ミシャシ道の両側にある赤山、しる山、ゆな山は岩の露出する場所で、西塘ウタキでも同様である。つまり北東から南西端にあるアガリパイザシーまでは、一連の岩山の丘が連なっていたと考えられる。これに対してミシャシ道の東は平坦地が広がり、ホーシ道（東筋）の集落が途切れるところから、北、東方向に降りの緩傾斜になる。南にはンブフル丘への上がり勾配の地形である。地図ではほとんど拾えない微地形的な変化は宅地割りなどに微妙な影響をあたえている。

玻座真集落の宅地割り

宅地割りは横一列型が主であるとするが（坂本 258）、詳細を観察するとそう単純ではない。高橋誠一は「規格性や画一性などという点では、相当に乱れているというべきである。玻座真集落としての統一プランを有していたとは考えがたい」とする（同 231）。塙の作製した絵地図に描かれる家屋は120軒であり、このうち、1 屋敷内の建物数は、4 棟— 6 軒、3 棟—40軒、2 棟—60軒、1 棟—14軒で、空き家は39区画である。高橋は 4 棟の家がどのような性格の家であるかは論じていないが、分布を見るとこれらの家が一定の地域に集中するということはなく、敷地が特別に広く描かれているということもない。2 棟の場合は主屋と台所が別棟となり、これが基本形と考えられる。3 棟は主屋＋台所＋家畜小屋などの区別を表現するのであろう。

明治期の絵地図から、ミシャシ道西の宅地区画を検討する。ここには周辺部の区画を合せて24区画がある。このうち北端の 2 区画には番所、6 区画には小学校があり、公的施設の一画である。区画形態分類の横一列型は 1、3 ～ 5、7～15、17、18、20区画で合計16区画あり、全体の 7 割近くがこの類型である。横二列型は21区画、田の字型は 6、16、19区画である。16区画はこの中に小路が入り込み、現在では区画が二分されている。また、6、10区画には山がある。特別に神聖視はされていないようであるが、前記したような伝承を持つ山であり、「火の神が三体立っているように見えるので、三つの岡を火の神と名付けた」（上勢頭 16）といわれるところから、かつては火の神が宿ると観念されたと考えられる。19区画については後述する。

写真111　碁盤目状に区画された宅地と道（字仲筋）

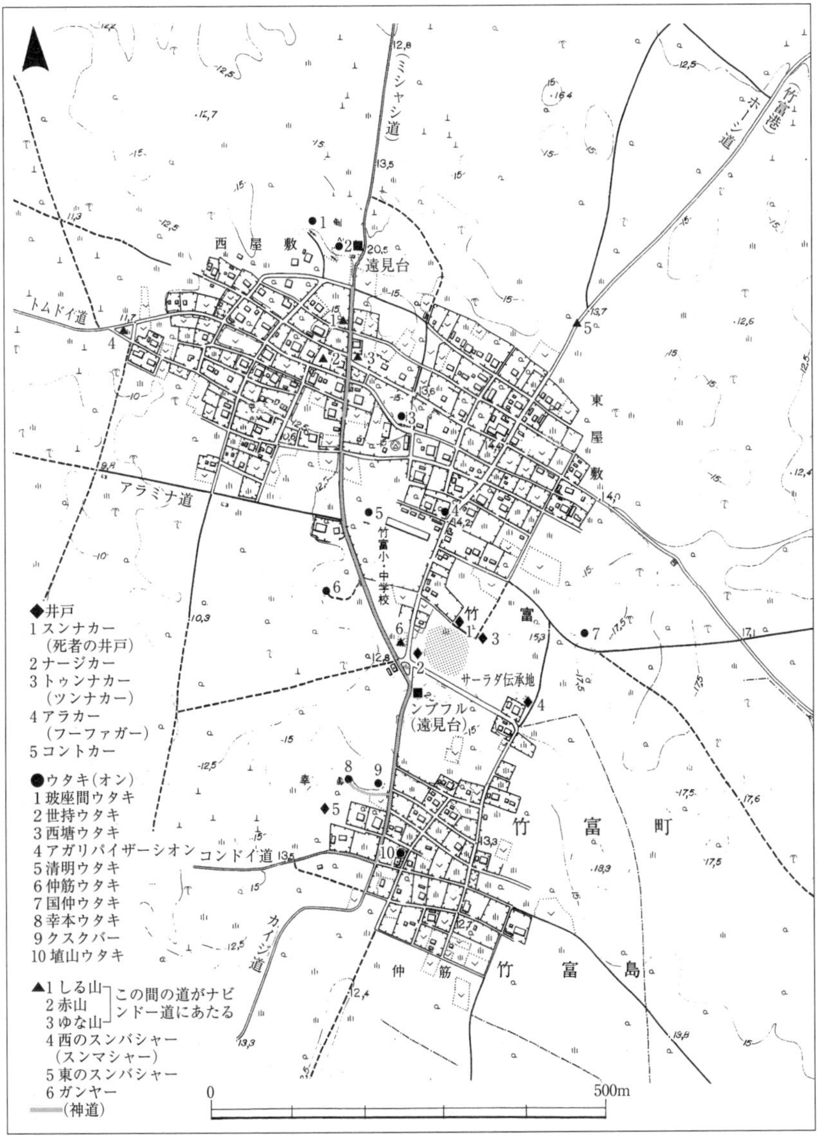

西屋敷
遠見台
トムドイ道
アラミナ道
(ミシャシ道)
ホーシ道
(竹富港)
東屋敷
竹富小・中学校
竹富
サーラダ伝承地
ンブフル
(遠見台)
コンドイ道
カイジ道
竹富町
仲筋
竹富島
◆井戸
1 スンナカー
(死者の井戸)
2 ナージカー
3 トゥンナカー
(ツンナカー)
4 アラカー
(フーファガー)
5 コントカー
●ウタキ(オン)
1 玻座間ウタキ
2 世持ウタキ
3 西塘ウタキ
4 アガリパイザーシオン
5 清明ウタキ
6 仲筋ウタキ
7 国仲ウタキ
8 幸本ウタキ
9 クスクバー
10 埴山ウタキ
▲1 しる山
2 赤山
3 ゆな山
この間の道がナビンドー道にあたる
4 西のスンバシャー
(スンマシャー)
5 東のスンバシャー
6 ガンヤー
(神道)
0
500m

図36　ウタキと井戸・象徴物

次にミシャシ道とホーシ道までの間の区画を見ると、全体で19区画ありこのうち、横一列型は 1、2、4〜 9、12、15、16区画の合計11区画である。ここも6 割以上がこの類型である。横二列型は13区画のみで、変形する区画は3、10、11、14、18、19区画である。なおここには、ウタキが 3 か所含まれる。また、10、11区画と14区画には西塘ウタキがあるが、このウタキにより変形したとも見られる。ホーシ道から東は、基本的にはすべて横一列型の区画である。

以上のように見ると、横一列型区画が優先することは間違いない。そして、この横一列型区画以外の西19区画、東 3 区画、東14区画と10、11区画は、すべてミシャシ道に面していることがわかる。特徴としては、占有する区画そのものが大きく、清明ウタキほどの面積を有している。西19区画は東西60〜80m、南北60〜80mの敷地を持つ区画である。区画内の屋敷地は 6 区画に分割される。屋敷への出入り口は、ミシャシ道に出る家と北・南に開口する家がある。東14区画（同10、11区画も含む）は、西塘ウタキが北東にあって区画が変形している。屋敷割りの一部には、道で三角に切り取られたような形状を示すものもある。本来は10、11（西塘ウタキの区画）と14区画は、ひとつの区画であったのではないだろうか。この区画に西塘ウタキが置かれたことにより、変形した形で分割されたと考えられる。亀井秀一によると西塘はこの島の出身で、首里において石工として活躍した人物として知られる。1524年に帰島し、皆治原に八重山地域の行政庁として蔵元を置き竹富大首里大屋子に就いた。その後、政庁は石垣島に移転して、西塘は1550年ごろに石垣島で死去したといわれている。西塘が石垣島から竹富島に移葬された時期は不明であるが、東筋の屋敷内に墓が作られ、これがウタキの前身である。ウタキ内には文化 3 年（1806）銘の燈籠が一対寄進されている（同 417〜418）。亀井はこの時に改葬されたのだろうとするが、250年後のことでありこの時期も考えがたい。いずれにせよ、絵図に書かれた集落の区画は、西塘ウタキの設置された後の状況と考えられる。

東14区画はもともと西19区画よりも広い面積の区画である。仔細に見ると、屋敷として7分割されて、ミシャシ道に面する屋敷の外郭線には幅のあるラインを描いている。壁のような構造物があったものと思われるが、現在では確認することはできない。

以上のように玻座真集落は、ミシャシ道に沿う広い屋敷区画、およびその北にある区画内の三山、東14区画の南にある清明ウタキなど、この地域が歴史的にみて集落の発祥であり、中心地であると考えられる。このあたりはそれぞれの浜に向かう道の起点でもある。ミシャシ道の 7、8、14、19区画の西は、段丘崖の低地になり最後まで開発の遅れた地域であったと思われ、22、23、24区画では屋敷がまばらである。

高橋は集落内を通る道について、西筋の中央を南北に通るミシャシ道と、東筋の中央を通るホーシ道が主要な幹線道であるとし、玻座真集落の東西の境界道はミシャシ道の東の南北道であろうとした。この根拠として、①この道を境として南北道の主軸方向が違う、②東・西筋の主要道沿いには両側にウタキと共同井戸がそれぞれ存在する。③2本の道に挟まれた部分には森林が多く配置され宅地の途絶が目立つという 3 点をあげれらる。高橋のいう東西の集落を分かつ境界道の想定には肯ける点は少なくないが、南北道である東筋のホーシ道は、北へは港まで延びない畑道である。このことは、ミシャシ道が仲筋まで延びる道であると考えると同一には論じられない。むしろ、玻座真集落はミシャシ道を中心に形成されたと推定される。

仲筋集落

仲筋集落には大和の武士が創始したという伝承がある。

> 昔、大和の国から来た武士新志花《あらしばな》 重成殿《かさなりどうん》は、竹富島の南端の地ブサシに城を築き、城主となって住んでいた。ブサシの付近は地形が悪く飲料水が不自由であり、この地では村の発展は望めそうもないと知ったので、重成殿は島の中心に引越し、仲筋村を創始した。（上勢頭 12）

この伝承は、集落の北にあるンブフルの丘に見張台を築いたことを記している。また、別伝にはンブフルの丘の北に仲筋井戸があるが、これも重成殿の飼っていた犬が発見したことになっている。このため、ンブフルの丘を越えてさらに仲筋井戸（ナージカー）までが仲筋集落の範疇に含まれるものと思われる。

高橋は仲筋集落は横一列型を基本とした格子状の形態を呈して、規格性や画一性では玻座真集落とほぼ同程度に乱れているとする。しかし、この集落については画一性が卓越する。屋敷区画は18区画あり、このうち横一列型は１～８と10～13、15～18の14区画である。変形が３、７、14区画である。この３区画は横一列の３つの屋敷のうち、ひとつが２分割される形態であり、横一列型の分割型といえる。このため、仲筋集落は基本的にはすべての区画が横一列型ということになる。このようにみれば玻座真集落が拡張していく、換言すれば島の人口が増えていく時期に、新たに仲筋集落も開発されたのではないかと推測される。

５．集落内・外の道

(1) 集落内の道

塙忠雄の描いた絵地図の特徴として、集落は詳細に記述するが海岸線まで入れたものではなく、このため道がどれほど集落の外に伸びているか明らかではない。絵地図での道の表記は、玻座真集落の場合、北への道（ミシャシ道）、西浜への道（トムドイ道）、東浜への道（アイヤル道）と、仲筋への道というように東西南北の道を記している。このほかは畑と井戸への道である。玻座真集落の東屋敷を南北に通じて、南は仲筋にいたる幹線道のひとつは、現在では竹富港へのホーシ道であるが、絵図当時の北への道は畑の記述となり港までは通じていない。集落内の道に着目する

写真113　玻座真集落の遠見台から美崎に延びるミシャシ道

と、基本的には碁盤目状の区画を示しているものの、南北道の主軸は平行とはならず、東西道と十字路になる交差点は微妙に食い違うか、あるいは少しずれて曲線状の道を呈している。このような道路形状を風水思想にかなう道であると指摘する（同 233)。仲筋集落は均質な道が東西南北の方向を示すのと違いを鮮明にする。玻座真と仲筋集落を結ぶミシャシ道について興味ある伝承が残されている。

写真112　ンブフルの丘（正面）**と石敷きの坂道**

美崎の旧道は直線に通って部落の入口の所で曲がり、ここに大きな石積みのスンバシャーが築かれた。これが波座真のクークスである。波座真村を通って仲筋の入口にある石積みの岡のンブフルというスンバシャーを回って仲筋村に入る。これは悪魔風の神を祓いする障害物である。島民の健康と島の繁栄のために、島フンシ法で造られた道路とスンバシャーであると、古老たちは言い伝えている。（上勢頭 106〜107）

ここにいう美崎は島の北端にあたり、旧道とはミシャシ道のことである。かつては、この道が島の幹線道で、港から集落に至る直線道が通じていた。玻座真集落と仲筋集落の入口には、石積みの構築物がありスンバシャー、あるいはンブフルと呼ばれた。絵図には玻座真集落の北端に、道に沿って火番盛が東に大きく湾曲して描かれている。これは本来遠見台の石積みで、伝承話にいう悪魔風を除けるためのものではなかった。

仲筋集落の入口でも道は丘を避けるように西に湾曲する。2 か所の地点はともに坂道で石畳が描かれている。集落への幹線道を作るとき、自然地形としてあった丘を利用して村の入口に障壁を設定したのである。ここには、海からまっすぐ集落に入ることは避けなければならないと観念したのである。

(2) 集落外に延びる道と原（畑）

竹富島の住人は島の形をどのように認識したかという話がある。

> 竹富島は昔から、大鳥が北に向かって海に浮かぶ形であると伝えられ、北の美崎の海中に二つ並んでいる岩は鳥の両目、ガンギという石積橋は鳥のくちばし、東美崎、西美崎の突き出た白浜の岡が両羽根、島の中央道路が中骨、南方の岩崎は鳥の尾でスリバナといった。(同 106～107)

このような自然観は、土地の利用や集落の位置、道の設定などに影響していると考えられる。以下、前本隆一から聴取した道の名称を、玻座真集落から北の美崎に延びたミシャシ（ミーシャシ）道を起点にして東回りで記す。①イシャーグ（イヒシャーグチ）道、②竹富港へのホーシ道、③アイホーシ道（地図不記載。②と③の間にビッサァラ道あり）④ショーロ（ショール、地図不記載）道、⑤ナーラサ道、(この間にキトチ道あり）⑥東美崎へのアイヤル（アイミサシ）道、⑦カンナジ道、⑧シュサ道、⑨タナール道、⑩ギダール道、(この間にシマフ道あり）⑪ブサシ道（地図不記載)、⑫イルブサシ道、⑬フノーラ道（地図不記載、⑫と⑬の間にシフト道あり）⑭琉球王府の蔵元へのカイジ道、⑮西のコンドイ岬へのコンドイ道、⑯アラミナ道、⑰西の旧港―桟橋へのトムドイ道、⑱ヌヌッシャー（ユヌシャー）道、⑲ナー道、⑳ヤローラ道（ヤラール、地図不記載）である。現在発行されている地図類には不記載の道もあり、聴取できた道の名を載せられなかったものもある。道は集落から浜まで放射状に延びて、統一された管理の下に置かれたことを窺える。このことは耕作地についても通じる。原名はミシャシ道を入れて24あり、幹線道以外に放射状に延びた

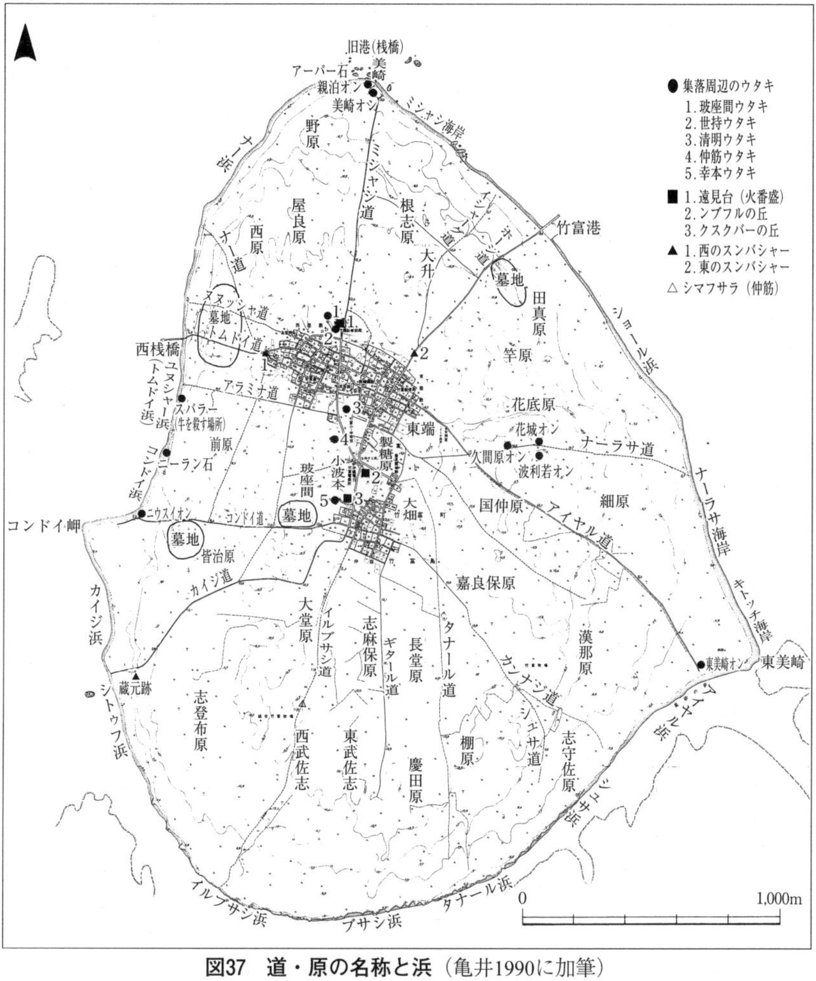

図37　道・原の名称と浜（亀井1990に加筆）

道によって、畑と浜を細部にわたり把握したことを示す。土地の利用と管理という面では、多良間島の土地利用に共通するものがある。

上勢頭は現在の原名に対して古い原名を併記している（同 336〜338）。これによると、古い原名は例えば冒頭の根志原には12の名称があがっている。この12という数字がひとつの原に対して、さらに分割された土地に対する名称なのか名称に変遷があったのかは説明されない。かつての村を伝える名称や神や悪霊にまつわる名称を摘出する原名称：方言名（漢字表記は上勢頭による）である。

根志原＝ぼーずはて（僧侶墓地原）、しんざとぅぬくみ（新里村の後畑）

大舛原《おおますばる》＝ういやる（収穫の多い畑）、ぴちんぱら（海神の坐る原地）

屋良原《やらばる》＝するはて（小魚の寄る畑）、いんのーた（西村の端）

前原《まいばる》＝あれー（荒地の畑）

仲筋原《なかすじばる》＝あれー（天降りの神地）、なーじたー（仲筋の真の田畑）、いにあーじ（稲粟の地）

志麻保原《しまほばる》＝みじなーる（水流の畑）

大堂原《おーどばる》＝ぽーはて（外の畑）、はじよーい（遠い端の畑）

皆治原《かいじばる》＝しぃーらなんと（魔物の集まる畑）

小波本原《こはもとばる》＝ふうじゃぬくみ（大者の敷地）、みひしゅかねー（白金の神の地）

製糖原《せいとうばる》＝さーらだ（畳草の田畑）、とぅーるんぐしく（豊見親城の畑）、ふいなー（国仲御嶽の畑）、ぴるら（広い平らな畑）

竿原《さおばる》＝あいのーた（東の野の端）、あいやしき（東屋敷の畑）、ふうどぅーる（大道の畑）

花城原《はなすくばる》＝みなーはた（見名井の側畑）、くまらぬくみ（久間原村の後畑）、ぴしやはた（鉄のみの畑）、はなくぬくみ（花城村の後畑）

細原《くまばる》＝ばいぬやぬくみ（波利若村の後畑）、かんなーじ（神の名の畑）

かつての村の名を伝えるのは、新里村、西村、久間原村、花城村、波利若村などがあり、新里村遺跡、花城村遺跡などでは集落跡が確認されている。僧侶の墓を伝える原、神や悪霊の集まる原名などもある。現在ではどこであるか特定することはできない。

6．農耕伝承

(1) 畑を回る神

竹富島では年2回、百姓たちの休日がある。春の節には旧正月三が日、秋の節には土地祭の3日間と定められて、その日は野良仕事を禁じられた。福の神の土地調査と作物見学があり、また空き地には種子をまいたりする。神々は最初にビーチン山の亀の甲岡へ集合し、鉄の棒を持った神を道ざらい係として、その後からついて福の神が歩く。神の一行が巡視の時、人間が出会うと病死するとの言い伝えから、その日は島の百姓たちの休日となったものである。なお神の休憩地としての森が 8 ヵ所ある。それはヒシャール山、フウジンブス、ブサシバナ、ニーウスイ、フムリ山、フウヤール、ナームイ、マシバナの 8 ヵ所で、霊地として伝えられている。（上勢頭37）

ビーチン山は田真原の海岸よりにある地名であるが、あとの 8 か所の神山については具体的な地点は不明である。多良間村史はマッツー祭祀を、「この日、竜宮の神が畑を回って種まきをするといわれている。前日の午後から畑仕事を休む」とあり（同a 259)、簡単な説明ながら土地祭との共通性をうかがわせる。以下では畑にかかわる祭祀の事例をあげる。

節　祭

土地祭りは、節祭ともよばれて 8 月の「つちのとゐ」から 3 日間である。上勢頭は「土地の大祓い、井戸水の清め、作物に荒風、害虫の発生がないように神に祈願するという。祭祀の期間中は、物音を立てること、土地を動かすこと、畑仕事をすることなどを禁じて、3 日間の物忌みとした。畑では戸主がでかけて、ススキの芽が出ている物を取ってきて、家の四隅の軒に挿すという。これは魔物払いである。そして、村鍛冶屋の槌の音をもって祭りの終了とした」という（同 55～56)。

種子取祭（タナドゥイ）

節祭から49日目の「つちのえね」から種子取祭が始まる。これは節祭で清められた畑地に、種子を蒔き始める祭りである。10日間の祭りの中では種々の祭儀、芸能が行われる（上勢頭 156)。亀井は 5 日目の畑での儀礼について、「ヤスバ粟、麦、高黍、黍、白餅粟の種子を持ってトー畑（平坦な畑）にいき、畑の中の根付石を頼って、大本山の方に向け直径 2 尺（60cm）の円形にヘラで土地を耕し、そこに種子を播き下ろす。それが終わると御嶽に向かってフキ（ススキ）を立てる。帰るときは花のないススキを刈り取ってそれを家の床の間に飾る」という（同200）。

世迎え（ユンカイ）

節祭と種子取祭に先立って8月8日に行われる。これは畑とは直接は関係しないが、神が種子を持って竹富島を訪れるという最も重要な祭祀である。まずその伝承から記述する。

写真114　海岸線に立つニーラン石（西表島が遠望される）

写真115　五穀の種子を配布するクスクバーの丘頂
（巨岩の頂上部は平場を作る）

昔、大和の根の国からニーラン神という神が舟に乗って竹富島の西海岸に到着した。その舟には種々の種子物が積み込まれていた。ニーラン神が竹富島に上陸すると竹富島の神の一人が、ニーラン神に会って、「この島に持ってこられた種子物は、一応竹富島において、ハヤマワリ・ハイクバリの神に命じて八重山の9ケ村に分配するように一つご面倒を頼む。」とニーラン神に話した。

竹富島の神は、欲張ってなるべく多く竹富島に種子を分けたいと思い、ニーラン神の持ってきた種子袋から、ニーラン神の目をぬすんで、一種の種子を草むらの中に隠した。ニーラン神は種子袋をハヤマワリ・ハイクバリの神に渡し、八重山の島々の神に種子を配布した。そして、その種子が生えて豊作になったらお初穂を上げてくれと頼んだ。草むらに隠してあった種子を播いてみると、ゴマというものが生えてきた。ゴマは悪事の心を起こしてできた作物であるからと、ゴマのお初を神へ上げることを遠慮したので、竹富島ではゴマのお初上げだけは行わない。草むらに隠してあった種子物の神名を「根ウスイ」と呼ぶ。（上勢頭 3～5）

ユンカイ祭祀はこの神話を儀礼化したものと考えてよいだろう。西海岸のトモドイ浜の一画にニーラン石が立っている。この石はニーラからきた神の船の艫綱を結んだという。8 月 8 日には、神女たちがこの石の前で、トゥンチャーマ（世迎え歌）を歌い、両手を高く上げて前方から後方に漕ぐように、神を迎える所作を繰り返すという。このあとニウスイオン（ゴマの種子を隠した場所の神）を巡行して、仲筋集落の幸本ウタキまで行く。神女たちはさらに、ウタキに隣接するクスクバーの丘（クックバー）に登り、ここでハヤマワリ・ハイクバリの神に命じて、八重山の神々に種子を配ったというハイクバリの儀礼が再現される。クスクバーの丘は、小城御嶽とも呼ばれ地上から 5mほどの高さの巨大な岩山である。頂上部は10名ほど着座できる広さで平坦に均され、ここは普段でも立ち入りの禁じられている聖域である。

以上のように畑作儀礼では、種の確保から始まる一連の神話伝承に基づいた祭祀が執り行われた。これらの祭祀の基層には、すべての豊穣は海から来るニーラン神によってもたらされ、これによって島の暮らしが成立するという、共同体の原理的な思想が基底にあると考えられる。

(2) 水田の伝承

竹富島は平均20mほどの低平な島で、畑作が中心の島であることは今でも変わりはない。ところが原名の中の製糖原には、サーラダ（畳草の田畑）とよばれる場所があり、かつて水田が行われたという伝承を持つ。

昔、竹富島に仲嵩という山があった。竹富島はその山から流れる水でりっぱな田圃を作り、米がよく取れる島であった。竹富島の一農夫は、田圃を作り働くことしか知らなかった。その農夫の妹は島の神司を勤めていた。妹は常に兄へ「米はあなたの力だけでできるのではありません。天からの恵みの雨があり、山があり、田圃があって初めて豊作が得られるのです。毎年収穫したらお米のお初穂を必ず神様へ差し上げなさい」と言い聞かせていた。

ところが、兄はたいそう欲が深く、神への信仰心もなく、新米を収穫しても、妹の司へはお米のお初として一番悪い米粒の糠米二合しか差し出さなかった。妹は大変怒って、私を馬鹿にしているとのことで早速神に糠米を差し上げ、神からの教示を待った。するとすべてに感謝のない者には田圃を作らせる事はできないと、神は妹に命じて機織機のアジグチに仲嵩を乗せて、隣の小浜島にすくって投げた。こうしてできたのが小浜島の大嵩であると言い伝えられている。それから後は、竹富島には山がなく、田圃がなく、米が取れず、欲の深い兄の作っていた田圃はサーラという畳の原料の草が生えたので、村人はその田圃をサーラ田と呼ぶようになった。（上勢頭 8～9）

写真116　ナージカー（手前の石囲い）**と水田伝承のあるサーラダ**

稲作を行ったという伝承地は、ンブフルの丘の北にあたる低地部で、現在は荒地のまま放置されている。丘陵から給水塔の立つ当たりにかけては、標高約20mの高地が続き、北西側の裾部にはナージカーを始めとして3か所の井戸が存在する。これは丘陵地からの地下水が豊富であることを窺わせる。つまりこの低地部は、水田耕作のための水の確保が可能であったのである。ちなみに、伝承で語られた小浜島では、小規模ながら稲作が行われている。水田のある自然環境は、海抜99.4mの大岳（ウフダキ）の裾野にあり、谷地形を利用する。竹富島は近代まで西表島古見に出作りと呼ばれる農作業が盛んに行われていた島のひとつである。ンブフルの低地で稲作が行われたという確証はないが、試験的に導入した時期のあったことが推測される。

7．ウタキ・拝所

(1)　オン（以下ウタキで記述する）

竹富島のウタキは一般には拝ん所（おがんじょ）、またはこれが訛ってオンと呼ばれる。ウタキの構造は、前庭と拝所の建物をはさんで奥にイベと呼ばれる神体があり、ここは立ち入りが禁じられている。拝所とイベ全体はサンゴ石の積まれた壁が囲繞する。集落単位で拝まれるウタキは18か所、個人単位で信仰されるウタキは9か所である。代表的なウタキはムーヤマ（六山）またはヤヤマ（八山）と呼ばれて、6か所の集落を創始したと伝承される人物を祀る。これに清明ウタキと、西塘が首里の園比屋武御嶽の神を祀ったとされる国仲ウタキを加えてヤヤマである。以上が一般的な信仰面からのウタキの分類であるが、ここでは地理的な分布を俯瞰してみたい。

東方の旧集落にあるウタキ—久間原御嶽（クマーラオン）、花城御嶽（ハナックオン）、波利若御嶽（パイヤオン）と、集落周辺にあるウタキがある。海岸沿いには、北の美崎にある親泊御嶽（ウヤトマリオン）、美崎御嶽（ミサシオン）と少し内に入るがシムザーシーオンがあり、コンドイ岬周辺には、ニーラン、ニーウスイオン、西美佐志御嶽（イルミサシオン）がある。少し南に下って蔵元跡には皆治御嶽（カイジオン）とイルブサシまたはフノーラ道が海岸に出るところに武佐志御嶽（ブサシオン）がある。東海岸では東美崎に東美佐志御嶽（アイミサシオン）があるだけで、西海岸のような分布はみられない。南海岸も同様にウタキは存在しない。海岸地域のウタキは、島の北から西半分に集中して分布する。なぜこのように分布の偏在があるのか不詳とするよりないが、前本は日常的な海岸とのかかわりは西海岸が圧倒的に多く、東海岸は集落からは遠くまた強い潮流があり、海の利用は少ないという。通有的には東方が神聖な方角として尊重されるが、むしろこのように島に暮らす人々の海岸との親和性が、信仰面にも微妙に関係するのかもしれない。

(2) アガリパイザーシ

アガリパイザーシオンのことは、創成神話で触れたように独特の伝承が語られるウタキであるが、ムーヤマあるいはヤヤマに数えられることはない。ここには、竹富島の創成神話を伝承した有力首長、あるいは神話を管理した家系が断絶して、聖地であるオンそのものの祭祀が途絶したのであろうか。

(3) 神道

ナビンドー道

これまでのところ明確な報告例はないが、前本への聴取では、北の美崎から集落に延びるミシャシ道は神道として意識されるという。この道は前記したように、火の神が道を跨いで鍋を据えたというナビンドー道の伝承の中で語られる。玻座真集落西屋敷のウネ（宇根）家や仲筋集落のミヤラ（宮良）家は、神道に沿っていることに配慮して、屋敷内の台所棟や便所棟、母屋内の一番座、香炉の位置などは通常とは逆の配置になり、西に一番座、東に炊事場を置いているという。

ユンカイ道

8月8日のユンカイ（世迎え）に通過する西の浜から、幸本ウタキにいたる道も神道として観念されている。ニーランから穀物の種を満載した神の船をコンドイ浜のニーラン石のところで迎えて、仲筋集落の幸本ウタキまで道行きする。

この儀礼の出発点となる浜から、ニウスイオンを経由して、コンドイ道を幸本ウタキ・クスクバーまでいたる道である。

アラミナ道

玻座真集落の南にある清明ウタキから、まっすぐ西に向かう古道がある。現在は使われていないが道は確認できる。この道をアラミナ道といい西の浜まで続いている。浜に出て南に200mほどのところをスバラーといい、岩が海にせり出している。スバラーは祭りのときに使用する牛を屠殺する場所であったという。犠牲獣を殺すのは、スバラー以外には西塘ウタキの東があり、いずれも特定された場所である。アラミナ道は、日常的には使用されないため廃道のようになってしまったのであろう。

写真117　スバラーと称される地点（祭祀の犠牲獣を屠殺した場所）

写真118　西塘ウタキ（ウタキの左側で屠殺したという）

(4)　海の神の道

前記したユンカイに関して、海の神の道というものを観念したようである。琉球政府の報告書は、「島の北西岸を流れる浦ミゾは「渡らふち」と「皆治ふち」で岸と通じ、渡らふちは「神ぬ舟ぬ道」を経て聖なる港「もと洲原」に続いている」とする（同322)。浦ミゾは図31のように島の西沿岸に開いている規模の大きいクチである。ここからコンドイ浜や蔵元の置かれた皆治の浜に神が船を着けるというのである。沖縄での豊穣をもたらす神は、海上から来訪するという観念は、これまで検討してきた津堅島以下各島々で共通する観念であった。竹富島では神のやってくる海の神の道として明確に表現し、ユンカイ儀礼として実修したのである。

8．集落の内・外を画す象徴物

(1) スンバシャー

構築物によって集落に入る魔物や疫病を防ごうとした。この構築物をスンバシャーと呼んだ（前出)。

村の入り口にある障壁のことである。スンバシャーあるいはスマシャー、スンマシャーと呼び習わした。美崎の旧道路とはミシャシ道のことである。明治20年ごろに作成された絵図では、玻座真集落にあるスンバシャーは、美崎から集落に入る地点にひばん森（石積みの遠見台─コート盛、小城盛）があり、これを迂回するように道が屈曲する。港からの直線道で、集落の入り口直前で回避するための構築物である。ところが、遠見台は人工的な積み石の構造物であ

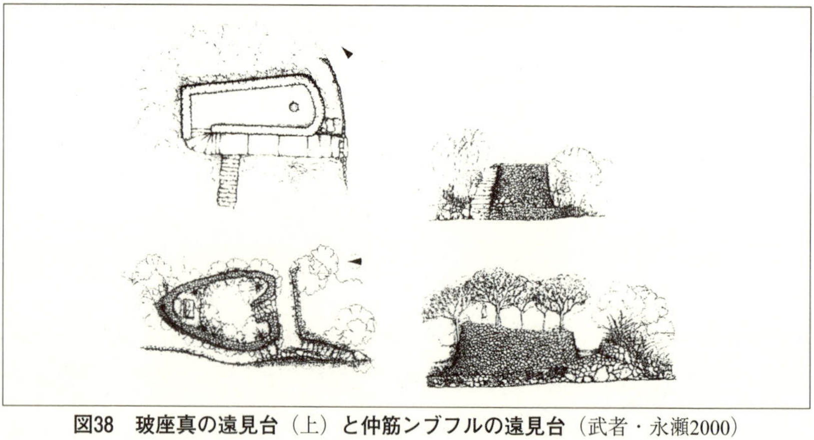

図38　玻座真の遠見台（上）**と仲筋ンブフルの遠見台**（武者・永瀬2000）

る。高さ4.35m、頂上部の平坦面の長さ11.4m、幅4.8mの規模である。このあたりは自然地形も微高地になり、ミシャシ道と一体的に造られた可能性を示唆する。建設年代は1644年ごろと推定されている（武者英二・永瀬克己 340～354）。

仲筋集落のスンバシャーと呼ばれているのはンブフルの丘を指す。絵図で確認すると玻座真集落と仲筋集落を結ぶ幹線道が、丘の手前で屈曲して西に折れ、裾をまきながら集落に至る。ここが頂点になり両側から坂が表現される。現在もこの地点には石畳が残存する。ンブフルも遠見台として利用されたようで、丘陵の傾斜面に対して石積みがある。規模は高さ4.96m、長さは9.2mとしている。

このほかに、玻座真集落には西屋敷から出た地点のトムドイ道上と、東屋敷から出たホーシ道上の 2 か所にスンバシャーが現存する。東屋敷のスンバシャーは、道の中央にあり細長くなっているが、元は円形で規模の大きなものであったという。仲筋集落では南にも存在したようで、コンドイ浜またはカイジ道のいずれかの地点であったという。このように見ると、海から集落に入る主要な道に障壁となるスンバシャーを築くことで、集落の内・外を明確にしたといえよう。注意されるのは、墓地はスンバシャーの外側に立地していることである。ここにも境界性が現れた事例といえる。

(2) 年中行事

魔払い（島ヒサラー）

次に集落の境界性を示す年中行事を取り上げる。これは常設的な構築物ではないが、明確に集落の境界性を観念していると考えられる。

写真119　竹富港への途上のホーシ道にある東のスンバシャー（かつては規模が大きかったという）

昔、竹富島にアールマイという男がいた。この男は海が好きで、畑仕事の合間には海に出て魚を取るのが習わしであった。ある晩のこと、アールマイは夜釣りにいき、沖で魚を釣っていると自分の目の前に船が現れ、船人から付近の港口を教えてくれと声を掛けられた。アールマイがこの船は何のためにこの島に来たのかとたずねると、「私は病魔の神である。船いっぱい病気の種を載せてきたのだ。この島の出入り港口を教えてくれれば、そのお礼にあなたの畑に蒔く農作物だけは特別に稔らせてやるから、あなたの畑にはススキの葉の先をひと結びに結んで目印にしておき、あなたの家の門には七五三の注連縄を張っておきなさい。そうしたらあなたのところだけは病の種をいれないから」と、病魔の神がアールマイに答えた。

アールマイは病魔船に遠回りの船着場を教え、自分は一足先に村に帰り、途中の道の両側にある村人たちの畑に結びススキを差しつつ村に上がり、村の入口には七五三の注連縄を張って病魔の神を村内に入れないようにした。アールマイの

写真120　トムドイ道にある西のスンバシャー

写真121　琉球国時代に築かれた玻座真の遠見台
（この地点でミシャシ道が屈曲する）

おかげで、病魔神は竹富島に厄病を撒き散らすことができずに、その船はそのまま島を去った。

それ以後、竹富島ではアールマイの教えとして農作物の種子蒔きをした時に、結びススキをし、また畑には「アールマイ　ヌ　ノールフキ」すなわち、アールマイの稔る茎と唱えて農作物の豊作を祈ることにした。さらに「ハナキ　ヌ　ニガイ（病魔祓い）」には、村の入口ごとに注連縄を張って魔祓いの祈願をした。（上勢頭16～17）

アールマイ伝承は、島の年中行事である魔祓いと種子取祭の由来譚になっている。まず病気の種を載せた神の船が、竹富島への港口を尋ねるところから始まるが、これはユンカイ（世迎え）儀礼での、五穀の種子を満載した神の船が、西の浜に寄りくるという話とは、島の人々の意識の中では、海から来る神の船という点では同じであり、豊穣の神と病魔の神の来訪は、パラレルな関係として捉えていたのだろう。この伝承では、畑にススキを挿すことで豊作が約束されるといい、種子取祭では儀礼的に五穀の種子を畑に播く儀礼が行われるが、畑にはフキ（先を結んだススキ）を挿す。

病魔神から家や集落の境界での病魔の侵入を防ぐ方法も教えられた。年中行事では、魔祓い（または島ヒサラー）と呼ばれる儀礼である。今では行われていないため詳しい報告はほとんどない。上勢頭は9月のみづのえの日に行われる、害虫、病魔を祓う祭りであるという。別名を「ハナキヌニガイ島ヒサラー」といい、集落の入口の道に注連縄を張って、ニンニクを縄に結びつけ、山羊の血を縄に塗りつけた（同157）。

前本によると、仲筋集落では昭和10年ごろのこととして、ブサシ道のアジラ（畑の石を積んだ場所）の側に木を立てて縄を張ったという。仲筋集落の中にある埴山ウタキの由来譚は、島の病魔払いの神として創建されたことが語られている。病魔を乗せた船が海岸に寄りつくということは、伝承では波照間島、石垣島大浜、黒島など竹富島以外にも八重山諸島で広く聞かれる。[(3)]

ムヌン（物忌み・虫送り）

戦時中に廃止になり詳しい報告はない。上勢頭によると、かつては毎月のミズノエの日に行われ、その後年 4 回になったという。この日は各戸が畑で害虫を取り、クワズ芋の葉に包んで海に持って行き、船に乗せて流したという（同 145)。前本はムヌンの時コンドイ浜で寝たことを覚えているという。通有的には、虫送りの日には牛などの家畜を浜に出して、集落内には誰一人として入れない状態に置かれた。コンドイ浜では神司が、「パイノーラヌ島、ニーラスクの国に行って虫たちは生活せよ」と唱えた。ニーラスクの国が虫の行き着く所であるとするのは、宮古諸島での虫送りに一致する。

9．浜の聖と俗

(1) 浜の聖性

北の浜

北端の海にはいくつかの巨岩が海中から屹立しているが、この中にアーパー石と呼ばれる岩がある。これには伝承があり、美しい娘が海岸でアーサーを採取していると、急に潮が満ちて海に引き込まれ海中に立つ岩となったという。そこでこの岩を立神、海の守り神として祀りはじめたという（上勢頭 92 ～93)。桟橋の雁木も残り、石垣島とは最短距離で結ばれた地点である。岬には美崎ウタキと親泊ウタキというふたつのウタキが隣接する。ともに海の守りの神とされ、いわば二重に設定された聖地である。

西の浜

浜あるいは海岸の聖性の観念を表出した儀礼はユンカイである。船を係留するニーラン石が象徴的に設定されている。これに対して、病魔を載せた船も寄ると伝承されるが、この場合の具体的な浜は明らかではない。

東の浜

東美崎には浜の砂を首里観音堂の香炉砂として、年に 1 回運上したという伝承が残る。竹富から首里までの航海安全の神として、宇根家には観音が今も安置されている（同 114)。

南の浜

以下の伝承はお産にも関係する。

　子の方向にある星を父星といい、午の方向にある星を母星という。ある日、母星がお産をしたいとのことで、天の大明神に申し出た。大明神は竹富島の美しい、広い南の海に降りてお産をするように命じた。母星はその通りに竹富島の南の海に降りて、たくさんの子どもを産みおとした。すると、海の係りの七竜宮神が、「自分の所有するこの海を、母星が勝手にお産の場所に使ったことは決して許せない」と、海の大蛇を使って、星の子どもを全部かみ殺させた。大蛇が食べた星の子どもの骨が糞となって、南の海岸に打ち上げられたのが星砂である。

　島の東美崎の神は、この星の子の骨を拾い集めて自分の側に祀り、いつか天国に返してやろうと考えていた。そのことから、御嶽の神女は必ず香炉の星砂を年に一度は入れ替える習慣が残っている。そして、島の神女のおかげで、星の子は昇天しているので、午の方角の母星の側に多くの子星が光っているという。（同 90～91）

いわゆる星砂の由来である。この話も南の海岸でお産をしたものの、竜宮神の怒りによって子どもが殺されその骨が星砂になり、最終的には東美崎の神がすべてを拾い集めて、浜に祀ったというのである。東美崎の神を中心にして考えれば、前記した宇根観音由来譚に共通した浜の聖性を窺える。また、星砂伝承の発端となったお産を考えると、南の海岸が神聖視された観念が窺える。

(2)　浜の俗性

浜または海岸の聖性に対して、俗性の事例はほとんど報告されていない。わずかに葬送儀礼に関するものがあるだけである。上勢頭は墓からの帰りには海へ行き、「七サイのハナ」といって、海水で 7 回不浄を左手で払い清めた。帰路はススキ 2 本を高く円形に結びたて、その円をくぐって帰宅したという。現在ではこれも途絶えて塩水をかけるだけという（上勢頭 131）。

以上、浜あるいは海岸の聖・俗観念の事例であるが、浜などで行われる儀礼は乏しい。浜に関しては北・西や東、ことによっては南海岸も聖性をもつと観念されていたと考えられよう。竹富港の近くにあるといわれるビーチン山は、海原の神が居る場所とされるところから（同 131）、聖性に関する特定の浜ということはないのかもしれない。

10. 竹富島の生死観念

（1）出産儀礼

出産儀礼の事例分析に先立って、ここでも豊富な伝承話を取り上げて、そこに語られている民俗事象をみる。

⑴星砂由来（前掲）

⑵寄り木の神とニーラン神

昔、2 人の仲の良い漁夫がいた。ある晩、連れ立って夜漁に出かけた。潮時が早いので、潮待ちのためにある寄り木を枕にして寝ていた。すると海の方からニーラン神が現れ、寄り木の神に、「今晩村に 2 か所でお産があるから、今、産児に運命の位を授けに行こう」と誘った。しかし寄り木の神は、「今夜は 2 人の人間が来て、私を枕にしているので身動きできないから、すまないが、1 人で村に行くように」といって断った。それで、ニーラン神は 1 人で村に出かけていった。しばらくして、その神は帰ってきていった。「1 人は男子、他の 1 人は女子である。男子には石 1 個の位を授け、その名をクリと命名し、女子には米一升を授け、その名をトクと命名してきました」

この話を夢うつつに聞いていた 2 人の漁夫は、自分たちの妻がお産前であったことに気がつき、漁をやめて帰ってみたら、やはり自分たちの子どもであった。2 人の子どもは成長して親たちの希望によって夫婦となった。そして夫は石大工の位をもらい、妻は米倉を建てて、裕福な暮らしをしていた。ところがある日、夫は急に病気になりこの世を去った。それからというものは、世間の人々は、同じ夜に生まれた男女を夫婦にしたら短命であり、産家の人がほかの産家に出入りすることも悪いといって禁じるようになった。また産家同士、物を交換することもできなくなった。さらに、10日間の深いお守りとして軒下に注連縄を引き、他人の出入りを厳重に制限して、産児の成長と将来の幸福を念じる習慣が残されている。（上勢頭 50～51）

⑶産屋と注連縄

昔、八重山中の神々の協議により、石垣島の御神崎《おがんざき》沖にある大岩を岡にある岩の崎に持ち上げることになり、八重山の島々の神が集まってきた。この大岩を持ち上げるため、竹富島の神へもその知らせがあった。竹富島の神が出発準備を整え出かけようとした時、島の女がやってきて、「私はお産が近づいております。私が安産するまで、どうぞ竹富島に居られて私のお産を見守ってください」と神にお願いした。

神はその女の言うことに対して非常に同情し、大事な御神崎の神集いの集会には欠席した。女はこの神のおかげにより無事安産した。女は神のご恩を忘れず、安産のできたのは神のご加護であることを神に感謝した。竹富島の神は、女のお産を済ませて石垣島に渡り、八重山中の神々に自分の出席できなかったわけを報告したので、八重山中の神々は人間の繁盛をおめでたいこととお喜びになり、八重山中の神々より竹富島は生まれ繁盛の島として認められた。

それ以後、竹富島はシラ（お産）深い島であると知られ、お産室と家の軒下には、10日間スピナージナを引き、神の見守られる御産家として一般民へ知らしめて、10日過ぎてから注連縄を取り納める習慣が行われるようになった。（同 10）

3 種類のお産にまつわる伝承が語られている。1 は星神のお産の話で南の浜がその場所として語られる。憶測をたくましくすれば、実際のお産も屋敷の裏座を産室とする以前には、南の浜でお産の行われたことを示唆する伝承ではないだろうか。池間島でもかつて南の浜でお産が行われた。2 は 3 とも関係する内容を含んでいる。まず、お産に伴って生れる新生児の運命は、ニーラン神と寄り木神が関与すると考えられた。そこで、2 にあるような話の展開になるが、この話によりお産に関連して忌避すべきことが以下のように認識された。①同じ夜に生まれた子ども同士は将来夫婦にすることは避ける。②産家同士の出入り、あるいは物を交換することの禁止。③産家は軒下に縄を張り他人の出入りを禁止。③についてもスピナージナを軒下に張るのは、神の見守る産家としての目印であると説明される。

(2) 出産と産家の動き

産前の儀礼

スピナージナ（わらの端が長く出ている）を家の軒下に回し張り、門には竿を横に置く。産家の人は神前、ウタキへの出入りは禁止（上勢頭 118）。

産後の儀礼

①ソージハライ（コラーフ）　おにぎり、サプナ（長命草）、火にあぶったタコを供物として祈願する（同 120）。②4 日目シラヨイ（命名式）　ヤーヌナー（童名）をつける。長男・長女は祖父母の名、次男・次女は母方の祖父母の名をつける（沖縄民俗g 47）。③10日目にはスピナージを取り外す。産後10日間は家族やその家に入った者はお宮やウタキには入れない（同g 47）。④20日以内　アラハジミ（アラハジエー　初歩き）—外出は中門（マイヤシ）の東側を通って外に出る。西塘ウタキにて祈願をする。弓矢は軒先に指す（上勢頭 121）。⑤13歳　生らし神に預けてあったのを、礼を述べて払い下げ、新たに生り方（マリホウ）、クシャテの神に預ける（琉球政府 333）。

以上、産家におけるスピナージナを張ることは、一般的にはその家そのものが非日常の事態に入ったことを示すと同時に、神の見守る印として意識されたのである。この期間は10日間続き、この間は他の人が家に出入りすることは忌避された。また、初歩きには中門の東を通ってウタキに行くことは、屋敷における東の聖性を示すものである。

上勢頭はソージハライについて、「産児に初湯を浴びさせ初衣を着せムムチャーを印した後、精進祓いの式が行われる」と説明するものの具体的な儀礼はない（同 120）。しかし、ソージハライという言葉は、多良間島ではショウズバリといわれて、お産の時の物を洗濯して新しくするという儀礼である。おそらく竹富島でもかつては、産後の儀礼として実態を伴うソージハライが行われたと推測される。初めての歳祝いである13歳は、出産に関わった神から離れて、別の守護神に代わるとされる。個人を守護する神の存在が出産から係わり、それが交代するということが観念されたのである。さらに、最初の歳祝いの年齢は、人間としての認知にかかわる転換点でもあると考えられた。このことは、以下の子どもの死亡とその後の処理に係わっている。

(3) 新生児の死亡

①死産児　屋敷の裏に埋めてアザイ（貝殻）をかぶせる。この場合、屋敷の四隅は神聖で汚すべからずの方角として避けた（沖縄民俗g 47)。②乳呑児が死ぬときは、悪霊がもらい乳に他の乳児のいる家へくるので、門口に木臼を外に向けて倒しておき、その上へ杵を両方から立てかける（琉球政府 334)。③7歳以下で死んだ場合、母親が墓まで抱いていく。本墓の右側のそでに小さく石を積んだ墓（ファーナー墓）に入れる。この間の子どもは神の子であって、人間として再生すると信じている。家の門には竿を×印に横たえる。またマイヤーシの前で臼の上にイナキを横たえた（沖縄民俗g 56)。

出産に係わっては、産家に悪霊の跳梁する期間があると観念され、家にはそれから守るために縄が張られた。7歳以下の子どもは人間ではなく神の領域にいるものとして、死亡した子どもは再生してくると信じたのである。ここにも池間島や多良間島の子どもの領域について通底した観念をみることができる。

(4) 喪送と家・集落の動き

死者の発生は集落にとって不可避的な出来事である。ここには日常生活を取り戻すまでの期間に、喪家と喪家以外の集落にどのような動きが発生するのか分析する。

葬式当日の集落・屋敷

①道に立っている人々は、悪霊除けの植物として暖竹やみかんの枝を持ち、柩が前を通る時にこれらの枝で叩いて悪霊を祓った（上勢頭 131）。②門の両側の石垣にも暖竹の枝をさして悪霊が寄りつかないようにした（同 131）。③野辺送りの道々の家では、門口に竹竿を×印に交差させ、悪霊の侵入を防ぐ（琉球政府 334）。

葬式道

仲筋では昔はクントマリ道を葬式道としていた（沖縄民俗g 55）。

喪家の葬式当日

①クワズイモの葉で柄杓をつくり、豊見親城の下にあるトゥンナーカーで水を汲んでくる。この水で死者の沐浴をする。また、瓶にこの水を入れて墓まで持っていく。この水をモール水という（上勢頭 127）。②霊前に供える青竹の箸、クバの葉のうちわは当日作り、出棺とともに門外に持ち出して野原に捨ている（同 127）。③死者への持ち物—三角袋に五穀の種子を入れる（同 128）。
④葬式の帰り道は同じ道を通らないようにした（同 131）。⑤葬列が出たら棒で家の後ろを 3 回叩いて悪霊を退散させる（琉球政府 334）。⑥墓まで見送った人は、身の穢れを祓うため浜に降りる。浜には 2 本の生ススキを葉の先で結わえて立てた門が 2 か所あるから、右側の門は忌に服する人々が通り、左側の門は会葬者がくぐって波打ち際へ降りる。そして素足になって海に入り、「七サイのハナ」といって左手で海の水を 7 回すくって捨てる（同 334）。⑦子供たちは砂浜から蛤を採取して持ち帰り、粟、豆といっしょに煮て、皆で少しずつ分けて食べ穢れを落とす（同 334）。

3日目

3 日見舞いといって墓前で供養をした。その夜は新亡の霊を迎えたということで、墓では近親の霊が集まって祝宴を開いていると信じられている。そこで人々はユタに依頼して墓近くの状況をみてもらい、死人の様子を聞く（上勢頭137〜138）。

21日目

ミーナンカといい、死者が自分の死を確認する日であるといわれる。

①墓に親戚や知人が集まりタマシイバイ（魂分かし）の儀式が行われた。人々にタマシユル（麻ひもを七節結んだもの）を与え、各自首、手首などに結ぶ。これにより魂を分けたことになる（沖縄民俗g 55）。②ハラバイ—種物や畑を死者に分け前として与えるまねをした（同g 55）。③喪中の人は49日がすまなければ、お宮や祝儀の場所へは行けない（琉球政府335）。

33年忌

33年忌が終われば故人は昇天するといわれ、位牌は墓で焼いた。ウイテンヌショウコウといい、これ以降の焼香は行わない（沖縄民俗g 55）。

遺骨移し

他郷で死んだり、墓の移転などで遺骨を運ぶ途中、村を越し、道を通り、山を越え、川を渡るときは「安々と渡りたまえ」と唱え、花米、塩をふりまいて霊の道渡りを行う。遺骨を地面に置いたときは、地の神の許しを得るために祭りを行い、土を一握りとって遺骨といっしょに墓まで持っていく（上勢頭139）。

以上が葬式から33年忌までの集落・屋敷と喪家の動きである。葬式当日は喪家、他の屋敷ともに悪霊の侵入を防ぐための処置がとられたことがわかる。この中で喪家において葬列が家を離れたら、家の裏を棒で叩くという行為は悪霊を追い出すものであろう。葬式当日の夜の悪霊を払う儀礼は報告されていないため、これに代わるのがこの家叩きである。琉球政府報告によると、墓からの帰りには、浜に降りて潮水を浴びることが報告されている。この中でススキの門がふたつ用意され、それぞれ喪家と会葬者が別々にくぐると記されている。しかし、この区別はさほど意味のあるものではない。多良間島での事例のように、本来は浜に降りるときと帰途は別々の門をくぐったのであろう。21日目のハラバイという畑分け儀礼は、上勢頭の調査時点では簡略化されていたようであるが、畑なり墓の庭などで行われたことが推測される。また年忌供養は、33年忌を過ぎると位牌は焼かれて、以降は故人としての供養は消滅すると観念された。

(5) 墓地と集落

古くからの墓は、玻座真集落の北辺の原野や、仲筋集落の南方の原野などに、石を野面積みした簡単な墓が散在していたが、多くは牧場の柵で囲まれた中にありほとんど確認できていない。現在の集約された形の墓地は、①竹富港へのホーシ道の東の墓地。集落からは離れて道が海に向かって下り坂になる場所にあるため、集落からは見えない。②玻座真集落の西屋敷から西桟橋にいたるトムドイ道沿いにある墓地。海岸近くにあるため集落からは離れている。③コンドイ道と環状道路の交差点付近の墓地。ここは仲筋集落が使用している。以前はコンドイ道を下って浜近くの場所にあったが、遠くて不便であるので集落の近くに作るようになったという。前本によると、墓地はコンドイ道の南に限られる。道の北は（原名は前原でワラミナ道までの区間）ニーラン石やニーラン神が休憩したとされるニウスイオンがあり、この一帯は神聖な地域として認識しているので墓は作らないという。

以上のように墓地の立地を見ると、以前は海岸の縁辺部にあり、集落からは遠い距離で、直接的には見えないという地理的な特徴があった。ところが、前出したように最近では集落近くにコンクリート製の墓が作られるようになった。

11. 小　結

竹富島は琉球王府時代の一時期、蔵元が置かれて八重山諸島の政治・行政上の中心として機能し、沖縄本島から派遣される役人を受け入れた。このような歴史的な背景があってのことだろうか、村建て伝承には、他島から移住した複数の領袖による支配を語る。しかも闘いによるのではなく、話し合いによる支配地域の分配という独特の伝承である。この他、国土創成神話や人間の起源を

写真122　現代の墓地（墓前の供物と葬列を髣髴させる旗などが放置されていた）

物語る伝承、年中行事の由来譚などが豊富である。ところが、民俗的事象の多くは早くに廃止されたことが上勢頭の記述で知ることができる。

現在の集落は、島の中央部に玻座真と仲筋が集住形態をとってまとまりを見せている。歴史的には、いくつかの古琉球の時期に存在した集落跡の存在も明らかになった。これらは海岸に近い場所に占地したようで、集落の形態的な特徴は、道を介しない不規則な屋敷区画群で構成されたことである。幹線道を基準とする方形区画屋敷群への変遷はこれより後のことである。このような集落跡は忘れられた存在ではなく、廃絶した後もウタキとして聖地化していることも見逃せない。

(1) 竹富島の生死観念

子どもの世界

竹富島の伝承では、生まれてくる子どもの寿命を司る神として、ニーラン神と寄り木の神が観念された。ともに海から来る神である。琉球政府報告は、歳日《としび》の祝いについて、「13歳までは生まらし神に預けてあったのを、礼を述べて払い下げ、新たに生り方（まりほう）、クシャテの神に預ける」という（同333）。25歳の祝いでは13歳以来の守護を感謝し、さらに次の37歳の祝いまで預けるという。歳祝いでいわれる、13歳まで守護する生まらしの神というのは、前記したお産を守護し運命を授ける神であり、誕生から13年間の長期にわたって守り続け、その後はクシャテ神に引き継がれるというのが歳祝いの核心なのである。一方、7 歳までの子どもは神の領域に存在すると観念されて、その間に死亡すれば再生してくるものと考えられた。この歳祝いと 7 歳までの子どもの観念には、年齢的な格差は存在するものの、誕生から無事に成長すれば、13 歳で人間として認知されたことを示す（同 88）。

死後世界

上勢頭は後生《ぐしょう》の歌を採録している。この歌は葬式や忌中の家でしか歌われなかったという。旅に出る時や船に乗るときに、歌の話が出たり歌ったりすると出発を取りやめ、万が一歌ったらあとで口を塩で清めたという。それほどに死というものに対して敏感に反応したのである。

後生の歌（一名　白鳥節―口語訳）

一、大海に出る舟は　島について戻ってくる

二、大原野に出る舟は　再び戻ってこない

三、大原野に出る舟は　白鳥がとまっている

四、白鳥ではない　阿弥陀仏である　守ってください

ここにいう、大原野は玻座真集落の北に広がる墓地のことであろう。葬式の柩を船にたとえて後生の歌としたのである。阿弥陀仏という文言がはいり仏教的な影響を感じさせる。このような葬送歌は、本島久高島や大宜味村謝名城《おおぎみそんじゃなぐすく》、うるま市（旧勝連町）平安名などでも採録され、かつては沖縄の各地で広く歌われた(4)。

前本への聴取では、死んだ人は直ちに「神になられた人」であるという。また死に対して穢れているという観念はないともいう。ここには、池間島や多良間島で聞かれた死者に対する観念に通じるものがあり、位牌そのものも一定の期限をもって焼却され、その後は天に上るといわれて祭祀は行われない。

死後21日目は、死者が始めて自分の死を認める日であるとしてふたつの儀礼が行われた。そのひとつは、タマシバイ（魂分かし）であって、生者側にいる家族との別離を意味する。あとは死者に耕作地を分け与えるハラバイ儀礼があ

る。タマシバイは墓前で行われるので、その一画が死者のための畑と見なされたのであろう。墓前の地を畑と見なすのは、石垣市周辺や与那国島などの事例が報告されている（泉a 1068〜1078）。葬式当日の死者の持ち物のひとつとして、ムヌダニ（青豆、大豆、麦、米、粟、稗、黍）が棺に入れられたが、これらはハラバイ儀礼に対応していることがわかる。21日目のふたつの儀礼は、死者がようやく死後の世界に落ち着き、分けられた畑地と種で耕作を行い、生前と変わらない生活を始めると観念されたのである。

ところが一方では、ナンカ正月と呼ばれる正月7日目の行事がある。沖縄では通有的には、後生の正月またはジュールクニチ（十六日）と呼ばれる行事で、これは正月に死後3年以内の死者に対して墓参りを行い、墓前で歓談して霊を慰めるというものである。ナンカ正月も後生の正月に該当するものと思われる。上勢頭は、「芋《ん》ヌダーキ（イモに片栗粉やもち米を混ぜ、粘っこくした芋餅のようなもの）という飯を作り、汁はニンニクを炊く。ニンニクが魔物よけになることからおこった習わしで、そのためナンカ正月を一名「マジムヌショウガチ（魔物正月）」という（同143）。マジムンとは死者の霊のことであり、ナンカ正月ではマジムンを忌避するという、通有的な後生の正月とは相反する観念がみられるのである。ここには、死者も正月には現世に現れてマジムンとなり、家や集落を徘徊すると考えたのであろう。

(2) 集落（屋敷）の内・外観念と日常性の破れ

集落からみた内・外の観念は、スンバシャー（スンマシャー）の存在が基本であり、集落と港をつなぐ主要な幹線道、および玻座真集落と仲筋集落の中間点に存在する。このうち、北端の港から集落に入る南北のミシャシ道には、本来は王府の遠見台と豊見親が築いたというグスク（城）跡をスンバシャーとして読み替えたのである。さらに玻座真集落から西の港にいたるトムドイ道が集落の切れる地点と、東は竹富港にいたるホーシ道上のが集落の切れた地点にもある。仲筋集落の南のものは失われたが、コンドイ道またはカイジ道に存在したという。スンバシャーは主要な港と集落を結ぶ幹線道に位置したところから、海からの悪霊や疫病神の侵入を防御しようとした施設である。位置的には集落の途切れた道に障害物として構築されたが、構造物により道が屈曲することが特徴である。沖縄本島などでは、村内のふたつの道が村はずれで交差し、ひとつの道になるところに、石が積まれて木を植えたツンマーセと呼ばれた場所がある。かつては農作業に出る所として、あるいは休憩所や集会所、集合地点にもなったといわれる（糸洌長章 220〜221）。これなどもスンバシャーに通じるもとの理解される。

竹富島の人々は、日常生活を破る死の発生により、喪家と集落のとるべき行動をどのように認識したのか。出産は島の繁栄を約束することであるが、一方では日常性を破ることにつながり、悪霊が跋扈する機会であるとも捉えた。生まれて間もなく死亡する子があれば、お産のあった家には悪霊がもらい乳をすると考えられた。このため、お産を守り、生まれてくる子どもに運命を授ける神が措定された。ニーラン神と寄り木の神であり、ともに海から来訪する異郷の神である。お産の続く10日間はスピナージナを家の周りに張り巡らして、門口には竿を×印にして横たえた。他人が家に入ることを禁じることにより家の閉鎖を表現し、悪霊の侵入を防御しようとした。

葬式での事例は多くはないが、喪家では柩を出した後に家の裏を叩いた。葬列の通過する家では、門の両脇の石垣に暖竹を挿し、門には竿を×印に横たえた。いずれも悪霊を払う行為である。お産と葬式は、当該する家や集落そのものが不安定な時期に入ると観念され、この期間は悪霊が出現することから、どのようにして家や集落を守るかということでは、お産と葬式に共通する動きが取られたのである。

盆行事における祖霊迎えは、屋敷内の聖俗の空間観念を考える上で示唆を与えてくれる。上勢頭は「13日は迎え日で、門前にわら炬火を焚いて祖先の霊を迎え入れる。霊の通る道として軒下より門前まで白い砂を引いておく」という（同 150）。前本への聴取で上勢頭の記述を補足すると、「その日はわらの松明を門の両側に立てる。霊の通る道をウエヒト（先祖の意）道とよび、マイヤーシ（門口にある障壁）の西を通って、家の2番座の前まで白砂を道状に敷き詰めた。盆の霊を祀るのは 2 番座にある仏壇である」という。祖霊の道がマイヤーシの左（西）を通過することは、屋敷内の聖性を意識する空間としての東と、これに対する俗的、あるいは死者の通る空間としての西が明瞭に区分されたのである。八重山諸島に属する波照間島では、葬式が家を出る時や墓参り、盆の時などは西が通路になり、仏壇の供物などは北西の隅に捨てられた（住谷一彦・クライナーヨーゼフ 268)。竹富島あるいは波照間島では、屋敷の入口にあるマイヤーシを介して、西は日常的な出入り口、あるいは葬式や祖霊に関係する儀礼に使用され、東は神祀りの際の通路、神の通路になると観念された。

ユシトゥンガナシ

屋敷の聖性に関して、家を新築するときにユシトゥンガナシ（ユイピトゥガナシ）と呼ばれる神が祀られた。

昔、ある村にまじめで正直な男がいた。家は貧しいながらも、心から親に孝行を尽くしていた。その男は、年は若いけれども立派な家を建てたいという希望を持ち、ひとりで山中に入り、柱、桁、垂木などの材木を山奥で切り倒した。自分ひとりでは材木を持ち出すことはできないので、切り倒した材木に自分の手印を入れ、人夫を頼んでその材木を運ぶまでは、山の神と結人加那志《ゆしとうんがなし》で私の材木を見守ってくださいと、材木を山かずらで結び印し、一時家に帰ってきた。翌日朝早く起きて庭先に出たところ、山奥にあったはずの材木が自分の手形のままに門前にあるのであった。それは不思議なことであった。この材木がわが家の庭先まで届けられたのは神のおかげ、結人加那志のおかげだと大変感謝し、この男は立派な家屋を建てて、結人加那志を新築家屋にお招きした。それから以後、竹富島では新築落成の時には結人加那志の儀式が執り行われるようになった。（上勢頭 14）

この話は、親孝行の息子のためにユシトゥンガナシと呼ばれる神が材木を山から運んでくれたことから、家の新築にはこの神を招来する儀礼が行われるようになった由来譚である。ユシトゥンガナシとは、フクギの木の東向きの枝 2

本と茅3束を日の出前に採取したもので、一番座の申（西南西）の隅に縛り付けられた。儀礼が始まると、「長老が木の神（ユシンンゥンガナシ）のお供として出てくる。お供はユシトゥンガナシに向かってその家の幸福、健康などを祈り、ガナシより祝いの言葉を賜る。そのうちにお供にガナシの魂が乗り移り、お供は祝詞を神の言葉として一般に披露する。それが終わると柱からガナシをはずし、これを担いで一歩ごとにおめでたい言葉を唱えて前進する。最後に神はニシヒラ（北の桁）、フウヒラ（太平の桁）でこの家を永久に見守ることを約束する」（同 17〜18）。

以上のような新築儀礼によって、家は常にユシトゥンガナシという神に守られている存在であると認識したのである。このことは、家の存在というものが聖性を保持するということの原理的な説明であるといえよう。赤嶺政信は相反する木の神としての存在も検討している（同b 17〜18）。

(3) 集落の外からくるもの

竹富島は石西礁湖と呼ばれる浅い海に発達したサンゴ礁の中にある。このため、竜宮祭として春と秋の壬戌—ミズノエイヌ—の日に、海に感謝する祭りが各浜で行われた。（上勢頭 147）。人々は豊穣をもたらす神と疫病神という相反するものも共にクチからやってくると観念し、前者の来る航路を「海の神の道」と呼んだ。五穀の種物を満載して係留するのはコンドイ浜のニーラン石である。これにまつわる儀礼がユンカイで、神司たちはニーラン石を前にして神の来ることを全身で表現し、コンドイ道をクスクバーまで五穀の種を持って道行きしたのである。コンドイ浜は、またかつてはムヌン（虫送り）を行った浜でもあり、神司は害虫にニライに行けと唱えたという。

疫病や災厄は、時として島を消滅させるほど絶対的な力を発揮した。アールマイ伝承は、病魔から島を防御する方法を神が自ら教えた。現在ではこの儀礼は行われていないが、集落の入口に注連縄を掛けたという。畑に種を蒔いた時ススキの葉先を結んだものは現在でも見ることができる。島の豊穣をもたらす神と疫病をもたらす神は、共に表裏の関係性にあるということを認識したともいえる。

(4) 竹富島の空間認識と集落のグランドデザイン

竹富島には島をどのように認識していたかを知ることのできる話が伝承された。

> 竹富島は昔から、大鳥が北に向かって海に浮かぶ形であると伝えられ、北の美崎の海中にふたつ並んでいる岩は島の両眼、ガンギという石積橋は鳥のくちばし、東美崎、西美崎の突き出た白浜の岡が両羽根、島の中央道路が中骨、南方の岩崎は鳥の尾でスリバナといった。(上勢頭 106～107)

ここに示された島の地理観は適切であり、あたかも空から俯瞰したような認識が示されている。外界と集落を結ぶ背骨としてミシャシ道が北の旧港から貫かれたのである。この道は直線道路であるため、玻座真集落の入口付近にはスンバシャーと呼ばれる人工的な石積みの丘によって道を屈曲させた。この地点で外界からやってくる魔物を防ごうというのである。仲筋集落では自然の丘に積み石を回して同じように障壁とした。しかし、これらは、もともと琉球時代の遠見台と城跡であっ

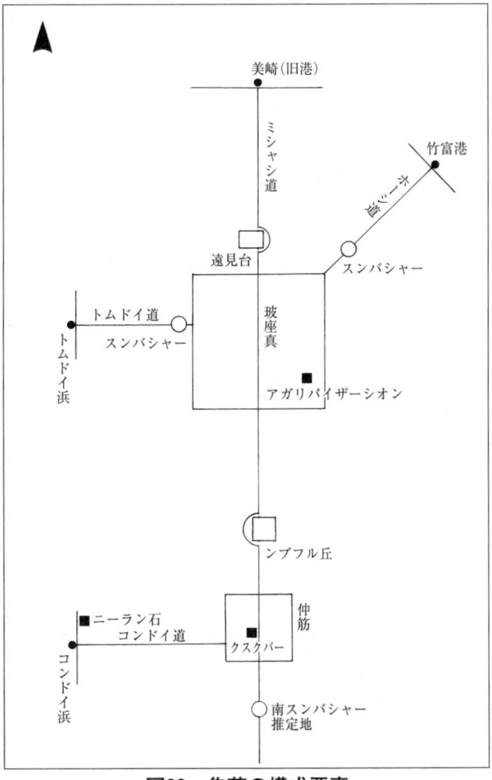

図39　集落の構成要素

た。歴史的な構築物を集落の内・外を限る障壁であると見立てたのである。

玻座真集落には、赤山あたりから西塘ウタキをへてアガリパイザーオンまで、東西につらなる岩が露出する微高地である。ミシャシ道の沿道では赤山、しる山、ゆな山という3か所の岩山を、あたかも鍋を支える火の神にたとえ、東端にある岩を島造りの中心であると観念した。

注

⑴ サンゴ礁域の分類は、ビジターセンター竹富島ゆがふ館の解説パネルによった。

⑵ 玻座真村の名称は現在では使用されておらず、西屋敷、東屋敷である（NPO法人たきどぅん発行の『竹富島』）。本文中では記述の関係で玻座間集落を使用した。

⑶ NPO法人沖縄伝承話資料センター調べによる。

⑷ 沖縄本島南城市久高島、うるま市勝連平安座（旧勝連町）、大宜味村謝名城の葬送歌は以下の通りである。

久高島葬送のティルル（口語訳は比嘉による）（比嘉康雄 上48）。

寿命になり　葬所（ティラバンタ）に来て　潟の波のごとく肉体が溶け（腐乱し）

蒸発し煙となって　昇天し　ニラーハラーに到り、金盃、銀盃を受けましょう

寿命になりました　葬所へお送りして　シッチ カタバルは　波のしぶきが立つ

カタバルの波のように　煙が立つよ　ニレーリュチュに来て　ハナーリュチュに来て　黄金の盃をいただきましょう　銀の盃をいただきましょう（同 下413）

うるま市平安座のウムイ（18：口語訳）

百歳のお年寄りが　そちらへ向かっています　お取り持ちください　阿弥陀仏

今供えたお酒は　ただのお酒ではありません　大事な親が　あの世に持っていくお酒です

大事な親は　いつまでも見ていたいものです　煙草を吹く間だけでも　もう少し見せてください

大宜味村謝名城城のヌル葬儀のウムイ（8〜9：口語訳）

聞こえ高い　ノロさま　月の崖を　月の崖を　越えられて

太陽の崖を　太陽の崖を　越えられて

脇板に　脇板に　込められて

乗板に　乗板に　お乗りになって

石の門に　石の門に　お送りしましょう

金の門に　金の門に　お送りしましょう

第6章　シマに生きること
―シマを貫く普遍性と原理性―

沖縄の社会では「ワッターシマ―私たちのシマ―」と表現する言葉がある。これは日常生活で、一定範囲を具体的に意識される空間、あるいは領域をシマと表現するのである。漢字で表記される島は、ハナレであり地理的な概念で、ふたつの語彙は明確に区別される。シマの領域概念は、集落という言葉よりも具体的でシマの内と外を明確に区分する。(1)

このことは佐喜間興英が早くに指摘した。『シマの話』の冒頭で、「琉球語のシマには二義ある。一は島（Island）の意、他は国の意である。オモロにはシマとクニとは対語としてよく用いられている。本文にいうシマは第二義に近くここから転じたものである。第一義とは全く異なる。従ってシマに島の字を当てるのは極めて不当である」という（同 2)。沖縄のシマは、経済的にも社会組織としてもひとつの基本単位であって、他のシマとは独立し特異なシマ生活を形成した。柳田国男は大正10年に沖縄を調査旅行した時の知見として、「沖縄でも島はハナリで、シマという個々の村を意味し、葬送の時などにも途中立ち止ってシマ見をする。ハナリ以外にも沖縄本島の北部や八重山ではパナリと称される」とした（同 573)。

大胡欣一は論文の冒頭に「シマの性格と祖霊の生成」をおき、シマという民俗語彙で示される観念を詳しく解説する。議論は多義にわたるが、「人の一生を過ごすシマはその平面的空間構成においてシマ領域内と外域の観念またはその象徴が呈示されている。ある場合はシーサーであったり、自然の境界や外社会からの入口となる道路であったり事例によって差異がみとめられるが、概して、そこには霊界との関連で悪霊と、そのもたらす病害などの侵入を防ぐための処理が施されている。この平面構成とともに立体的領域の構成はシマの四囲に存在する聖域である。かかる聖域の外縁は人々の観念する他界との中間的・政治的ないし知識としての生活圏である」とした（同173)。比嘉政夫は「シマ」という語は、島という意味だけでなく自立的な小宇宙としてみることのできる地理的領域であると定義する（同c 47～48)。このように、シマをめぐる所論に共通するのは、自立した一定の範囲を共同意志として領有する人々の居住する空間を指すのである。比嘉が述べるところでは、結婚相手や年中行事はシマ内で独立して行われ、道ひとつ隔てれば言葉のアクセントも違ったという。

以上のことから、本論では集落のもつ象徴性や世界観を検討したが、集落という語彙をシマのこととして捉えることも可能なのである。総括では、ワッター・シマという表現に端的に表現されるように、この語彙のもつ空間的、あるいは領域的な概念として、沖縄社会を把握するには有効な言葉とも考えられ、以下の論述においては、集落という言葉と共にシマの語彙を併せて使用した。

1．集落の構成要素

(1) 集落と耕地・墓地の関係

前述の各章では、津堅島など5島を事例として集落の内・外を示す象徴物や年中行事から、シマとしての空間構成とそこで生起した生死観を個別的に扱った。以下では、島々の集落と墓地や浜などの生活領域とこれを画する象徴物を概括的にまとめて、シマの成立する原理性が果たして存在するのか検討を試みたい。

集落の立地は竹富島を除いてほぼ北ないし南に偏している。久高島の集落は、背後のフサティムイが北限であることを象徴的に示し、ここは同時にシマの聖地として以北には家屋は建てられない。聖林から北の地域は聖地であり、世俗的な家屋の無存在の背後には、信仰上の忌避の観念が貫いていると考えられる。多良間島は集落を取り巻くポーグの存在が大きい。この森林帯は聖地ではないが、久高島と同じように集落の内･外を象徴的に区別する標示物となり、内側（シマウチ）は居住域、外（シマフカ）は耕作地と墓地が立地する。竹富島では墓地をフカヤー（外の住まい）であると表現する。池間島はほかの島々とは異なり、中央にイーヌブーと呼ぶ入り江が存在し、その両側が陸地部であるという特異な自然景観であった。西は池間原で集落が立地するのに対して、東は神道原と呼ぶ非居住域である。ここにはオハルズウタキのような絶対的な聖地はないものの、家屋を建てて日常生活を営む地ではないという観念がうかがえる。

耕作地は集落を出た後背地に広がり、原則的にはすべての土地に原名を付された。津堅島や久高島では、土地は地割り制度という特異な形態が最近まで存在した。墓地はハカ、後生山、グショーの名称で呼ばれ、各島とも集落に対しては距離を置いた場所に設定された。類型的には墓地を1～2か所に集中させる津堅島や久高島、多良間島があり、竹富島は3か所に分かれて集落ごとに対応する。最近の傾向は、海岸沿いから集落に近いところに移設するようになった。池間島は特異で墓地といったエリアを形成しなかった。最近でこそ畑の中に据え置く亀甲墓が増えているが、埋葬の中心は入り江やナガタダーなどの崖面にある洞窟を広く利用したのである。

集落と耕地･墓地の二者は、境界に森林帯（聖地であるかどうかは問わない）を設定することにより分離したのである。このような意味でフカヤーとは象徴的な言い回しである。森林帯のない島でも、年中行事の中で境界をムラ人に明示すること、あるいは象徴物を設置することで内・外を区分した。この境界性を示すものは後述する。

(2) 島建て神話と穀物種神話

5島では島建てと称される開発神話や、島の創成神話が創作され、神が物種をもたらすこと、あるいは海岸に種の入った容器の漂着する話として伝承された。島そのものが海から創成するというのは久高島と竹富島である。前者はアマミヤーが天から降りて海に竿を立て、カベール岬から作り始はじめたというが、異伝では海から浮き上がったと伝える。後者はアガリパイザーシオンの岩や土砂が島造りの材料になった[(2)]。

人間の起源を伝えるのは、①他の島から渡って開発したという津堅島、久高島、竹富島など、②津波によってムラが全滅するが、兄妹（あるいは姉弟）だけが生き延びて島が再生するという多良間島（波照間島にも同様の物語がある）、③太陽に感応して子どもが誕生し、あるいは卵から祖先が生まれたとするのは、多良間島、池間島、竹富島などである。多良間島では7個の卵から男女が生まれたとする卵生説話と、安里家に伝えられた娘が太陽の精に感応して子を産み、その子が島建ての親になる話、ブナゼー姉弟だけが津波から生き残り、島が再生されたという3種類の異なる創成神話がある。また、死の起源を語った話がN・ネフスキーよって採話された（同 14）。島と人間が創成されると生活の糧となる物種が必要になる。天から降ってくる餅の話は、浜比嘉島、古宇利島などにあり、アダンの実を食糧にしたと伝える神話もある（以上遠藤d）。物種として穀物が神によってもたらされる、あるいは漂着する話は各島で伝承され、年中行事として実修された。神が五穀の種を満載して浜に横付けするのは、池間島、竹富島、多良間島や石垣市大浜である（石垣市 259）。池間島ではオハルズウタキの前にあるスゥーンブーの入り江に船が着くといい、ウタキ内には船をかたどった巨大な香炉台が作られた。竹富島では西海岸のトムドイ浜に船を係留するニーラン石が立ち、ユンカイ儀礼ではニーラン石からクスクバーの丘までの道行きによって、五穀種の到着が島人の幸福の源泉であることを再現した。

写真123　池間島オハルズウタキ内のフネノハナズ（船形）（砂で作られた台上には多数の香炉が埋められている）

穀物種の漂着する神話を伝えたのは久高島である。かつては琉球国王の親祭で、麦・粟の儀礼が行なわれた島であるため、王府編纂による資料と島に伝わる2系統が存在する。島で伝えたのは、主として島建て伝承を語る古い家系（ウプラトゥ―大里家）で、五穀の物種が漂着したイシキ浜、種を蒔いたハタスなどを聖地として管理した。これと同じように、特定の家が伝えた穀物漂着神話は波照間島にもある（宮良158、C・アウエハント295）。

島建て（島という国土の創成と穀物漂着神話を含む）と、シマ人の創成神話（人間の起源神話）は、島々で創作され伝承されたのであり、話は特定の古い家系によって管理される場合もあったが（津堅島、久高島、多良間島など）、ここには開発領主としての正統性を示し、祭祀を執行する根拠があったのである。

2．島の入口と竜宮

(1) 海からの入り口―クチ―

亜熱帯地域にある沖縄の島々は、サンゴ礁が取り巻いて外洋の波浪は沖合いの礁嶺部分で砕ける。この海洋環境は、島にとって直接の浸食を受けない利点もあるが、一方では船を島に近づけさせない障壁となる一面がある。ところが自然条件によってサンゴ礁に切れ目が形成され、そこが出入り口として利用された。これがクチ、ヌー、ミゾと呼ばれる水路である。竹富島のように島を取り巻くサンゴ礁と、さらに外にある石西礁湖の発達するような島や中城湾にある津堅島や久高島などには、規模の大きな水路が開けて外洋船の通行も可能なのである。

島にとってのクチの存在は、外界に開いた唯一の交通路である。五穀の漂着神話を伝承した久高島や、毎年季節を定めて豊穣を満載した船を着けるという竹富島、池間島では、海に神の道を観念し、また疫病神がやってくるのも同じクチであった。外部世界との継続的な交渉・通交の存在なしでは生存できないという条件下の島は、クチをどのように意識するかは日常的な生活の一部なのである。

(2) 海域の区分にみる領域性—イノーとフカー

イノーは干瀬（ヒシ、ピシ、ピー）に囲まれた波の穏やかな礁湖である。大潮の時期になると潮がいっせいに引くことで、徒歩によってイノー内に取り残された魚やタコ、貝類、海藻類が容易に採取され、浜に打ち上げられた枝サンゴの破片は汁のだし取り、海水は豆腐の製造に使われたという。「海の畑、天然の冷蔵庫」と表現されたほど、イノー内の資源は生活と直結した（目崎b 10〜15）。島の陸域と海域との接線である浜から、イノー（礁池）、干瀬（礁嶺）と外側（外洋）までの名称は、沖縄各地で島袋伸三（b 445〜449）、野本寛一（b 46〜104）らにより調査されている。この成果によると、陸地部からハマ（久高はヒダ）、礁池はイノー（宮良はピーウチ）、干瀬はヒシ、ピシ、ピーである。干瀬の外側斜面は、ヒシンクシ、ピシプカ、ヒシヌフカ、ピーフカ、フカビシなどフカという共通する語彙がつく。フカは野本が粟国島で聴取した外の意味で、干瀬から外はフカウミで共通する呼び方である。地形的には変化の激しいところになり、海の知識や船がないと近づけない外洋海域になる。

このように、海洋においてもイノーは、陸域に続く有用資源の採取できる空間として意識され、それより外側とを区分した。これはイノーの外縁に位置する礁嶺は白波の砕ける、視覚的にも内と外を区画する恰好の目印であった。

竜宮の所在

竜宮神は漁業の神として祭祀され、海難事故などはこの神を鎮める儀礼が共通して認められる。ところで、竜宮神の居所について具体的に述べるのは、久高島ではカベール岬と徳仁港の離れ岩であるフシマの岩礁をドウグゥトゥ（竜宮島）と呼んだ(3)。カベールの竜宮神は2頭の白馬に象徴されて、日を定めて島を巡回するといわれた。多良間島ではウプリ（虫送り）の最終地点が、北のイノー内にあるナガグーであり、そこは竜宮の所在であると考えた。これはスツウプナカ（節祭）の由来譚に記されたことから推量されたところである。宮古諸島に属する来間島の豊年祭の由来譚にも、スツウプナカに共通する神話がある。下地利幸の「来間島村建て由来」の後半を要約した形で資料とする（同20〜32）。

写真124　来間島の中心的なアマグイチャー広場
(ナフキャヤーと3兄弟が植えたと伝承されるデイコの大木がある)

下地の川満生れの3人兄弟が来間島に渡ってきたときは、老婆一人が生き残っていた。そこで老婆に無人島になった理由を尋ねると、この島では毎年豊年祭を行っていたが、ある年から祭りを止めてしまった。すると東の崎のナガピシという干瀬から赤毛の大きい牡牛が跳ぶようにやってきて、来間島の人間を角に引っ掛けてナガピシに連れ去ったという。ガンヌウタキの四辻の所にある門まで行くとその赤牛が現れるというので、兄弟は門のところに出かけた。そうすると赤牛が跳んできたので、長男は片方の角を引きちぎって放してやった。

翌日、牛の逃げ去った海の底まで行くと、そこには陸地があり光り輝く屋敷と使用人がいた。その中の一軒に入ると、顔が血だらけの化け物が現れて、ここの使用人は300年前に豊年祭を止めてしまった島人であるという。じつは牡牛は豊年祭を司る神が化身したものだった。兄弟はこの神に祭りの復活を約束して女を助け、長男の嫁とし来間島は元どおりになったという。

3人兄弟というのはヤーマスプナカ（豊年祭）を再興したスムリャー（長男）、ウプヤー（次男）、ヤーマスヤー（三男）の3家系の始祖である（郷土83）。この話の要素は、ヤーマスプナカを止めたことが発端になり、島人が牡牛に連れ去られ村が滅びたのである。他所から渡島した3人兄弟が、牡牛の逃げたナガピシの海底を調べると輝くばかりの屋敷があり、ここの主人は豊年祭を司っていた神であった。そこで豊年祭の復活を約束して来間島が再興されたのである。この物語は海底にある屋敷を竜宮とは表現していないが、ヤーマスプナカを司るのは竜宮神であろう。

多良間島の豊年祭であるスツウプナカ（節祭）およびパルマッツー（畑祭り）は、220～222頁で詳述したので改めて述べないが、由来譚が来間島のヤーマスプナカの構造と極めて類似し、多良間島では、竜宮の神の使いによって収穫物がすべて刈り取られることが違うだけである。共通する要素は、収穫祭を取りやめたことが神の怒りを誘発したこと。この祭りの神とは竜宮神であり、神の居所は干瀬と呼ばれる島に近いリーフの海底にあると観念したのである。

このように、海に関係する竜宮神は、一面では畑の神であるとも認識され、居所は集落から遠く隔たった所ではなく、日常的に利用されたイノーの海底であると考えられた。丸山顕徳の紹介した宮古島市上野のンナプカ祭の由来譚は、祭りの夜は竜宮から富が配られるといい、竜宮に行った男は、土産に食物の出る壺をもらって帰ったエイ女房の話がある（同 125～161）。この壺は一面では久高島や波照間島で伝承された五穀の種の入った壺の話に通じるものがあり、壺の出所も竜宮である可能性を示唆する。

３．浜と集落

放射状に延びた道

5島を俯瞰的にみると津堅島、久高島以外は楕円形の地形を呈する。多良間島や竹富島、あるいは八重山諸島に属する波照間島は、集落から浜に延びた道はきれいな放射状であることに気づく。ここでは浜に出た地点に神の存在を観想した。多良間島ではトゥブリと呼ばれ、岬々の神あるいは海岸の神と伝承された地点は46か所記載されたが、ウタキにあるイビなどの神の象徴あるいは依代は存在しない。比嘉政夫は地区ごとにウガンプシュキという祀りがトゥブリ

写真125　波照間島のウダツ神道の水を置く地点を示す積石

で行われたとする（同 a 176）。波照間島では、集落から海に放射状に延びた道をウダツ道と称している。沖縄県立博物館の調査では、ウダツ道の海岸に出た拝所（ウダチ）の地点を地図に落としている。しかし、ウダチに対する儀礼は内容が不詳である。これとは別に海岸に水と灰を置いて巡るヌブリィとヒブリ儀礼がある（図2・3および儀礼についてはC・アウエハント（405～432）。ヒブリ儀礼では、フナミといわれる石が海岸沿いと神道沿いにあり、そこに水と灰を置いて天候や海を鎮めるための祈願が行われた。フナミはウダチと重なる地点もあるが、道を離れたところにも点在する。竹富島も集落から海に放射状に道が設定され、すべての道の名称は伝承されているが、前記した2島のように海に出た地点での神の観念は明らかではない。

集落と海―干瀬で囲まれたイノー内―の関係は日常的であり、浜は陸地と海の中間点に位置した。そして、集落と海を結ぶ道を放射状に設定して、浜に出る地点に神の存在を認めたのである。

4．集落の形成史と構造的特徴

5 島の集落景観とは、もちろん現在という時点の景観であって、そこには個々の形成史が存在する。しかし、いつから碁盤目状の居住形態を形成したのか確かな史料があるわけではない。そこで、各島の集落の現在の形態なり、遡りえる資料を利用して、どこが当初の集落の中心であったのか想定すると、1

類型には集落の形成される核に信仰施設あるいは聖地があり、その前面に集落の展開する形態として津堅島、久高島と、2類型として必ずしも信仰施設を中心に持たない多良間島、竹富島、また2類型のうちであるが、絶対的な聖地であるオハルズウタキがあり、聖地と集落が分離している池間島がある。これだけでは沖縄本島と先島との違いともいえるが、宮古諸島の狩俣集落などは1類型であり、集落ごとの違った形成史があったといえる。

1類型にあたる集落のうち、津堅島では津堅殿内が集落の北限として、その前面に野、田、神谷の殿内を冠される屋敷が上ンダカリ（津堅原）に構えられ、前ンダカリ（神谷原）へと拡大した。信仰の中心である津堅殿内は、津堅港と直線道によって結ばれるという基本的な構造が形作られたのである。久高島ではフサティムイと呼ばれる聖なる森が集落の北限であり、森と久高御殿と御殿庭がセットで信仰施設として形成された。そして、琉球王府による国家祭祀がこの島で執り行われたことは、島の祭祀組織や施設の再編を促したと考えられ、これ以降は久高御庭と外間殿のふたつの聖地が核となり祭祀が執り行われた。

久高島で特徴的なのは、島建て・世建てとよばれる始祖神話、あるいは五穀漂着伝承を伝えてその地を管理したムトゥの存在がある。ウプラトゥ（大里）、外間根家、タルガナー、ウプニシミ、イチャリ、イチャリ小、ナンザァトゥ、ウプンシミなどが古ムトゥとされる（比嘉康雄b 上230）。これらの古い家系はフサティムイと外間山の前面に屋敷を構えた。この地域をウインダカリ（上の村）、その前面をシャンダカリ（下の村）とされ、集落は南に拡大した。さらに、久高御殿庭と久高港とがソーングー道で結ばれるのは、津堅・久高の一致した構造である。

同様の事例は、宮古島狩俣では集落の背後が丘陵となり、ここは全体がニスヌヤマとよばれる神山である。この前面が居住地でニスヌヤマの裾部に7ムトゥ（元）と呼称される古い家系の住居が集住する一画がある。狩俣の家はすべてこのムトゥから広まったと観念され、子どもが誕生すると父親のムトゥに所属することになる。集落構造からはムトゥ群の一画がもっとも高い位置を占

写真126　宮古島狩俣のニスヌヤマ裾にあるムトゥ屋の並び

め、他の屋敷はすべてムトゥから前面に展開する。集落の最も特徴的なのは、ニスヌヤマを一辺として、ほかの3辺が石垣により囲繞されたことである。いつの時期まで遡るかは定かではないが、歴史的には琉球王府によって先島が統一された1500年代の所産であると推定される（沖縄民俗h 12～90、下地 229～246）。以上のように見ると、1類型の集落は宮古島まで存在すること、その成立時期が古琉球期（中世期）まで遡る可能性を指摘できる。

2類型の集落は多良間島と竹富島、池間島であり、集落の核となる信仰施設を内部に持たない[(4)]。ここには共通して、島建て伝承のある家を集落の中に欠いていることである。このため、池間島では東をバリナウダキの断崖と、北は湿地帯に囲まれた境界により、その内に初期の集落が形成された。多良間島では前泊から延びたマイドゥマリ道が南北の中心軸になり、仲筋と塩川集落が形成された。初期的な中心は、仲筋の不定型屋敷区画（D型）にあると推定される。これより古い村跡は、海岸線に近いところで14～15世紀の集落跡が確認されている。このため、現在のような二つの集落に集約されたのは近世期である。竹富島でも12～15世紀の集落跡が海岸に近いところに形成されたが、島の中心部に集住するのはそれ以降である。当初は玻座真集落内のしる山、赤山、ゆな山と呼ばれる岩山と、その中心を南北に通るナビンドー道周辺から形成されたと考えられる。

以上のように、1類型の集落はウタキなどの信仰施設や、かつての島建て伝承にかかわる家が核となり扇形に拡大した。このため、信仰施設の背後に屋敷を構えることはなく、ここは同時に集落の内・外を分ける境界ともなった。これに対して2類型の集落は、初期的な屋敷はほぼ中心に位置して、ここから拡散するような拡大が想定される。もちろん竹富島や多良間島の仲筋は、均質な格子状の屋敷区画であり、ここには現代に見られる都市計画的な集落設計のあったことも想定される。竹富島で確認された中世の屋敷跡（新里村遺跡、ハナスク・クマーラ村遺跡）の形態は、明確な道を伴わない不定形な屋敷区画が、集落全体を構成している村と対照的な集落景観といえる。

5．集落の象徴物—そこにあること—

集落の象徴物は、シマ内に中心と境界を標示することで、そこに暮らす人々にシマの内・外の明示と、日々のとるべき行動の基準となる指標を設定したといえる。いわば共同体を維持するための装置となるものである。

(1) シマの中心ということ—シマジク—

集落の中でその象徴的な場所を、久高島ではシマジク、あるいは本島うるま市石川では軸芯と呼んだ。幾つかの事例をあげて、「シマジク（島軸）から国土創成神話まで」として別稿で考察したところ であり（泉c 23～26)、シマの中心であることの象徴性をもって、子孫を生み広げる場所であると考えられた。竹富島のアガリパイザーシは、島そのものを創成した起点である。シマの中心ということの事例を補足すると、波照間島冨嘉集落にはアースクウタキがあり、根石とよばれる石の祀られた一画がある。「保多盛の男神は海の石（赤石）から生れ出た親で、別名シラ石（産み石）と呼び、これは石をもって人間の種の神とする根石信仰に由来する」という（鎌倉 29～30)。また同島名石集落には、シマのへそあるいは根と称される場所も報告されている（C.アウエハント 54)。西表島祖内ではユシンガン(四隅の神)としてウナリ崎、パイミサキ、ハイミザキ、ノロー崎の神が島を護り、ユシンガンをまとめる軸神（クンダキヌカミ）を古見岳に祀ったという（山田 97)。西表島そのものを四隅に配した岬神と、島の最高峰である古見岳が軸神として据えられた。ここには久高島や

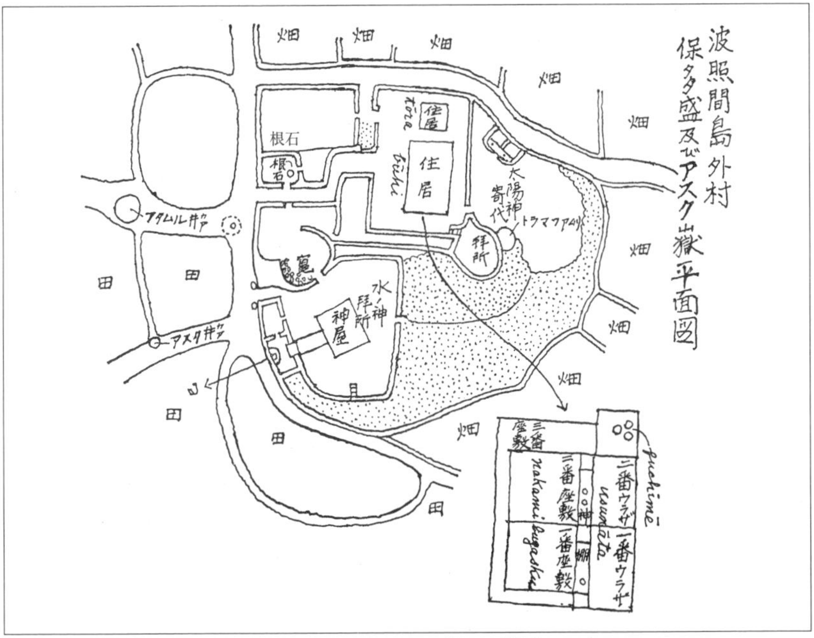

図40　アースクウタキの根石（鎌倉1982）

写真127　波照間島名石にあるシマのへそ

竹富島で伝承された島の創成神話に繋がる観念をみてとれる。

島に中心軸（石や木、神が作った丘、島そのもの）を据えることは、すなわち共同体としての観念上の初発地点を視覚化し、あるいは具現化することで、この意味を成員に問い続ける装置としたのであろう。ここで語られたのは子孫繁栄と、これを基本とするシマの永遠の継続性である。

(2) モリ・ヤマ

モリ・ヤマの名のつく場所は、聖所でありシマジクとは違った中心性と境界性を示す。久高島のフサティムイ（腰当森）はその典型的な事例であり、この森林帯から北には屋敷を構えることは忌避された。宮古島狩俣はかつて三方を石垣で囲む集落であったが、背後はニスヌヤマ（西の山）と称された神山であり、この丘陵で限られ実質的に閉じた集落空間であった。池間島のオハルズウタキは集落に隣接して広大なモリを有し、内部には一般の屋敷は存在しない。ここには聖地への入口とされる場所にティーカミガンを祀る。多良間島の集落を囲繞するポーグは、聖地とは観念されないが、ここを境としてシマウチとシマフカに区別された。伝承話「骨の化けものと牛」で語られた世界観とは、シマフカの悪霊（マジムン）は、ポーグを越えてシマウチまで入ることはできないと観念されたのである。モリ・ヤマはシマジクとは違った意味で集落の境界性を明示し、信仰の紐帯としての聖地が背後を限ったのである。

(3) 年中行事にみる境界性—シマクサラシと虫送り—

シマに中心軸を置くことの意味を考えたが、それと対になるのがシマの領域を成員に対し明示することで、シマ内での日常の行動規範と領域を意識づけをすることであった。毎年実修されるシマクサラシと虫送りがシマの範囲を明示する。

シマクサラシは、津堅島と池間島、多良間島の事例について比較的詳しく観察できた。この 3 島は行事で使用する豚を屠殺する地点が判明している。津堅島では津堅殿内西の民家の路地と公民館前の交差点である。池間島ではオハルズウタキ前のワーニートゥガイと呼ばれる岩礁であり、多良間島ではアマガーとシュガーガーと呼ばれる 2 か所の井泉に隣接する路上である。いずれも屠殺の時に繋ぐ特定の地点があった。この他の祭祀でも屠殺の場所は特定されていたようで、久高島はイシキ浜に隣接するピザ浜、竹富島では西塘ウタキの東の地と、アラミナ道を西の海岸に出た、スバラーとよばれる岩のせり出した地点である。このほか、石垣市白保では 4 月ソージの2回目のシマクサラシでは、使用される馬がマージャオンで殺され（市史 204）、同市伊原間でも東浜近くの千本足ガジュマルの大木の下が犠牲獣の屠殺場であった（同 215）。この場合、四足獣という表記で動物を特定していない。宮古郡来間島のシマフサラシではヤマトガン（大和神）の近くのデイゴの木の下で豚を殺したが、この地点は縄を掛ける地点でもあった（郷土 81）。このようにみると、屠殺地点は聖地との係わりで選択された可能性を推測でき、祭祀を考える上では重要な要素である。

縄の掛けられた地点を確認できたのは、前記の津堅島と池間島、多良間島である。津堅島は13か所、池間島は 5 か所、多良間島は22か所である。縄掛けの地点に注目すると、津堅島は集落の四周に掛けるのを原則とし、本島側にあたる中城湾に面した旧道に対しても 3 か所掛けられ厳重である。シンジャガーのある地点は、13班の入り口に当たり石獅子の置かれた場所でもある。池間島では聖域の入口の神を祀る地点が縄を掛ける地点でもある。これによって聖域とその外という明示が行われたといえる。このほかは、集落背後の崖を切通した地点が 2 か所あり、イスンミは集落の中央を通る坂の頂点でヤマッシ（山後）とも称され、ヒャーンツは坂を下る頂点であり、ともに集落の境であると観念された地点である。多良間島はポーグに沿う出入り口に掛けられた。最終地点は、南北の中央道にあたるナカドゥマリ゜道であり、ここも坂の頂点に当たる。ところが、ナカドゥマリ゜道の南からの入口と、墓地の入り口に当たるトンバラ石のある付近には掛けられなかったが、シマクサラシの趣旨からすると本来的には掛けられる地点であろう。

以上のように、縄を掛ける地点に注目すると集落に直近した出入り口であるといえる。また地形的な限定はつくものの、坂の頂点付近であったりする場合がある。池間島以外では掛けられる地点が多数にのぼる。これは外からくる疫病や悪霊を防御する、あるいは集落の境界を明示するという象徴性以上に実質的であり具体的である。1 年間放置されるということも共通した特徴のひとつであり、日常的にシマの内・外の地点を示すことに繋がる。久高島については、アジバマ（西の浜）に豚の頭を立てたが風邪除けであるといい、シマクサラシに通じるが、縄を掛けたという記述はない（野本b 49）。同様の事例は本島北部の辺戸、謝敷、佐手などでは、5 月 5 日にハンカーと称して、豚の頭や肋骨が浜の降り口や集落の十字路に立てられた（国頭村役場 30〜31、島袋 26〜28）。この場合は浜が集落の入り口と認識されたのである。

虫送りは竹富島での事例（現在では廃止）によると、かつては毎月のように行われたものが、昭和にはいってから四季ごとの行事となり、その後に廃止された（上勢頭 145）。虫を送る時の唱えごとは、「パイノーラヌ島、ニーラスクの国に行って虫たちは生活せよ」といい、久米島仲里村比屋定でも「海の底に豊かな地があるから、そこに行きなさい」などと竜宮を想起させるような仮想の地、あるいは隣の島などが送り先であった（沖縄民俗i 50）。通有的には浜からミニチュアの船に虫を乗せて沖に流すが、多良間島など宮古諸島の虫送りは厳重である。同島では害虫を採取する地点は特定されて、日常的にも雑草の生い茂る忌避された場所であった。海岸洞窟の前で祈願された後に、沖合いにある特定された岩まで運んで沈められた。多良間島や来間島の事例などを参照すると、陸地の洞窟は海底で竜宮とつながると観念されたのである。かつて虫送りの日には、住人はすべて浜に出て儀礼の終了するまでは静粛な状態で待機した。このことは後述する。害虫の最終的な行方は竜宮であると考えられる。本島中部の与那城村伊計島（現うるま市）では、イリガサ（はしか）の流行った時は、病気の軽くなった時を見計らって、イリガサの神を送るといって豚を殺し、イチュクマ浜に頭を供え、流行病のときには東の浜やヒージバンタで、豚の頭部を供えて竜宮神に祈願したのである（沖縄民俗d 31、38）。

葬送儀礼に表出する境界性

葬式で使用されるガンを収納した小屋は、集落の外と意識された地点に建てられた。4 島（池間島は不明である）のそれぞれの地図で示したように例外はない。日常的には忌避されるものの、葬式が発生すれば直ちに持ち出さなければならない葬具であるところから、集落に近接した微妙な位置関係にあるともいえる。

葬式の当夜、あるいはその後 2、3 日以内に行われる、悪霊を喪家や集落から追い払う儀礼にも集落の内・外が強く表出する。5島の内で行われたのは津堅島と久高島である。津堅島ではヤーザレーと呼ばれて、葬式の当夜に喪家から小石とブイムチャーを打ち鳴らし、集落の外れまで行って道具類を特定された場所に捨てた。廃棄された場所に注目すると、後生山方向のトゥトゥ森小(西墓地と報告するものもある)、東墓地はブイムサーヤマグワー、西墓地はしろ山小（地点不詳）である。場所の判明する2地点とも小山であったものが消滅したが、明らかに集落の外である。

久高島では当夜にヘーフー儀礼が行われる。弓矢や潮水、板、小石などの道具を持ってヤナムンをボーンウキャー（ボーンキャー）まで追い払いここで道具を廃棄した。翌日もヤナムンシティと称して、喪家の室内に置かれたガンシナとアマミダークを結んだものを同様に捨てた。ヤナムンシティは悪霊をシマの外に捨てることがその本質にあるといえる。ボーンウキャーは集落の北を限るフサティムイから100mほど北にある交差点で、北進すればカベール岬、東はイシキ浜という聖地への入り口であり、西に折れると墓地にいたる十字路を指し、また祭祀の時に聖域に入れない男性たちが神女たちを迎える両義的な地点でもある。

多良間島のフダイシは、集落と墓地の境界を示す点では象徴的な自然物である。トンバラ石とも称され、死者が後生に飛び込む踏み石であって、ここで後生への手続きをするところであると伝承された。スマフシャラではかつてツカサは、グショーヤマ（後生山）に行かないよう、バカヤマの悪いものが村に入らないよう塞いで下さいと祈願した。ここでもシマの内・外を限る地点として強く観念された。(5)

(5) その他の象徴物―石獅子、スンバシャー―

以上は年中行事と葬送儀礼における集落の内・外が表出する事例であるが、これら以外にも、津堅島では2か所に石獅子が置かれ、その内の1か所はシマクサラシのときの縄が掛けられる地点に一致する場所である。竹富島では、スンバシャーと呼ばる人工の障害物がナージ道（竹富港からの道）とトムドイ道

（旧港のある浜からの道）の集落に入る地点に設置された。また、北から集落に入るミシャシ道上には遠見台とクスクバー（自然の丘）があり、ここでは道が丘を巻くように屈曲して集落に通じる。この4地点は、竹富島における集落の内・外を分ける境界点と観念され、墓地やガン屋もその内には存在しない。

以上が集落の中心と観念されたシマジクと、集落の内・外の境界を明示する年中行事や葬送儀礼とその象徴物である。これらが日常生活でそこにあるという実体性が、共同体としての精神的な紐帯の象徴となり、集落や墓地への入口を明示し悪霊と呼ばれたものは集落の内には入れず、内から発生すれば外に追い払うことの行動の起・終点にもなったのである。

6．集落を閉じること

集落に死者の発生した時点で、喪家はいうにおよばず集落そのものが日常から切り離された状態が出現した。これを日常性の破れと表現したが、屋敷の門口を箒や棒などで×形にあるいは下に置くことで閉鎖した状態を示し、一定の期間を経て解除されて、集落と喪家は日常の状態に戻るのである。年中行事の中では、すべての住人や家畜までが、浜で1日を過ごすことが行われた。これも集落からみれば、無住の閉鎖された非日常の空間が出現することになり、一定の時間が経過するこで日常生活が再び取り戻された。ここには、集落の日常の生活空間とはどのような状態であるのか示される。

(1) オーチプクチ—あるいはムライミ—

死者の発生した時点で、当該の家や集落はどのような動きをとるのか、どれくらいの期間継続するかは一定しないが、5島のうち津堅島、久高島、多良間島では比較的詳しい報告がある。喪家では門口を閉鎖したが、葬列の通過する道沿いの家も同様の処置がとられた。久高島ではオーチプクチまたはオーチプクチャーの状態にはいったと考えられた[(6)]。この期間は、喪家そのものは3日から7日間であり、津堅島、久高島ではヤーザレーあるいはヤーソージと呼ばれて、屋敷をきれいにするこで解除された。津堅島ではかつては、葬式当日に屋根の茅を燃やすこと、久高島では家を捨てることも行われた。多良間島ではミィ゜カドキィ゜といわれて、屋敷周囲の落ち葉を拾い門口の外に捨てること、水甕の水の入れ替えと（ミズウブ）、甕の下の土を入れ替えること（ツツガイ）などが行われた。これはカギシャナリ゜（家の内・外の掃除）であり、ヤーソージに通底する観念といえる。これらの根底にあるのは、死の発生によって集落と墓地とが繋がる状態が出現したと捉えて、集落全体は危険な空間に移行したと観念したのである。このため、集落と各々の家、当該の喪家はできるだけ早く閉鎖するという処置がとられた。

墓地と集落が繋がるのは、葬式のときばかりでなく盆の期間もまさにこの状態が出現すると考えられた。久高島の盆は7月13日から16日であるが、この期間は門口にヤナガレ（祀り手のない死霊のことで、盆の期間は集落内を彷徨うと考えられた）を入れないために、ヤマサギ・桑の葉・浜木綿を加えた縄を張ったという（高橋a 164）。この処置そのものが、葬式に伴う屋敷の閉鎖と同列の扱いである。祖霊を送り出した16日の夕方からは、ヤナガレを集落の外に追い払うハリガユーハーが3日間行われた。この儀礼の起点はボーンウキャーであり、集落を回った神女はユラウマヌ浜に追いやったのである。

この儀礼は5島では久高島に限られるが、同様の事例が波照間島や西表島網取、あるいは波照間島からの移住者の集落である石垣島宮良、大浜などでも行われた。波照間島では、イタシィキィバラ（イタシキバラ―宮良、ソールヌイタチキバラ―網取）と称された儀礼である。盆の終わった翌日（16日）に、杖を打ちながら集落を歩いてマーザムヌあるいはヤーナムを追い払った（C・アウエハント 343、山田 197）。この儀礼では祖霊と共にヤナガレ、あるいはマーザムヌとよばれる祀り手のいない、帰るべき家を持たない祖霊の存在を認め、盆が終わればこれらを集落の外に追い出すことで日常の生活に戻る必要があった。つまりこの期間は、集落にとっては葬式と同様に墓地と繋がった危険な日々であると観念されたのである。柳田国男の「幽霊思想の変遷」の論文で示した盆行事観は、久高島の127頁で示したが、ここには柳田が南島におけるハリガユーハーやイタシィキィバラに通底する捉え方をしていたのであり興味深いものがある。

(2) 年中行事にみるシマの閉鎖

シマクサラシ

このテーマは境界性の表出で扱ったが、シマの出入り口に縄を掛けるという行為によって事実上集落を閉鎖したのである。池間島では神女たちが、「ヤマグ、イダシバ—魔物出ろ—」と叫びながら集落中を駆け回り、その人たちを見ると死ぬといって戸を閉めて家にこもるという特異な事例もある。虫送りにおいて浜に出るという事例が多良間島、竹富島、粟国島などにあった。このときは家畜も連れ出し住民全員の点呼が行われたという。竹富島ではミシャシムヌンといい、害虫の発生した時に日を選んで浜に降りたが、物音を立てることを慎んだという。

このほか、集落が事実上閉じられるのは、津堅島ではマータンコーがあり儀礼の3日間は外からの入島が禁じられた。竹富島のチチニガイは耕作地に対する閉鎖である。これも3日間にわたって畑仕事はしない、物音を立てない、土地を動かさないという禁忌があった。あるいは、島への入船は歓迎するが出船は禁じられた。そして49日目のタナドゥイ（種子取祭）によって、その年の畑に種子を蒔くことができたのである。

島はなぜ閉じられたのか。葬送儀礼や年中行事で島そのものが閉鎖された背景には、外部世界から来る病魔、あるいは集落の外（墓地や荒所など）にいるとされる悪霊や、畑に発生する害虫などが人間と家畜や畑作物に取りついたときは、病気や作物の枯死などの深刻な状況を引き起して、シマそのものが死滅することに繋がることは容易に想像できた。これに対処する方法として、島や集落を閉じて負の因子を取り除くこと、そして清浄な空間を創り出すことが日常生活の基本であり、原理性であったといえる。

ウプリ（大下り）

多良間島の年中行事のなかでウプリを虫送りとして、行事の観察と検討も行ったが、この行事には虫を海に流すこと―ピィヌムヌショウズ―と、同時に併行してシマ人全員が浜に下りるウプリのふたつのことが行なわれた。ところが、ウプリはいつしか途絶えて名称だけが残り、虫送りをウプリと表現したのである。

虫送りに併行して行われた浜下りは、一方では集落そのものが無人化するという事態を引き起す。浜では儀礼的な就寝と鶏の鳴き真似によって行事が終わり集落に戻るのである。このような一面をもつ虫送りはどのような本質をもつのか、また虫送りのもうひとつの舞台である畑とはどのような場所であるのか検討する。

①浜で寝ること、鳥の鳴き真似で起きること

［西表島祖内］昔はハマユウの皮を剥いで顔につけ、約30～60分までは浜で眠り、タブサという役人が鶏の鳴き真似をすると、一晩を過ごしたという意味で解散した（沖縄民俗k 43）。

［与那国島］ツアバムヌンは旧 3 月の吉日を卜して行う。ウラヌ・ンダン両お嶽の司が、この祭事の祈願係である。この 2 人の司は当日早朝からテデビ、村の世話役を従え、浦野、北帆安から害虫を採集して、これをクワズイモの葉に包んで、浦野の海岸から小舟に乗せて海へ流す。それからその場で田草取りも終わって稲はすくすくと伸びている最中であるから害虫がないように、という意味の祈願を行う。

その間に各部落では、病人、老人らを留守番において、村中の男女が弁当持参で、祖内部落は波多浜に、島仲部落はトグル浜に、比川部落はカタバル浜にそれぞれ参集し、白浜の上に建てられた日よけの下にムシロを敷いて各人の席を設ける。それから、ちょうど浦野海岸で祈願を行っているころに、浜に参集している人々はもちろん、各家庭の留守番に至るまで昼寝をさせられる。その昼寝中、世話役は竹の鞭を持って部落内を巡り、寝ているか、火の気はないかを視る。それから10分くらい経って、世話役が鶏の鳴き真似をすると、人々は起きるのである。この寝ることをスデ（払い清める）と称している（池間 158～159）。

［波照間島］ツカサたちはムラブサー（部落の給仕係）が花米と線香 3 本を各家から集めてきてあるので、その朝各部落の御嶽で「害虫をタカソー島（台湾）へ追い出してくれる様に」と神様に祈願する。まもなく牛、馬、山羊など、人間はもちろんのこと、歩けるものはことごとく皆浜辺に出る。外・名石・前の3部落はイナマ浜に、東部落は大浜に出る。ソーズツトゥミ（害虫駆除の務め）と称して、浜に筵を敷いて一時間ほど横になる（宮良 126～127）。

［鳩間島］3 月浜下り虫払いの祈願。祭祀の 3 日前の夜、公民館の役員たちが各家を回りながら「ッサレー、ッサレー」と声をかける。虫送り当日、島中の人たちは料理を持ってサンシキ（聖域内の桟敷のこと）に集まる。牛、山羊など家畜もサンシキに集める。公民館の役人は友利御嶽とサンシキを往来し、御嶽でサカサの祈願の状況を見て、サンシキに集まっている人たちに号令をかけて、一同寝る真似をさせたり、鶏の鳴きまねをして皆を起こしたりする（加治工　鳩間島の年中行事表）。

［石垣島白保］字白保では稲の成長に応じてソージが行われる。その日は土を動かしてはならないとされる。ソージはパチヌソージ（初めてのソージ）、ナガヌソージ（中のソージ）、トゥミヌソージ（止めのソージ）の 3 回である。パチヌソージは 4 月のみずの丑の日に行われる。（略）男は畑に出ず家で過ごす。夜 8 時ごろ、ヤクサ（村役）は銅鑼を打って、ソージだから海に出てくるようにと触れ回る。村人は急いで浜に出て、東枕にして横になりヤクサの「コケコッコー」という合図で全員起き、今度は西枕で寝る。これを 3 回繰り返した（石垣市史 203～204）。

以上の 5 例は虫送りにあわせて行われた、浜での就寝と鶏の鳴き真似で起きるという儀礼である。浜で寝ることは、集落の構成員全員の参加が原則であり、家畜も連れ出された。この時点で集落内は象徴的に（監視人や病人は滞在している）無人状態を作り出したのである。浜では寝ている時に同時進行で虫送りが行われ、これの終了するころを見計らって、鶏の鳴き真似によって起きたという。池間栄三は与那国島の事例の中で寝ることを「スデ」であるという。しかし、ほかの事例を通覧すると寝ることから、鶏の鳴き真似を経て起きることまでの一連の動きがスディルであるといえる。このスディルと鶏の鳴き真似にどのような関係があるのかをみる。

②スディルということ

折口信夫は「若水の話」の中でスディルという言葉は沖縄の標準語であり、「ある種の動物にはすでるという生れ方がある。蛇や鶏のように、死んだような静止をつづけたものの中から、また新しい生命の強い活動が始まることである。生まれ出た後を見ると、卵があり、殻があるのだ。だから、こうした生れ方を、母胎から出る「生まれる」と区別して琉球語ではすでると言うたのである」といい（同b 124）、孵化するあるいは脱皮することを指すと考えられた。

沖縄の民俗誌の用例をみると実に多様な使われ方をしているが、そのすべてをここに列挙することはできないので、節祭での用例のいくつかを示す。

［多良間島スツウプナカ］旧暦正月の後の「癸巳」に行われる節祭《しち》である。祭りの日には子どもたちにスディミズを浴びせることが行われた。この祭りで歌われたヤーヌム゜マガニリ゜は節祭の日の喜びを歌う。この歌の冒頭を引く（多良間村史a 198）。

ウプシツヌ　トゥスジャカイ゜
大節がめぐってきたら

アバスディル　パニムイル　シャクドゥウムウ
私は若返って羽根が生えるばかりに思うよ

アンシカンシ　アバスディル　パニムイル　シャクドゥウムウ
ほんとうに私は脱皮して羽根が生えて飛び立つばかりに思うよ

この歌の冒頭でスディルは、鳥が卵から孵化するように脱皮して飛び立とうと歌う。あるいは若返ることが新しい年を迎えることに繋がるという。

［宮古島東部シツ］節祭《しつ》（甲午《きのえうま》）の前日の夜に祭りの準備が行われる。煩雑

になるので箇条書きでまとめる（平良市史 389）。

①早朝に井戸から汲んだバガミズ（若水）で炊いたカーフヌユウ（米と粟を混ぜた水っぽいご飯）を先祖や家の四隅に供えた。

②白川浜やパイナガマ浜で貝と俵といって白い円形の石を拾ってきて、家の四隅、ウカマ神（台所の神、火の神）に供えた。

③農業をしている家は、シツブースﾟといって、カマ、ヘラ、クワなどの農具に料理、塩、神酒を供え、夕方に畑に線香を焚き、神酒を供えて神への感謝と豊作のニガイをした。

④シツの水を浴びると若返るといわれ、家族全員浴びたり家の隅にかけた。

［池間島ミヤークヅツ］旧暦 8 ～ 9 月の甲午の日から 3 日間の祭である。この中日のヤラビマス儀礼は、前年のミヤークヅツ以後に生まれた子どもを、所属するムトゥの神に届け出るが、当日の未明に家族の者はムトゥドゥマイカー（元泊井）の水を汲んできて、水浴びさせたといい、これをスデ水浴びという（前泊a 18）。さらに新生の沐浴に使う水をスディミズともいう（松居 83～86）。

［石垣島シチ（節）］8 月15日夜後の己亥《つちのとい》の日の行事をシチという。シチ当日の未明に井戸水を汲んで小さい甕にいれ、その上にわらのサンを入れておくが、それをシディミジ（産水・若水）という。シディ水で顔や手足を洗い清める（宮城 566）。

以上は節祭にまつわってのスディ水であり、この時に浴びる水で若返り、また脱皮することで生命が更新されると考えたのである。N・ネフスキーは宮古島で、不死の水のことを聴取したことはよく知られている。ここでは遠藤の聴取した「月の生き水」を引用する（遠藤d 135～136）。

大昔、宮古島に人の世が出始めた時、月の神天の神は人間の命を幾世代かけても末長く繋がせようと、アカリヤ仁座をお呼びになって、水を入れた二つの桶を授け、「これを下界に持ち降り、人間には巣出水を浴びせ、幾世変わるも末長く巣出代わりて常世の命あらせ。蛇には心さまの悪しき物なれば、死に水を浴びせ」と仰せられた。

アカリヤ仁座は神の命に従って、二つの桶を担いで下界に降った。長い道のりを来て疲れたので、桶を下ろして小便をしていた。するとその間に一匹の蛇がやってきて、人間に浴びせるための巣出水の桶に入り、ジャブジャブと浴びてしまった。アカリヤ仁座は驚き、「どうすればよいだろう。まさか蛇の残りを人間に浴びせるわけにもいかない。しかたがないので、死に水を浴びせよう」と気の毒に思いつつも、人間には死に水を浴びせて天に帰った。月の神天の神はアカリヤ仁座をお怒りになり、月の世界で桶を担ぐ罪を課したという。

巣出水を浴びた蛇は、脱皮して生命を受け継ぎ、死に水を浴びせられた人間は一度死ねば生き返れない運命になった。それでアカリヤ仁座は何とかして、人間にも再生の道を生きさせたいと、毎年の節《しち》の新世《あらゆ》には、一酌の巣出水を汲んでは撒き散らすので、今でもその夜は小雨が降るといわれている。

この伝承では、スディ水は月神の使者によって運ばれたとされ、元々生き水は人間に与えられて永遠の生命を得る予定であったが、蛇によって生き水は奪われて、代わりに死に水が与えられて死ぬ運命を授かったという死の起源を語る。そこで節祭の夜にはスディ水の雨が降るのだという。

浜で寝ることと、鶏の鳴き真似で起きること、それがスディルであると表現されたのは、そこに生命の再生あるいは更新であることが隠喩されるのである。このことは浜に出た人間や動物はいうに及ばず、無人と化した集落そのものにも当てはまることである。外間守善は『おもろさうし』に歌われる「すてみつ（孵で水）」が、後のスディ水に通じて、蛇や鶏の雛などが卵から孵化するように、新しく生まれ変わるという意味を持つのだという（外間b 288）。この言葉は少なくとも近世琉球語としてすでに成立していたと考えられる。

③田畑について

虫送りのもうひとつの舞台である田畑はどのような存在であるのか。そこは生産するだけの場所であると考えたのか幾つかの事例で検討する。まず宮古島上野村（現宮古市上野）に伝えられたンナプカ祭の由来譚である。

［ンナプカ祭］毎年 9 月中の乙卯《きのとう》より 3 日間は牛馬も原へ出さず、物忌み精進する。満散の日には城四ケ村（友利、砂川、新里、宮国）の百姓は肴を調えて宮国村しかぷやに参る。他の所村は 3 日間の物忌精進のみ。んなふか前に逃走した牛馬も誰がつれ参るともなくしかぷやに来る事度々あって、この 3 日間は当の神が島内各地を訪ねて五穀の種子を蒔くと称して人馬も畠のほかに出さない（下略。丸山 131、上野村誌 244～249)。

［竹富島シチ］1 月 3 日は神が畑に種物を蒔いて回るといわれ、もし人間が畑で仕事をしていると、種蒔に支障をきたし、その畑は凶作になるといわれ、この日は仕事をしない（沖縄民俗g 114)。

［同草葉ムヌン］2 月カドの人にシュバ（ススキ）と力草を結んで畑ごとに挿させた（同g 115)。

［同種子取祭］9 月シチヌニガイより数えて49日目に行われる。男の人はこの日、ヘラと種子物を持って畑に出かけ、シュバと力草を結んで畑に挿して種子を蒔く。翌日はソージといって鳴り物も鳴らさず静かにした（同g 118)。種まきを終えてマータを畑の真中に立てるのは、畑の神が住んでいるからだという伝承もある（幸地 28：注10)。

［多良間島マッツー］この日は竜宮の神が畑を回って種蒔きをすると言われており、それで前日の午後から畑仕事を休む（多良間村史a 259)。

［西表島祖内タナドリヨイ］10月種まきの日は、それが済んだ後ススキの葉を結んで作ったシュバを田の水際に 3 ～ 5 本立てシナー皿、ご飯を小さく握ったもの 3 個、ミシヤ（米酒）を供えて、ソージバライする（沖縄民俗k 42)。

［久高島麦下ろし］9 月に初種を下ろすべきノロ地、根人地の三尺四方ほどを耕しておき、ススキを立てて目印とした。島人はこれらの種下しが済んでから各々の畑の中の一画を耕して初種を下ろした（野本a 81～82)。

以上が田畑について、どのような場所であると観念されたのか事例を示した。宮古島上野や竹富島、多良間島では神がいる、あるいは神が畑に来て種を蒔くと考え、その日は畑仕事を休んだという。ほかの事例でも種を蒔いた後や苗を植えた後は、無事に発芽して根付くまでは騒いだりすることを禁じた。また、神の依代として穂先を結んだススキが田畑に立てられたのである。このような事例に接すると、田畑は神の守護により始めて豊かな収穫が可能であると捉えたのである。

以上で虫送りのもう一つの側面である浜下りについての儀礼に隠された意味を検討した。事例的には虫送りと同時進行で、浜での模擬的な就寝と鶏の鳴き真似で起きるということがあった。そして、このことをスディルという言葉で表現された。スディルは蛇が脱皮し鳥は卵から孵化することであり、転じて生命の更新あるいは再生復活をいう（池宮 238）が、ここでは浜で一晩過ごした状況を作り出すことで、人間や家畜は言うに及ばず、集落そのものも生命が改まり更新されたと観念されたのである。

畑については、神の介在により豊作が約束されたのであり、このことを担保するには、害虫などを取り除き清浄な土地にする必要があったことは言うまでもない。

7．シマ（集落）の生死観念

ここまで津堅島、久高島、池間島、多良間島、竹富島の集落とその内・外の観念、領域性や象徴性といった個別的な記述のまとめを行った。ここには5島が地理的なへだたりがあるにもかかわらず、それを埋めるかのように共通する観念と生活共同体としての指向性、あるいは原理的なものが通底しているのではないかと考えられた。いわば共同体としての共通意志のようなものである。以下においては、このようなシマで醸成された生死観とはどのようなものか、あるいは島という絶対的世界（海で隔絶されたという意味においての）で生きていくことの世界観とは、どのようなものであったのかまとめることにする。

(1) 死について—葬式を行う死と葬式のない死（良い死、悪い死）—

ヒトの死は現世に誕生したことと表裏の関係をもって、人知では避けることのできないことである。沖縄の民俗世界では、子どもの誕生とともにその人固有の魂ともいうべきマブイが宿るとされ、死んで肉体が消滅してもマブイは不滅のものであり、祖父母から孫へと次の世代に受け継がれるものであると観念された。しかし、死者儀礼の事例を検討すると、葬式を行う死（社会的な死ともいうべき、喪家とシマの住人の参加によって成立する葬送儀礼であり、ガンに乗せられてシマ人によって墓地に送られる死）と、家族、親族など身内だけの弔いがあって、多くの場合はシマ人の墓参のない、死者儀礼とはいえない死があった。

死者儀礼の行われる死とは、たとえば久高島ではボーンウキャーにおいてガンがいったん降ろされ、ニラーハラーに対し死者の受け入れとも言うべきニラートゥーシがおこなわれた。これを受けることのできる死者は、比嘉康雄のいう良い死に方をした人である（同 上b 133～164）。これには前提として生前の生き方、つまりいかに生が全うされたかにかかわる問題であるという。ムラの価値基準に従って他人に迷惑をかけないで生きたか。死後に祀ってくれる孫を残し、死ぬときには自分の家で子どもや、孫たちに囲まれて病気もせず、自然死を遂げることであるとする。このような死が社会的な葬式の対象となるべき死であると考えられた。

池間島の前泊徳正の語った家の中で老いて死んで行くことが正常であるとされ、ニッラの世界に行くと説明された。この場合には死者に対して、「あんたはもう亡くなったから、あの世に行って神になれよ」というときの、あの世とはニッラである（松居 76）。久高島のニラーハラーと池間島ニッラは、死者が神となって赴く世界であると観念された。以上が死者儀礼の行われる社会的な死であり、良い死に方なのである。

ヤナジニ（悪死と表記される）あるいは、池間・狩俣などでキガズンと表現されるのは、前記した良い死とパラレルの関係にあるいわば悪い死のことで、現象的にはシマ外（島外も含まれる）あるいは家の外で迎えた死のことになる。久高島では、死者はクンディ浜の洞窟で仮置きされ,、家に入ることは言うに及ばず、集落の中に入ることも忌避された。多良間島では捨て墓と呼ばれるところに葬られるが、ガンに乗せられることはない。つまりシマ人の参加のある正式な葬式ではないのである。池間島でも入り江の洞窟に置かれて、ヤナムンあるいはマジュモノとなってさまよう悪霊になるという。

このような良い死、悪い死という対立する概念は、シマ社会でどのように生きたかというシマの倫理観、あるいは生死観の強く反映した死の定義ともいえ、共同体としての共通意志であるといえよう。以下では伝承話で語られたシマの生死観の具体像の事例を示す。1 では子どもの死について、2 では死者の魂が、各段階で具体的な唱えごとと儀礼を通過することでカミになること。3 ではカミになった魂が再び生者となることが語られる。ここにはシマ社会における死の意味付けが具体的なイメージとして提示される。

(2)　シマの生死観１　子どもの死

子どもの死といってもその中身は死産児や生後まもなく亡くなった場合、童名《わらびな》がつけらる前の死など、名嘉真が調査した４歳から13歳と幅がある（名嘉真d 118～119)。これらの年齢で死亡した場合はその処理に違いがあるが、いずれにせよ正式な葬式はされず、親や親戚などの近親者による簡単なものであることが多く報告されている。(7)

［津堅島］

死産児	タージと呼び屋敷裏に埋めた。
３か月未満で死亡	チニン墓に葬る。正式な葬式ではなくバサーで包んで葬る。イサハッチャミーの森に大きい貝に入れて捨てた。タンメー墓に捨てた。
３～７歳で死亡	本墓の側に仮墓が作られた。
７歳以上の死亡	ガンに載せて葬式をした。

［久高島］

１週間未満の死亡	家の裏に埋めた。洗骨の時に埋めたところの土を取り墓に持って行く。「祖父母たちと成長しなさい」という。
８歳以上の死亡	ガンに載せて葬式をした。

［池間島］

死産児・10日未満の死亡	アクマガマといい、日が沈むと衣類や布きれに包んで小洞穴に捨てた。 神の国に行って生まれ変わるという意味で、東の浜に埋めた。先祖のところには行かない。
10日以後の死亡	墓に持って行く。
10歳以下の死亡	子を抱いて墓に入れる。
10歳以上の死亡	棺箱に入れて2人で担いでいく。

［竹富島］

死産児	屋敷裏に埋めて貝殻を被せた。他の乳児のいる家では、悪霊がもらい乳にくるので、門口に木臼を外に向けて倒しその上に杵を立てた。
7歳以下の死亡	母親が抱いて墓に行く。本墓の右袖に小さく石を積んだ墓に入れる。 7歳までの子は神の子であって人間として再生する。

以上であるが、他の事例を補足して子どもの死亡をどのように捉えたのかまとめたい。

まず死産児や生後直後の死亡例は、ほとんどが屋敷の裏側に埋めたが、ここで注意しなければならないのは、火の神が祀られた近くで、雨だれの内側であるとする。これは胞衣を埋めた場所でもあり、本島大里では「胞衣の中に戻ることによって、また生まれなかった状態に戻りなさいという意味」であるという（村史 478）。特異なのは久米島仲里村比屋定で、家に向かって門の右に埋めたという（沖縄民俗i 38）。伊平屋島田名では7歳以下の子どもは、ガジナ原のアダン山の中にアダンの根元に縛って風葬したような事例もある（民俗c 28）。本島本部町具志堅や久米島仲里比屋定では畑の適当な所を利用して埋めた事例は（沖縄民俗j 94、同i 38）、シマの生死観念その3に通底するところがある。

このようにみると、生後からある一定の年齢階梯の期間は、社会的な意味での人間として認知されなかったのである。この間に死亡すれば神のもとに返すといい、年を経ずして再生すると観念されたのである。

(3) シマの生死観念2　波照間島のスサレロ

スサレロは葬送儀礼の各段階において、死者の魂に直接語りかける唱えごとである。その後のウサギヌコッコー儀礼において、死者の魂はカミになるといわれる。ここには、カミになるという観念世界を一連の儀礼を通して表現されるところに特色があろう。スサレロは①墓に柩を入れた後、墓の扉を仮閉鎖したときの唱えごと。②葬式が終了して墓を後にするときの唱えごと。③3年あるいは5年を経た後に行われる洗骨での唱えごと。④ウサギヌコッコーでの唱えごとなどなどの節目に当たる段階で異なるスサレロが唱えられた。なお以下のスサレロは、コルネリウス・アウエハントが1965年に行った調査の成果による（C・アウエハント 325～335)。

1段階のスサレロ

今、あなたはウヤピィトゥになられたので、精一杯立派な葬式をおこなっています。私達はあなたを、後生への大いなる道、広い道、よき楽な道を通り、あなたのお墓、ウヤピィトゥがいらっしゃる場所に送ろうとしています。どうか、安んじてよき葬式をしてもらい、何一つ迷うことなく送られてください。

この段階のスサレロは、死者に対して後生ではかつて共に暮らしたなつかしいウヤピィトゥ（祖先）が待ちうけ、生前と同じ暮らしをしていると説き、死の現実を受け入れるように語りかけるというのである。ここには昨日まで暮らした死者と死者を送る家族、そして後生にいる祖先たちとはひと続きであることが意識された。

2段階のスサレロ

後生へは楽に入れるよき道があるとあなたにいったが、後生（自体）には何千、何万の道もなく、よき楽な道などありません。グショーに関する限り、墓こそがグショーなのです。

あなたはそこから現れてはなりません。起き上がってあなたの家に行き、子孫たちに会ったり村に来てはなりません。さまよい歩いてはなりません。あなたはプトゥギなのです。あなたは今ウヤピィトゥの腕の中で眠っています。今からはずっとどんなことがあっても、自分の家族の暮らしぶりを見にきてはいけません。起きてはいけません。今からは、供養の時が来たらあなたを迎えに参ります。それまではプトゥギの腕のなかにいて極楽の生活を模範的に送ってください。

葬式を終えて墓を後にする時の唱えごとは、柩を入れたときのスサレロとは裏腹に、死者に対して命令するような強い口調の語りかけである。ここには、さまよい出ようとする死者の魂への強い恐れが表出する。一定の期間、死者の魂は墓と集落を行き来するというのは、沖縄各地に通有的な観念である。死者が生前に耕した畑や飼育した牛などを見て回ると考えられた。このような死者の行動は、畑の作物を枯らし種物をだめにする。あるいは家畜を死にいたらしめると恐れられた。不安定な魂をいかにして後生に留めておくかということが、強い口調で表現されたのである。

酒井正子は徳之島のクヤ（供養歌）を報告する。イギャネィ（しのびごと）と呼ばれた近親者の語りかけは、「また戻っておいで」という類の言葉は厳に慎まれ、「あなたはもう何一つ思い残すことはないから、どうかまっすぐサキノシマ（あの世）へ行ってください。どうか後は振り向かないで下さい。この家はもうあなたの家ではなくなったし、あなたの子どもたちは、もうあなたの子ではありませんから」と、イトマゴイ（告別）に類する唱えごとを聞かせたのである（同 53）。ここにはイギャネィと 2 段階のスサレロは一致して、死霊が戻ってこないように細心の注意が払われたことをみてとれる。

3 段階のスサレロ

今日は家族の親戚と跡継ぎが連れ立って、あなたを洗い磨くためにやってきました。あなたの体を美しく磨きたいので何も（悪いことが）起きないように、そしてあなたに上等な洗骨をして差し上げられますように。

洗骨は葬式の後3～5年の間におこなわれた。C・アウエハントは、骨を洗うことを「シラミジィ」と表現することに注目している。シラミジィには特別な井戸から汲まれる水で、子どもの誕生した時の産湯にも使われることから、洗骨もまた新たな誕生であり、次の段階への移行であるという。

4段階のスサレロ

さあ、どうか天までお上がりになってください。白雲、湿った雲まで上がりになって下さい。喜んでカミになってください。

33回忌の段階を迎えた時のスサレロである。ウサギヌコッコーといわれ、アウエハントは魂を空に押し上げる意味があるという。年忌の初日には、庭にミナガヌヒンタマ（庭の小さな家）と呼ばれる簡単な小屋掛けが作られ、年忌を迎えた祖霊は、墓から小屋掛けの中のウヤピィトゥ棚に迎えられる。小屋の一画には、ガサバリと称するガジュマルの木が葉をつけたまま立てられる。2日目にスサレロが唱えられて、この木によってウヤピィトゥの魂は天に上るといわれる。3日目はサンゴン（サンゴ）と呼ばれて、ウヤピィトゥ棚の位牌は秋分の日に燃やされる。墓を開ける機会が訪れると骨壷から骨を取り出し、壷の置かれた棚のうしろに積むか燃やして灰にされた（C・アウエハント 334～336）。

波照間島のスサレロは、長い時間をかけて魂が天に上り神となる儀礼の象徴である。ここには死者の魂に対する恐れといつくしみという、相反する観念が複雑に交差した内容を読み取れる。4段階のスサレロは、神の居所は天空の雲であるという。ここには可視することの可能な世界、具体的に捉えられる天界を観念したともいえる。

ところで、以下のシマの生死観念3では、昇天して神になった魂は天界から再び戻ってくるという再生観念を語る。

(4) シマの生死観3 「もの言う牛」の世界観

沖縄に広域に伝わる伝承話「もの言う牛」は、重層した民俗知識と世界観を内包する資料である。これまで20話の調査資料のある中で、沖縄本島読谷村喜名の吉田新太郎（明治35年生）から聴取された「もの言う牛」は、話の一貫性において同話の基準になると評価されている。翻字された資料を要約する。（本文中の番号は筆者による）

昔、ある大金持ちの主人は大晦日に大勢の下男を集めて、「今日は大晦日であるので、家に帰って妻や子供たちと正月をして、また新しい年の初めには働きにきてくれ」といった。そして、主人は男たちに銭15貫と肉2斤を持たせたそうだ。また、主人は銭よりも話が好きで、一言でも聞きたいという者には、銭15貫の替わりに話を持っていきなさいといった。

山原に帰る男は、話を聞かせて欲しいというと、主人は「ウシマチガラクイ」とだけ言ったそうだ。それで男は泣く泣く帰る途中に山に差しかかると、牛が木に綱を絡ませて苦しんでいるのに出会った。男は「これはあのウシマチガラクイの話のことなのか」と思った。そのまま通り過ぎようとすると、「おい、青年」とその牛がものを言った。「おい青年。急いでいるようだが、下の小川からあんたのクバ笠に水を汲んできて、飲ませてくれないか」と言ったそうだ。そこで男は水を汲んできて牛に飲ませてやった。

牛の言うことによると、「私は以前には山田カンジェークの牛であった。若いときはこき使われ、やせ細って死にそうになったら捨てられた。今日はぜひ山田カンジェークの家に泊まりなさい。そして、主人に牛が水を飲ませてくれと言ったので、飲ませてあげたよといって泊まりなさい」と言った。

牛の主人のところに泊まった夜、男は主人に牛がものを言ったよと話したが取り合ってくれない。それで賭けをすることになった。男が負けたら生涯カンジャークのところで使用人となろう。勝負に勝ったならば財産を全部男に上げることになった。

翌日、牛を引いてくると牛は怒っていてものを言わなかった。男は牛にだまされたと思い首に抱きついて泣いていると、牛が「心配するな青年、この家の財産は全部あんたのものだから持っていけ。賭けに勝ったんだ」と言った。

次の日、その牛は「今度は私を真栄田カンジェークの牛と喧嘩させて賭けをしなさい。その牛は沖縄では一番強い牛だから」と言った。しかし、この牛は痩せ細っていて、足はぐらついている。どうして勝てるのかと言うと、「喧嘩しなくても勝てる方法がある。片方の角に秤を結んで、もう片方の角には枡の底を抜いた枠を掛けなさい」と言う。その姿を見た相手の牛は驚いて喧嘩をしなくなるという。闘牛場に連れて行くと、その通りに相手の牛はおびえて賭けに勝ったそうだ。

牛は「これで山田カンジェークの財産も、真栄田カンジェークの財産も取って安心した。①本当はあんたは私の孫だよ。正直が過ぎたために貧乏になった。わたしはあんたの祖先だが、②祖先は死んでしまうと後生極楽してそのあと天にのぼる。その後、また露となって自分の野菜畑に降りてくる。その野菜は露の力を借りて繁り、それから子、孫はその野菜を食べて、野菜にこもっている雨露の精力で子、孫が栄えるんだ。

③わたしは貧乏だったので畑が小さく、片隅に野菜を作ったから、野菜の上に落ちてくるつもりが、あぜの草に落ちてしまった。その草は刈り取られて、家畜に食われて牛になった。本当からいえば、私も人間に生まれるはずだった」と言った。

そして、④「あんたは昨日、賭けに勝ったから、これで立身するはずだから、何月何日に私をアジマーに出して殺してくれ。そして、道行く人みんなにお汁と、中身のない汁、肉を煮た汁を一杯ずつ食べさせてくれ。また、肉のひと欠けらでも、ふた欠けらでも食べさせて、ご馳走しました山田のカンカーと言わせてくれ」と頼んだ。

男はどうして祖先であるあなたを殺すようなことができようかというと、牛は「私のような動物は刃物で殺さなければ極楽じゃない。アジマーに出して殺して、その肉を食べさせて喜ばせて欲しい。そうすると、私の厄は晴れてあんたの子どもに生まれ変われる。あんたは、自分の子どもを産むと思って殺してくれ」と言う。男は自分には妻もいないのにどうして子どもが産めるのかというと、「それはめぐり合わせというものがある。いつ何時女がやってきて子どもができるか分からない。自分の子どもか迷ったら、左の肩先に牛の角の形が入っているはずだから、それで私だと思いなさい」と言った。

⑤こうして、男は牛の願いどおりにアジマーで殺して、通る人々に肉と汁を食べさせてあげた。この後に「ご馳走しました山田のカンカー」と言うようになった。

しばらくして、山原から女がやってきて家に泊めてくれ、女では道に寝るわけにもいかないと言う。男と女は一緒に寝ることになり子どもができた。その子が2歳になったころ、女は男を訪ねてきた。男は心当たりがあるので調べてみると、左の肩先に牛の角の形があった。男は女と子どもを引き取って暮らしたという。

それから、「ご馳走しました山田のカンカー」というのは、恩納村山田から各村に広まった。豚がフーチにかからないようにフーチの神様に、「牛の厄を南の島に追い払ってください」と左縄を編んで村の入口の道の上に張った。これがフーチを追い払うためのシマクサラシだよ。（カンジェーク＝鍛冶屋、アジマー＝十字路、カンカー＝シマクサラシ、フーチ＝風邪の病気）

以上が「もの言う牛」の要約である。この話の基礎的な事項は、安里和子が話型研究として詳細な報告を行った（同 14～43）。安里によると「もの言う牛」は、沖縄本島から宮古・八重山まで広く知られた話であること。しかし沖縄以外では類話のない話として伝承されたという。以下では吉田の語った「もの言う牛」のもつ生死観の分析をおこなう。

本話は主人公である下男がどこに奉公をしたのかは語らないが、牛にそそのかされて賭け勝負をした相手は、恩納村山田と真栄田の鍛冶屋であり、この話の語り手である吉田は隣村の喜名に在住した。この 3 所は互いに近隣する在所で、このことが話の前提としてある。たとえ架空の出来事であっても、聞き手の地理的な感覚は、喜名に近いところで起きたことであると具体的に把握することは可能であった。

話の内容は、言葉をしゃべる牛に出あった男が、牛の指南によって恩納村の 2 軒の鍛冶屋と賭け勝負をして金持ちになる。その後、牛になった因縁が男に語られて、実は生前は男の祖父であったが、人間に生まれ変わるところ、牛になってしまった。そこで自分を殺して、道行く人たちに肉を振舞ってくれれば、再び人間になって生まれ変わるというのである。

本文の中で①～④の番号を付したところは、この話の生死観を語る部分である。①では牛が男の祖父であることを告白し、冒頭で本旨にかかわる牛と男の関係が示される。

なぜ先祖が牛になってしまったのか。②以下では死について、牛の口から死後の世界観が具体的に説明される。つまり死者（死者の魂のこと。後述するように良い死に方をした死者が該当する）は、死後いったん後生（墓地のこと）に行き、その後に天に上る。ただ、この話では後生と天の区別は明確ではない。天に上った魂は、雨露となって（魂が雨に溶け込んで）自家の野菜畑に降り注ぐ。その雨は野菜を成長させて、それを先祖と繋がる家族が食べることにより、先祖の魂は家族の身体に移り、子・孫となって再生すると説明する。ここには、一般論としての再生ではなく、やがて死者は生前に暮らした懐かしい我が家の人間として再生すると語るのである。

③では牛になってしまった理由が語られる。つまり生前は貧乏で畑が小さかったため、死んで雨露に溶けた魂は、あぜに落ちて牛の食べる草に入ってしまった。その草は刈り取られて餌となり、それで牛の姿になってこの世に生まれ

変わったと説明するのである。ところが、④では別の説明をする。つまり牛になったのは厄のせいだという。具体的な内容は不詳であるが、何らかの災いがもとで死んだことを示唆する。この話では、これ以上牛になった理由を詮索することはできない。しかし、牛となった自分は、もとは人間であったから人間に再生するためには十字路に出して殺され、その肉を道行く人たちに食べさせて喜んでくれれば、人間に生まれ変われるという。また、動物は刃物で殺されることで厄を落とすことができるとも説明するのである。⑤以下は人間に生まれ変わる方法であり、ここでは牛を助けた男（実は子孫であった）の子として、どのように誕生するのかその方法を説明する。

吉田の語った以外の19話の「もの言う牛」には、このような死後の世界観は語られることはない。ところが、東村有銘での年中行事「祖霊供養」は、「もの言う牛」の不詳部分を補う資料である（沖縄民俗e 60：番号は筆者による）。

> 33年忌を終えたその霊は神になり天に登るとされているが、①その後次第次第にチユ（露）となり、下界に下るという。②イチミ（この世）の時に親孝行、人助けなど善行した者は、露となった時、畑の野菜や作物に下り、出来た作物と共に人間の腹の中に入って再び人間に生まれ変わると言われる。③イチミに悪いことばかりをした者は、露となっても野原野山の草にしかかからず、山羊、牛に食べられてしまうだけで、生まれかわれないと考えられている。

有銘の事例として、①では33年忌を終えた霊魂は、露となって下界に降りることがいわれる。これは「もの言う牛」と同じ死後世界観を語る。ところが、②と③では、生前の集落での生活態度の良否により、その後の霊魂の行方が決まるというのである。つまり、行いの良かった人間は、畑の作物と共に人間に入って生まれるが、行いの悪かった者は、畑に下りずに山野に落ちてそこの草に入り、山羊や牛に食べられるという。つまり生前の行いが後の再生を規定し、②では人間に生まれ変わらないと説明するのである。このことを敷衍すると、

「もの言う牛」で語られた牛に生まれ変われた動機、あるいは原因というものを示唆する。

良い死と悪い死ということに触れたが、「もの言う牛」と東村有銘の伝承を相補的に考えると、吉田の語る牛になった原因は、死亡したときに由来して悪い死に方をしたことを推測させる。そこで、牛から人間に再び生れるためには、殺されてその肉を道行く人たちに喜んで食べてもらうことにあり、これが悪い死から救済される方法であった。良い死に方とは、比嘉康雄が久高島の調査を通じて示したように、シマで生前いかに倫理的な価値基準に従い、他人に迷惑をかけずに生きたかを問い、死後は供養してくれる子・孫を残していることが絶対条件なのである。このような良い死を迎えた魂は、我が家という具体性を帯びて人間に再生するという死後世界観である。(8)

このようにみると、死者の魂の行方は、①具体的で可視化できる世界である。天であっても、雲が湧き雨の降る範囲である。②新生児として生まれてから死に至るまで、そして死後も、魂は後生（墓のことである）から、天→雨雲に解けて現世に降る→子孫となり再生するという、循環的なサイクルの描ける生死観であるといえる。このような死後世界観は、独立してあるのではなく、シマ社会での生き方そのものに根ざし、シマ社会との関係性という基本軸があっての生死観であるいえよう。

８．シマに生きること―シマの意志・発展と継続性―

九州島から台湾島までは1,000kmに及ぶ広大な海域が広がり、ここには118島が列島を形作り、琉球列島には有人・無人島をあわせて101の島が点在する。本報告では、この中の５島を調査地として集落の立地・構造と、シマの領域観、シマの暮らしから生起する生死観とはどのようなものであるか試論を提示した。

島々の開発は、琉球王府による政策的な移住や波照間島などで語られた、豊穣の地としての南波照間島を目指しての漂着など、その動機は様々であったと考えられるが、新天地である島に入植した人々から歴史が始まったのは言うまでもない。これら草分けの一団はムトゥと呼ばれて信仰の紐帯になり、島の外からくる病気や島で発生したマジムン（悪霊）を追い払い、清浄な集落空間を創り出すこと、あるいは神に作物の豊作を祈り感謝する祭りを担った。換言するならば、島の創造と人間起源の神話の創成、あるいは年中行事に込められた共同体の意志は、シマの永遠の発展と繁栄にあり、これが希求されるべき原理性として据えられたと考えられる。

写真128　池間島のミヤークヅツの日のオハルズウタキの参道（豊漁祈願や家内安全の幟がはためく）

写真129　ミズハマ広場での踊り（ミヤークヅツは島外に暮らす人々も帰省して島の繁栄を祈願し寿ぐ）

シマの生死観とは、家族にあっては祖父母、父母、孫という関係性と、祖先を継続して祭祀することにあり、このことは、死者にとって死後の安心と再生すべき家の存在が担保されたことになる。社会的にはシマ内を清浄空間に保持し、1年間の作物の豊穣と世果報《ゆがほう》を実現することにあった。これを理想社会として具現化したのがミルクとよばれた神の存在である[9]。C・アウエハントが波照間島で観察したムシャーマ儀礼は、ミルクを先頭に子どもたちが集落内を練り歩く。ミルクの姿は、福耳の丸い顔とふくよかな身体でいかにも豊穣を体現した神である（ウアウエハント 338）。沖縄本島西原町棚原では、毎年12月20日にミルクの祀られているヌンドゥンチに、その20日までの１年間に誕生した子どもが報告された。これを「ミルクの子どもの誕生をおとりたてになる」と表現する。ここには、ミルクがシマの子どもとして認知し守護するのだと観念された（西原町史 963～964）。ミルク神で具現化された、豊穣の現世をシマ内で実現することが世界観の中心的な命題であり、このような理想郷の実現のためにシマ人に倫理的な行動を求め、年間を通じての祭祀が行われたのである。

注

⑴　高取正男は近畿の集落の中に「内陸の村であるのに、自分の住む部落を島と呼び、『島内安全』などと刻んだ常夜灯をみかけることがある」と報告する（同 177）。沖縄地方のシマに通底する事例である。

⑵　このような国土創造神話は、久高島、竹富島に限らず、宮古・八重山諸島で広範に採話される。

⑶　久高島の２か所に竜宮が所在することについて、浅見克彦は、「場所の区別だけでなく、島の祭祀の重要な権限を持つムトゥ（草分け家）同士の拮抗という事情も織り込まれいてる。それぞれの草分け家の家筋に応じて、互いに異なる文脈のなかで竜宮神をいただくという事情である」とする（浅見94～5）。

⑷　池間島におけるウタキは15か所が確認されている。オハルズウタキは島レベルの祭祀組織があるのに対して、その他のウタキは里神としての組織があるといわれている。このためもあって、オハルズウタキは最も崇敬を集める唯一のウタキであるといえる。この点では、他島に比較しても特異な聖地である。

⑸　多良間島のフダイシは墓地への入口の象徴的な岩と考えられたが、『古事記』の黄泉国と現世の境界である黄泉比良坂にある石を千引の石と呼ばれ、この地点で「事戸渡し」が行われたと記す（37）。両者には他界との境界性を示す象徴物として共通する岩が存在する。

⑹　オーチプクチは赤嶺政信が久高島で聴取したが、赤嶺は①死者そのものがオーチプクチなのか、②死に至らしめたと考えられる、ある種の存在（悪霊）に基因してオーチプクチの状態なのか判断は容易ではないとした。

⑺　良い死、悪い死には子どもの死は入っていないと思われる。大人であってもある一定の年齢に達していないと、自分が祖父母から継承して来たワラビナー（童名）を渡

す孫の存在が不可欠であるからである。

(8) 池間島でも異常死やシマの外で死んだ場合はキガズンと呼ばれて、良い死と悪い死が区別された。本永によると死後ニズラに降りていく霊魂は、そこを支配する神によって行くべき道が決定されるという。「悪行ばかりした人の霊魂はニズラにとどめられて、いつまでも苦しめ続けられるか、あるいはたとえ再びこの世に誕生することがあったとしても、それは四つ足の動物（家畜）の姿態をとってである」と報告した（同b 94)。池間島の事例では、人間に生まれ代るための回路が設定されているのかは不詳である。

(9) 城間義勝は沖縄地域のミルク神について、基礎的な報告を行っている。この中でミルクは「豊」であると認識され、「ミルク世」あるいは「ミルク世果報」の願望を体現する神であるという（同 55)。

参考文献一覧

あ行

赤嶺政信a　1989 「沖縄の霊魂観と他界観」『還中国海の民俗と文化』第 3 巻　祖先祭祀、凱風社。

b　1998 『シマの見る夢—おきなわ民俗学散歩—』ボーダーインク。

c　1998 「久高島の祖霊（死霊宗教生活における）観念」『神·村·人』第一書房。

安里和子　1981 「もの言う牛試論」沖縄民話の会『沖縄民話の会会報』第 6 号。

浅見克彦　2010 「島の穿孔と境域のコスモロジー」『島の想像力』岩田書店。

新垣源勇　2006 「ヌー」南島地名研究センター『地名を歩く—奄美・沖縄の人・神・自然—』ボーダーインク。

安良城盛昭　1977 「地割制度の遺構としての津堅島の短冊型耕地形態」沖縄県教育委員会『津堅島地割調査報告書』沖縄県文化財調査報告書　第 6 集。

池間栄三　1959 『与那国島の歴史』私家版。

池宮正治　1995 『混効験集の研究』第一書房。

石垣市史編集室a　1989 『八重山古地図展』図録。

b　1994 『石垣市史』民俗上。

伊従　勉　2005 『琉球祭祀空間の研究』中央公論美術出版。

泉　　武a　2008 「沖縄における畑分け儀礼」菅谷文則編『王権と武器と信仰』同成社。

b　2009 「沖縄民俗ノート(3)　シマジク（島軸）から国土創成神話まで」『博古研究』第37号。

c　2009 「沖縄民俗ノート(4)　忘れられた集落跡—沖縄県宮古島市池間島ター遺跡—」博古研究会『博古研究』第38号。

d　2011 「沖縄民俗ノート(6)、(7)　多良間島のウプリ」『博古研究』第41·42号。

糸洌長章　2006 「ツンマーセ」南島地名研究センター『地名を歩く—奄美・沖縄の人・神・自然—』ボーダーインク。

井上秀雄　1964 「多良間の年中行事」琉球大学沖縄文化研究所『宮古諸島学術調査研究報告』

伊波普猷　1971 「南島古代の葬制」大藤・小川編『沖縄文化論叢』第 2 巻　民俗篇Ⅰ、平凡社。

伊良波盛男a　2004 『池間民俗語彙の世界　宮古・池間島の神観念』ボーダーインク。

b　2010 『新編池間島の地名・池間島の聖地』池間郷土学研究所。

伊良部村　1978 『伊良部村史』

上勢頭亨　1976 『竹富島誌　民話・民俗篇』法政大学出版会。

上野村役所　1978　『上野村誌』
植松明石a　1992　「多良間島の葬墓制について」法政大学沖縄文化研究所紀要『沖縄文化研究』。
　b　1986　「神観念の問題」国立民族学博物館『国立民族学博物館研究報告』別冊3号　奄美・沖縄の宗教的世界。
上間　拡　1998　「年中行事について」琉球大学法文学部人間学科民俗学研究室『シマ』沖縄県宮古郡多良間村中筋・塩川地区　第1号。
浮田典良　1962　「沖縄久高島の土地制度」史学研究会『史林』第45巻1号。
遠藤庄治a　1980　「沖縄の始祖伝承」沖縄国際大学南島文化研究所『南島文化』第2号。
　b　1990　『勝連の民話』上巻　離島編、勝連町教育委員会。
　c　2002　『たまぐすくの民話』玉城村教育委員会。
　d　2005　『日本神話と沖縄伝承話の比較研究』未刊資料、沖縄伝承話資料センター（沖縄国際大学の講義資料であり刊行されていない）。
大石泰夫　1984　「人生儀礼語彙―葬制―」桜井満編『沖縄県久高島の民俗』白帝社。
大熊　享　1997　「沖縄地方のムラ空間を読む」『沖縄文化研究』23。
大宜味謝名城の昔歌を記録する会　2004　『CD・解説　大宜味村謝名城の昔歌』
大胡欣一　1973　「祖霊観と親族慣行」『沖縄の民族学的研究』日本民族学会。
大里村史編集委員会　1982　『大里村史』資料編。
岡本恵昭a　1987　平良市史編纂委員会『平良市史』第7巻資料編　5　民俗・歌謡。
　b　1992　「宮古島における「虫送り」の行事について」宮古郷土史会『宮古研究』第6号。
沖縄県教育委員会a　1977　『沖縄県文化財調査報告書　津堅島地割調査報告』第6集。
　b　1980　『沖縄県文化財調査報告書　イザイホー調査報告』第19集。
　c　1990　『沖縄県文化財調査報告書　新里村遺跡』第97集。
　d　1991　『沖縄県歴史の道調査報告』Ⅶ。
沖縄大学沖縄文化協会　1976　『郷土』宮古来間島調査報告第15号。
沖縄県立博物館　1998　『波照間島総合調査報告書』
沖縄民話の会　1985　『いしかわの民話』下巻・伝説編　石川市教育委員会。
小野正敏　1999　「密林に隠された中世八重山の村」国立歴史民俗博物館『村が語る沖縄の歴史』新人物往来社。
折口信夫a　1973　「沖縄採訪手帖」『折口信夫全集』第16巻新訂版、中央公論社。
　b　2002　「若水の研究」『古代研究』中央公論新社。

か行

海上保安庁水路部a　1985　『海底地形地質調査報告　中城湾』
　b　1994　『海底地形地質調査報告　多良間島』

我謝徳政　1964　「多良間の概況」琉球大学沖縄文化研究所『宮古諸島学術調査研究報告』

加治工尚子　1998　『鳩間島の民話』沖縄伝承話資料センター。

勝連村役所　1966　『勝連村誌』

鎌倉芳太郎　1982　『沖縄文化の遺宝』岩波書店。

亀井秀一　1990　『竹富島の歴史と民俗』角川書店。

狩俣自治会創立百周年記念事業期成会　2003　『自治百年』狩俣自治会。

川副裕一郎　1998　「多良間の墓」琉球大学法文学部人間学科民俗学研究室『シマ』沖縄県宮古郡多良間村仲筋・塩川地区、第1号。

菊池義裕　1984　「産育」桜井満編『沖縄県久高島の民俗』白帝社。

木崎甲子郎　1975　『沖縄の自然　その生い立ちを訪ねて』平凡社。

木崎甲子郎編　1980　『琉球の自然史』築地書館。

球陽研究会　1997　『球陽』角川書店。

倉塚曉子　1979　『巫女の文化』平凡社選書60、平凡社。

幸地　哲　1979　「呪術と霊魂観」沖縄民俗研究会『沖縄民俗研究』第2号。

『古事記』　1982　日本思想史体系1、岩波書店。

コルネリウス・アウエハント、中鉢良護訳　2004　『HATERUMA　波照間：南琉球の島嶼文化における社会＝宗教的諸相』榕樹書林。

小島瓔禮　1980　「概観」沖縄県教育委員会『沖縄県文化財調査報告書　イザイホー調査報告』第19集。

呉屋麻南美　2004　「津堅島における婚姻・産育儀礼」琉球大学法文学部人間学科民俗学研究室『シマ』沖縄県中頭郡勝連町津堅島　第7号。

さ行

斉藤ミチ子　1979　「島のたたずまい」桜井満編『神の島の祭りイザイホー』雄山閣。

酒井卯作a　1975　『柳田國男先生稿「南島旅行見聞記」』。

b　1987　『琉球列島における死霊祭祀の構造』第一書房。

c　2002　『琉球列島民俗語彙』第一書房。

酒井正子　2005　『奄美・沖縄哭きうたの民族誌』小学館。

坂本磐雄　1989　『沖縄の集落景観』九州大学出版会。

崎原恒新　1981　「久高島の口承文芸」沖縄民俗研究会『沖縄民俗研究』第3号。

佐喜間興英　1925　『シマの話』復刻版　1977　名著出版。

桜井市史編纂委員会　1979　「ムラの領域」『桜井市史』下巻、桜井市役所。

桜井　満　1979　「安泉松雄資料　一筆限調書」桜井満編『沖縄県久高島資料』白帝社。

佐渡山正吉　1994　「地名と屋号で見る狩俣集落の変遷」『平良市総合博物館紀要』第1号。

佐渡山安公a　1984　宮古民話の会『ゆがたい』宮古島の民話集　第4集。
b　1986「野原の村建」上野村教育委員会『上野村文化財調査報告書―宮古のパーントゥ―』第4集。
島袋伸三b　1990「沖縄のサンゴ礁海域の地名」谷川健一編『日本民俗文化資料集成』第5巻、三一書房。
島袋伸三・渡久地健a　1990「イノーの地形と地名」近畿大学民俗学研究所『民俗文化』第2号。
島袋正敏　1989『沖縄の豚と山羊』ひるぎ社。
下地和宏　1999「宮古の村落の変遷と石門」『村が語る沖縄の歴史』新人物往来社。
下地利幸　1977「来間島村建由来」『沖縄民話の会会報』第3号。
下野栄高　1998「多良間島のヤーナー（屋号）」琉球大学法文学部人間学科民俗学研究室『シマ』沖縄県宮古郡多良間村仲筋・塩川地区、第1号。
下野敏見　1989『東シナ海文化圏の民俗』未来社。
シューラ・ウェブ　2004「出産・結婚・葬式」琉球大学法文学部人間学科民俗学研究室『シマ』沖縄県中頭郡勝連町津堅島　第7号。
城間義勝　2004「沖縄のミルク神に関する研究」『奄美沖縄民間文芸学』
新里幸昭a　1978「狩俣部落の神祭りと年中行事」外間守善・新里幸昭『南島歌謡大成Ⅲ』宮古編、角川書店。
b　1998「池間島の年中行事と神歌」沖縄学研究所『沖縄学』第2号。
住谷一彦・クライナー・ヨーゼフ　1977『南西諸島の神観念』未来社。

た行

平良市史編纂委員会　1987『平良市史』第7巻資料編　5　民俗・歌謡。
1994『平良市史』第9巻資料編　7　御嶽編。
高橋誠一　2003『琉球の都市と農村』関西大学出版会。
高橋六二a　1984「信仰―霊魂と神と―」『沖縄県久高島の民俗』白帝社。
b　1991「マブッチマッティー」桜井満編『久高島の祭りと伝承』桜楓社。
高取正男　1972「神をみる場所」『民俗のこころ』朝日新聞社。
高嶺美和子　2002「伊良部島国仲の婚姻・産育」琉球大学法文学部人間学科民俗学研究室『シマ』沖縄県宮古郡伊良部町国仲　第5号。
高良倉吉　1987「辞令書に見る王国制度（その2）」『琉球王国の構造』吉川弘文館。
田村　浩　1977『琉球共産村乃研究』
多良間村誌編集委員会　1973『村誌たらま島　孤島の民俗と歴史』
多良間村史編集委員会a　1993『多良間村史』第4巻資料編3　民俗。
b　1995『多良間村史』第6巻資料編5。
c　2000『多良間村史』第1巻通史編　島のあゆみ。

多良間村教育委員会　1995　『村の歴史散歩』
多良間村役場　1981　『多良間村の民話』
多和田真淳　1980　「古琉球の祭具」『多和田真淳選集』
知　念　村　1983　『知念村史』第1巻資料編1。
坪井洋文　1970　「日本人の生死観」『岡正雄教授古希記念論文集　民族学からみた日本』河出書房新社。
当間一郎　1979　「神々の国造り」桜井満編『神の島の祭イザイホー』雄山閣。
堂前亮平　1981　「池間島における海岸部の小地名と干瀬名」沖縄国際大学南島文化研究所『南島文化』第3号。
渡久地健a　1990　「南島のサンゴ礁と人」谷川健一編『日本民俗文化資料集成』第5巻、三一書房。
　b　2006　「イノー」南島地名研究センター編『地名を歩く』ボーダーインク。
渡久山章　2006　「下地島の地形・地名・人」南島地名センター『地名を歩く』ボーダーインク。

な行

仲松弥秀a　（仲松ノート）『琉球弧の村落探求8　沖縄本島中部』沖縄県立図書館所蔵。
　b　『琉球弧の探求9　沖縄本島南部』沖縄県立図書館蔵。
　c　『琉球弧の村落探求13　宮古諸島2』沖縄県立図書館蔵。
　（仲松ノートとは、仲松弥秀の調査ノートが沖縄県立図書館から『琉球弧の村落探求』として20冊にまとめて刊行されたコピー本で、南島地名研究センター編［2005］にデーターが掲載されている）
　d　1963　「沖縄の集落」『琉球大学文理学部紀要』人文・社会第7号。
　e　1971　「古層の村」谷川健一編『叢書　我が沖縄　村落共同体』第4巻、木耳社。
　f　1973　「村落構造と祭祀世界」日本民族学会編『沖縄の民族学的研究』
　g　1975　『神と村』伝統と現代社。
　h　1977　「村落形成と祭祀民俗」沖縄県教育委員会『津堅島地割調査報告書』
　i　1990　『神と村』梟社。
名嘉真宜勝a　1964　「人生儀礼」琉球大学沖縄文化研究所『宮古諸島学術調査研究報告　地理・民俗編』
　b　1979　「川平の葬制」沖縄民俗研究会『沖縄民俗研究』第2号。
　c　1989　「沖縄の葬送儀礼」『環中国海の民俗と文化　祖先祭祀』第3巻、凱風社。
名嘉真宜勝・恵原義盛d　1979　『沖縄・奄美の葬送・墓制』明玄書房。
長嶺　操　1982　「沖縄の獅子の製作年代」『沖縄の魔除け獅子』私家版。

仲盛　敦　1999「花城村遺跡発掘調査の概要」国立歴史民俗博物館『村が語る沖縄の歴史』新人物往来社。
中山麻紀　1998「多良間島の出産について」琉球大学法文学部人間学科民俗学研究室『シマ』沖縄県宮古郡多良間村仲筋・塩川地区、第1号。
波平勇夫　1995「多良間島の社会構造と人口・人口移動」沖縄国際大学南島文化研究所『地域研究シリーズ』№21、多良間島調査報告書(3)。
南島地名研究センター編　2005『南島の地名　仲松弥秀先生カジマヤー記念号』第6集、ボーダーインク。
西原町史編集委員会　1989『西原町史』第4巻　西原の民俗。
野口武徳a　1965「宮古島北部の社会と儀礼」東京都立大学南西諸島研究委員会『沖縄の社会と宗教』
　　b　1972『沖縄池間島民俗誌』未来社。
野本寛一a　1984「農耕―畑作の伝承と習俗―」桜井満編『沖縄県久高島の民俗』白帝社。
　　b　1995『海岸環境民俗論』白水社。

は行

萩原秀三郎　1988『目で見る民俗神　山と森の神』東京美術。
畠山　篤　2006『沖縄の祭祀伝承の研究』瑞木書房。
比嘉繁三郎　1990『津堅島の記録』私家版。
比嘉政夫a　1964「多良間の祭祀組織素描」琉球大学沖縄学研究所『宮古諸島学術調査研究報告』
　　b　1982『沖縄民俗学の方法』新泉社。
　　c　1994「集落・家の祭祀的世界」佐々木・村武編『宗教人類学』新曜社。
　　d　1999『沖縄からアジアが見える』岩波書店。
比嘉康雄a　1989『神々の古層　①女が男を守るクニ』久高島の年中行事Ⅰ　ニライ社。
　　b　1993『神々の原郷　久高島』上・下巻、第一書房。
東村史編集委員会　1993『東村史』第1巻通史編。
平良市a　1987『平良市史』第7巻　民俗・歌謡、平良市史編纂委員会。
　　b　1994『平良市史』第9巻　御嶽編、平良市史編纂委員会。
平安名の昔歌を保存する会　1995『CD・解説　祈り　勝連町平安名の歌謡』
福田アジオ　1982「ムラの領域」『日本村落の民俗的構造』弘文堂。
福治友邦・加治工真市　2007「久高島方言の民俗語彙」沖縄国際大学南島文化研究所『南島文化』第29号。
法政大学沖縄文化研究所久高島調査委員会　1985『沖縄久高島調査報告書』
外間守善a　1987「沖縄の祖神アマミク神の系譜」沖縄文化協会『沖縄文化69』第24巻1号。

b　2000　『沖縄の言葉と歴史』中央公論新社。

ま行

前泊徳正a　1981　「池間島のミャークヅツとアーグ」池間民謡保存会『池間島のミャークヅツ　沖縄県選択無形民俗文化財記録作成』
b　1997　「昭和20年ごろの平良市字前里字池間全図」池間文化協会『協会設立記念誌　いびら』
町田洋ほか編　2001　『日本の地形7　九州・南西諸島』東京大学出版会。
松居　友　1999　『沖縄の宇宙像　池間島に日本のコスモロジーの原型を探る』洋泉社。
丸山顕徳　1993　「八岐大蛇型説話の儀礼と伝承」『沖縄民間説話の研究』勉誠社。
宮城　文　1972　『八重山生活誌』私家版。
宮古民話の会a　1984　『ゆがたい』宮古島の民話集　第4集。
b　1989　『ゆがたい』宮古島の民話集　第5集。
宮良高弘　1972　『波照間島民俗誌』木耳社。
武者英二・永瀬克己　2000　「八重山地方の建築的遺構と民家・集落」法政大学沖縄文化調査委員会『沖縄八重山の研究』
村武精一　1975　「琉球村落の社会的・象徴的秩序」『神・共同体・豊穣—沖縄民俗論—』未来社。
目崎茂和a　1980　「琉球列島における島の地形的分類とその帯状分布」『琉球列島の地質学研究』第5巻。
b　2001　「イノーに生きる民俗世界」『エコソフィア7　サンゴ礁からのメッセージ』昭和堂。
本永　清a　1973　「三分観の一考察」琉球大学史学会『琉大史学』第4号、宮古特集。
b　1983　「コスモロジーと祭祀—宮古池間島の事例から—」成城大学民俗学研究所『民俗学研究所紀要』第7集。

や行

矢崎清貫a　1977　『地域地質研究報告　多良間島地域の地質』地質調査所。
矢崎清貫・大山桂b　1979　『宮古島北部地域の地質』地質調査所。
柳田国男　1969　「幽霊思想の変遷」『定本柳田国男集』第15巻、筑摩書房（初出1917『変態心理』2巻6号）。
山下欣一　1998　「沖縄・北中城村〈喜舎場子〉説話群の生成と様態」『南島説話生成の研究』第一書房。
山田悟朗　1998　「産育儀礼と葬送儀礼について」琉球大学法文学部人間学科民俗学研究室『シマ』沖縄県宮古郡多良間村仲筋・塩川地区、第1号。
山田武男　1986　『わが故郷アントゥリ』ひるぎ社。

山本正昭　2005 「多良間島の集落遺跡について」沖縄県埋蔵文化財センター『沖縄埋文研究』3。
吉成直樹　1989 「沖縄久高島祭祀の文化史的背景」沖縄文化協会『沖縄文化研究』15。
読谷村歴史民俗資料館　1980 『読谷村民話資料集2　喜名の民話』

ら・わ行

琉球政府文化財保護委員会　1970 『沖縄の民俗資料』
琉球大学沖縄文化研究所　1964 『宮古諸島学術調査報告』。
琉球大学法文学部人間学科民俗学研究室a　2002 『シマ』第5号。
b　2004 『シマ』第7号、津堅島。
琉球大学民俗研究クラブa　1960 『民俗』久高島。
b　1961 『民俗』第3号、津堅島民俗調査報告。
c　1961 『民俗』第4号、田名部落調査報告。
d　1962 『沖縄民俗』第5号、与那城村・伊計島調査報告。
e　1963 『沖縄民俗』第7号、東村川田部落調査報告。
f　1965 『沖縄民俗』第9号、中山の奥部落調査報告。
g　1965 『沖縄民俗』第10号、竹富島調査報告。
h　1966 『沖縄民俗』第12号、宮古島狩俣部落調査報告。
i　1967 『沖縄民俗』第14号、久米島仲里村比屋定部落調査報告。
j　1968 『沖縄民俗』第15号、上本部村具志堅部落調査報告。
k　1969 『沖縄民俗』第16号、西表島祖内部落調査報告。
l　1972 『沖縄民俗』第19号、池間島、島尻報告。
渡辺欣雄　1985 「民俗宗教と世界観研究の試み」『沖縄の社会組織と世界観』新泉社（初出　1971「沖縄の世界観についての一考察—東村字平良を中心として—」『日本民俗学』第78号）。

あとがき

本文中の沖縄民俗語彙は、可能な限り渡辺欣雄ほか（2008）『沖縄民俗辞典』に従った。集落の祭祀をおこなう女性司祭はノロ、ツカサなどと呼ばれるが、島々での名称が異なるところから神女と表記とした。ウタキは御嶽と表記されることも多いが仮名書きで統一した。沖縄本島や宮古、八重山では多様な名称が使用される。民俗行事名についても地元の名称を優先した。方位の記述は民俗方位である。沖縄の屋敷構えの基本は、宅地を囲繞する石垣と南に開口する。集落そのものが碁盤目状の道路網によって宅地が配置される。このようなことから、方位呼称は自然方位と矛盾していても家屋や道路方位が基準になる。暦は断りがない限り、筆者の調査時期以外はすべて旧暦による記述である。本文中の年中行事などは、毎年の行事日が違うので注意が必要である。

沖縄の歴史区分は、大区分として先史時代（B.C.5000〜12C、縄文時代〜平安時代）、古琉球時代（12C〜1609年島津侵攻、鎌倉時代〜戦国時代）、近世琉球時代（1609〜1879年琉球処分、江戸時代）である。琉球処分以降は、日本国家に組み込まれ近現代へと繋がる。本論で扱う集落形態の歴史的な記述については、碁盤目状の計画的集落形態のものは、ほぼ近世琉球時代、それ以外の形態はほぼ古琉球時代の集落形態であると推定される。本土との対比によれば中世後期ごろの所産であろう。時代区分については、高良倉吉・田名真之（1993）、豊見山和行（2003）などを参照した。

なお、本文中で使用した写真は筆者撮影のものである。航空写真は国土地理院の垂直写真を使用した。

本書執筆にあたっては多くの方々にお世話になった。全般にわたっては沖縄国際大学で沖縄伝承話を受講した故遠藤庄治先生の学恩がもとにある。故比嘉政夫（元国立歴史民俗博物館・沖縄大学）、赤嶺政信（琉球大学）、田名真之（沖縄国際大学）氏らからは民俗学および沖縄近世史について多大なご教示を得た。NPO法人沖縄伝承話センターの照屋寛信、宜保清美、新城京美の3氏をはじめとして、会員諸氏との会話と議論はすべて沖縄民俗学の基礎となった。調査地となった島々では、新屋功、玉城盛哲、前嘉保京子、赤嶺正、西銘政秀、伊良波盛男、垣花昇一、得能壽美、島袋綾野、宮良芳和、前本隆一、上勢頭芳徳、仲盛敦、池間等志、新城永佑、池間苗、米城恵など多くの方々から、島の暮らしや民俗行事について話を窺うことができた。なお第3章池間島は伊良波盛男、第4章多良間島は垣花昇一の両氏に原稿段階で校閲をお願いした。両氏には感謝申し上げたい。なお、本文中では煩雑を避けるために敬称は省略していることをお断りしておく。

小著は前著『沖縄学事始め』と同様、茂木雅博茨城大学名誉教授のお薦めと、同成社の山脇洋亮氏の編集によって出版できた。沖縄民俗学の初歩的な考察も加えたが、まだ始まったばかりである。雑多な原稿に対して辛抱強く編集をしてくださった山脇氏に感謝するばかりである。心からお礼を申し上げたい。

2012年1月

泉　武

シマに生《い》きる

—沖縄の民俗社会と世界観—

■著者略歴■

泉　武（いずみ　たけし）

1951年、奈良県生まれ。

立命館大学文学部卒業。現在、奈良県立橿原考古学研究所共同研究員、NPO法人沖縄伝承話資料センター会員。

主な著作・論文

「ジュゴンについての文化史的試論」茂木雅博編『日中交流の考古学』（同成社、2007）、「沖縄における畑分け儀礼」菅谷文則編『王権と武器と信仰』（同成社、2008）、「沖縄の民俗にみる家焼き」『橿原考古学研究所論集』第15（八木書店、2008）、「沖縄民俗にみるヤマ（山）とミネ（嶺）」山の考古学研究会編『山岳信仰と考古学Ⅱ』（同成社、2010）、『沖縄学事始め』（同成社、2011）

2012年５月10日発行

著　者　泉　武

発行者　山脇洋亮

印　刷　モリモト印刷㈱

製　本　協栄製本㈱

発行所　東京都千代田区飯田橋4-4-8 東京中央ビル内　㈱同成社

TEL 03-3239-1467　振替 00140-0-20618

ISBN978-4-88621-594-9 C1039